1,000,000 Books

are available to read at

---◆---

www.ForgottenBooks.com

---◆---

Read online
Download PDF
Purchase in print

ISBN 978-0-282-06712-0
PIBN 10608945

1 MONTH OF
FREE
READING

at

www.ForgottenBooks.com

By purchasing this book you are eligible for one month membership to ForgottenBooks.com, giving you unlimited access to our entire collection of over 1,000,000 titles via our web site and mobile apps.

To claim your free month visit:

www.forgottenbooks.com/free608945

English
Français
Deutsche
Italiano
Español
Português

www.forgottenbooks.com

Mythology Photography **Fiction**
Fishing Christianity **Art** Cooking
Essays Buddhism Freemasonry
Medicine **Biology** Music **Ancient
Egypt** Evolution Carpentry Physics
Dance Geology **Mathematics** Fitness
Shakespeare **Folklore** Yoga Marketing
Confidence Immortality Biographies
Poetry **Psychology** Witchcraft
Electronics Chemistry History **Law**
Accounting **Philosophy** Anthropology
Alchemy Drama Quantum Mechanics
Atheism Sexual Health **Ancient History**
Entrepreneurship Languages Sport
Paleontology Needlework Islam
Metaphysics Investment Archaeology
Parenting Statistics Criminology
Motivational

MARIO DEGLI ALBERTI

DIECI ANNI

DI

STORIA PIEMONTESE

(1814 - 1824)

NUOVE INFORMAZIONI SULLA RESTAURAZIONE E SUL VENTUNO
IN PIEMONTE
RICAVÁTE DA LETTERE INEDITE DI CARLO EMANUELE IV
VITTORIO EMANUELE I – CARLO FELICE - CARLO ALBERTO
ED ALTRI

*Pubblicate per cura del Comitato Piemontese della Società Nazionale
per la Storia del Risorgimento*

TORINO
LIBRERIA FRATELLI BOCCA
1908.

Proprietà letteraria riservata all' Autore

Biella – Stabilimento Tipografico G. Testa – 1908

A CHI LEGGE.

L'opera mia nella compilazione di questa monografia documentaria, che vede la luce per cura del *Comitato Piemontese della Società nazionale per la Storia del Risorgimento italiano*, è talmente modesta, che lascio all'eloquenza dei documenti stessi il compito di fare valere agli occhi del lettore il valore storico che essi arrecano ad uno dei periodi più oscuri e più discussi del nostro Risorgimento.

Siccome la presente pubblicazione consta essenzialmente di lettere che, per quanto scritte da Sovrani e Principi Reali, hanno un carattere di corrispondenza intima e famigliare, il lettore comprenderà che un doveroso riserbo mi ha imposto di astenermi dal rendere di pubblica ragione una parte dell'epistolario principesco che avevo a mia disposizione.

Tengo però ad assicurare il lettore che tanto per le lettere ommesse quanto pei brani di altre lettere che ho creduto di sopprimere, non resta sminuita l'importanza storica dell'epistolario. Poichè ritengo che la VERITA' STORICA, alla cui ricerca mi lusingo di recar qualche contributo, sia compatibile coll'aurea massima alla quale nei suoi RICORDI si è ispirato Massimo d'Azeglio: *che se a un uomo è lecito aprire il suo cuore e palesare i suoi sentimenti senza riserva, non deve rendere di cristallo le pareti domestiche.*

Torino, 21 Maggio 1908.

MARIO DEGLI ALBERTI.

Rassegna sommaria delle pubblicazioni e raccolte documentarie relative alla Storia della Restaurazione e della Rivoluzione del '21 in Piemonte. — *Simple récit...* — SANTAROSA : *De la Révolution Piémontaise.* — PINELLI : *Storia militare del Piemonte.* — BROFFERIO : *I miei tempi.* — ODERICI : *Il Conte Luigi Cibrario ed i suoi tempi.* — ANTONIO MANNO : *Informazioni sul '21 in Piemonte* — *I due memoriali di Carlo Alberto* — *Mémoires sur la guerre des Alpes* del Conte THAON DI REVEL. — LUZIO : *Antonio Salvotti e i processi del '21·* — RINIERI : *I costituti del Conte Confalonieri e il Principe di Carignano.* — D'ANCONA : *Federico Confalonieri - Documenti.*

Fino all'ultimo decennio del secolo scorso si poteva credere che una strana fatalità incombesse sulla storia dei rivolgimenti del Ventuno in Piemonte. Era oramai trascorso più di mezzo secolo dacchè il paterno Regno di Vittorio Emanuele I era stato tragicamente troncato dall'onda rivoluzionaria e ancora si fantasticava sulle circostanze che avevano preceduto e accompagnato quel movimento inconsulto, che con somma sorpresa di tutti e specialmente dei rivoltosi, aveva condotto sul trono di Sardegna Carlo Felice, Duca del Genevese. Non a caso ho detto *colla massima sorpresa dei rivoltosi,* perchè fra tutte le eventualità che possono avere contemplate i fautori dei moti del Ventuno come risultamento della loro temeraria iniziativa, sono convinto che l'abdicazione del Re Vittorio Emanuele ed il conseguente avvento al trono di Carlo Felice sia la sola che non avessero prevista, e fu perciò quella che determinò lo scompiglio delle già disgregate loro file.

La manchevole preparazione, la disordinata esecuzione, l'inaspettata soluzione e la successiva violenta repressione non hanno lasciato di sè che traccie incerte, rese ancora più oscure dal mistero nel quale si sono volute ostinatamente tenere

6

le fonti più sicure ed autentiche di quèl periodo iniziale della Storia del nostro Risorgimentq.

Ed infatti a che cosa è stata ridotta per quasi mezzo secolo la bibliografia della Storia del Ventuno? (1) Ad alcune monografie d'intonazione essenzialmente polemica, e più o meno anonime, sulle quali sono poi state ricamate altre pubblicazioni storiche più diffuse ma non più autorevoli. Nel novero delle prime mi basti ricordare il *Simple récit des événements arrivés en Piémont dans ·les mois de Mars et d'Avril 1821*, universalmente attribuito al Savoiardo Conte De Maistre (altri vi aggiunge anche la collaborazione di una sua sorella) e che vuolsi sia stato ispirato da Carlo Alberto; sull'attendibilità di questa ipotesi il lettore potrà giudicare da opportuni raffronti che mi riservo di fare in appresso. Al *Simple rècit* fa degno contrapposto un altro scritto anonimo.... di Santorre Santa Rosa: *De la Révolution Piémontaise*.

Nella seconda categoria, cioè fra i cosidetti storici dell'epoca si segnalarono per fantasiosa immaginazione, il PI-NELLI colla sua *Storia Militare del Piemonte,* che non ha di comune che il titolo con quella del Saluzzo, di cui vorrebbe. essere la continuazione, ed il BROFFERIO con *I miei tempi.* Ta'i scritti, con altri di minore interesse, risentono tutti in varia misura l'eccitazione degli animi negli anni che succedettero

(1) Il Barone Manno nel segnalare i libri speciali che trattano del Ventuno in Piemonte osserva giustamente: « purtroppo non si leggono dai più che i giudizî dati da scrittori che non ne trattano che di sfuggita in opere di interesse più esteso e quindi con diligenza e con informazioni non sempre sufficienti. Spiacemi però che da quasi tutti se ne prendano notizie nella storia del Brofferio (*Storia del Piemonte e Miei tempi*), del Martini (*Storia d'Italia continuata da quella del Botta*), del Farini (*Storia d'Italia*), del Vannucci (*Martiri d'Italia*) e diciamolo pure di Cesare Cantù. Il quale, (siagli detto con tutta la riverenzā che porto a questo illustre storico) specialmente nella *Cronistoria* non solo mostra poca simpatia per il paese nostro, (e gli amori non s'impongono) ma copiando dal Brofferio e dal Martini, è inesatto in molti luoghi ed in parecchi, senza volerlo, riesce ingiusto e contrario alla verità. Si troveranno invece particolari molto osservabili ed importanti nei *Mémoires sur la guerre des Alpes,* del Maresciallo Thaon di Revèl (Turin 1871 ‹ Libro postumo pubblicato dal figlio, generale, conte Genova di Revel) ed una utilissima serie di documenti nella grandiosa raccolta di documenti del ch. Emanuele Bollati, che si spera vedere continuata e che ha per titolo: *Fasti legislativi e parlamentari delle. Rivoluzioni italiane nel secolo XIX.* » (Manno - *Informazioni sul Ventuno in Piemonte* ricavate da scritti inediti di Carlo Alberto, di Cesare Balbo ed altri - Firenze, 1879 - Tipografia della *Gazzetta d'Italia* - Pag. 136).

agli avvenimenti del Ventuno; tutti hanno quel sapore parti-
giano contro il quale il critico spassionato non può a meno
di stare in sospetto. Eppure sono quelli i testi sui quali ha
dovuto fondarsi l'opinione pubblica finchè sono comparse le
prime pubblicazioni documentarie che servirono di controllo
alle prime e posero le basi alla seria ricostruzione della VE-
RITÀ STORICA.

Ma per l'appunto allorquando qualche storico coscienzioso
con pazienti indagini ha potuto procurarsi e pubblicare qual-
cuno di quei documenti di indiscutibile valore che gli Archivi
dello Stato custodiscono gelosamente nelle latebre dei loro
scaffali, ecco che per quella già ricordata strana fatalità, siffatte pubblicazioni scompaiono come d'incanto! Voglio in
special modo alludere alla monografia di FEDERICO ODERICI
« Il Conte Luigi Cibrario e i suoi tempi. Memorie storiche
con documenti », ed a quella del Barone ANTONIO MANNO:
« Informazioni sul Ventuno in Piemonte ricavate da scritti
inediti di Carlo Alberto, Cesare Balbo e altri »; di entrambe
non vi è la più lontana traccia in commercio, e ne trovereste
ben pochi esemplari in biblioteche o presso privati. Causa di
una così misteriosa scomparsa dovrebbe essere, secondo taluni, la pubblicazione fatta dapprima dall'Oderici e ripetuta
dal Manno del documento forse il più importante per la Storia
del Ventuno, cioè la Relazione A. M. D. G. redatta da Carlo
Alberto nel 1838, come postuma auto-difesa della sua condotta
durante quel burrascoso periodo. Che se all'epoca della esu-
mazione fattane nel 1872 dall'Oderici e della sua ricomparsa
nell'opera del Manno pochi anni dopo, tale documento poteva
ancora avere, per la prossimità (molto relativa) dei tempi, un
qualche carattere politico, oramai esso non riveste che un carattere prettamente storico. Nell'intento pertanto di arrecare
qualche nuovo elemento alla Storia dei dieci anni che succedettero alla Restaurazione della Monarchia in Piemonte sulla
scorta di documenti inediti ricavati dall'Archivio dalla famiglia Della Marmora, pubblicherò pure io ancora una volta
quel documento che una misteriosa e puerile censura ha tentato di sottrarre alla pubblica critica.

Era naturale che nella storia degli avvenimenti successi in
Piemonte nel Ventuno l'interesse maggiore fosse assorbito

dalla figura di Carlo Alberto, la cui condotta fu così varia-
mente discussa; ed era perciò giusto che fra le tante voci con-
tradditorie fosse sentita anche la sua, la quale, sebbene non ci
appaia talvolta scevra da quelle esitanze troppe volte sfruttate
in suo danno, ha pure quel tuono di sincerità che fa fede della
rettitudine delle sue intenzioni. E io stimo che mostra di dubi-
tare di quella indiscutibile rettitudine chi impedisce che quella
voce si faccia sentire e tenta di soffocarla con sotterfugi che
si prestáno alle più ingiuriose supposizioni.

Ma la parola di Carlo Alberto non è la sola che sia sorta
in questi ultimi anni ad illuminare la storia del Ventuno ; un
altra si è imposta con altrettanta autorevolezza al caos assor-
dante dei politicanti che ho ricordato più sopra, ed è quella del
Conte IGNAZIO THAON DI REVEL, che il di lui figlio Conte Genova, ha raccolto sotto forma troppo modesta ed a guisa di in-
troduzione della pregevolissima sua opera « *Mémoires sur de
la Guerre des Alpes* ». Intendo dire con ciò che sarebbe stato,
a mio avviso, desiderabile che l'illustre Generale Genova di
Revel, degnissimo depositario delle tradizioni di una delle famiglie che resero i più segnalati servigi alla dinastia Sabauda,
avesse posto in maggior evidenza il valore documentario della
esposizione fatta da suo padre degli avvenimenti di cui egli era
stato non solo spettatore ma bensì *magna pars.* Sarebbe stato
desiderabile che quella narrazione, ricca di circostanze e particolari nuovi ed interessanti apparisse esplicitamente la testimonianza autentica, *quale è difatti,* del conte Ignazio, mentre, la
eccessiva modestia del Conte Genova non dà la meritata importanza a quel documento che vuole essere considerato come
uno dei capisaldi della Storia del Ventuno; come tale mi occorrerà porlo in raffronto coi memoriali di Carlo Alberto, dai
quali discorda in varii punti ; discordanze derivanti più da di-
vergenze di opinioni e di aspirazioni che da circostanze di fatti. Poichè è bene tener presente che in confronto alle tendenze
liberali di Carlo Alberto il Conte di Revel rappresentava, e
direi quasi, impersonava tutta la tradizione assolutista della
Monarchia di Savoia, tradizione ch'egli mantenne in tutta
la sua condotta con una rigidità di carattere più unica che
rara; ed unico infatti egli fu nel negare il suo assenso alla concessione della Costituzione Spagnuola, mentre tutti gli altri

Ministri non ebbero il coraggio civile di consigliare la resistenza alle imposizioni della rivolta e neppure quello di assumere là responsabilità del nuovo Governo. Non voglio con ciò farmi sostenitore delle opinioni e della condotta del Conte di Revel, che furono così aspramente criticate da scrittori della scuola del Pinelli e del Brofferio, i cui giudizi non varranno certo a diminuire le grandissime benemerenze di quel personaggio, che non fu a nessuno secondo in vero patriottismo. Dio. volesse, pel bene del nostro Paese, che fosse per propagarsi la stirpe di *patrioti* dello stampo del Conte di Revel, al quale quel titolo nobilissimo spetta con più diritto che non a faccendieri politici sul tipo del Brofferio!

Mi riservo pertanto di procedere ad un esame più minuto dello scritto del Conte di Revel laddove troveranno posto i già ricordati memoriali di Carlo Alberto.

Non posso però chiudere questa sommaria rassegna bibliografica senza fare menzione di alcune altre fra le più importanti ed interessanti raccolte documentarie che siano state pubblicate in questi ultimi anni e che recano ancora luce sui dietroscena politici del Ventuno.

Una è dovuta al valentissimo direttore dell'Archivio di Stato di Mantova, il prof. ALESSANDRO LUZIO, meritamente reputato fra i più dotti scrittori ed i critici più imparziali, ed ha per titolo : *Antonio Salvotti e i processi del Ventuno*. Un'altra pubblicazione non meno pregevole come materiale storico ma assai meno autorevole per scarsità di giudizî è intitolato : *I Costituti del Conte Confalonieri e il Principe di Carignano* per ILARIO RINIERI. Ricorderò per ultimo l'opera dell'illustre D'ANCONA : *Federico Confalonieri, documenti,* che è troppo conosciuta perchè spenda la mia povera parola per segnalarla al lettore.

II.

Nuovo contributo alla Storia della Restaurazione e del '21 in Piemonte, ricavato dall'archivio della Famiglia Della Marmora. — Tre La Marmora e tre serie di documenti. — Il Cav. Tommaso Della Marmora e Carlo Emanuele IV. — Carteggio tra il Re Carlo Emanuele IV e i suoi Augusti Congiunti. — Monsignor Carlo Vittorio Della Marmora Vescovo di Casale indi di Saluzzo poi Cardinale. — Sue relazioni col Governo costituzionale del '21· — Il Marchese Carlo Emanuele Della Marmora — Sua Corrispondenza con Carlo Alberto Principe di Carignano dopo il '21·

Ho già detto che i documenti raccolti in questo volume pro· vengono dall'Archivio della famiglia della Marmora, dal quale ho già attinto il materiale storico per due precedenti miei lavori, che hanno visto la luce sotto gli autorevoli auspici della R. Deputazione di Storia patria per le Antiche provincie e la Lombardia (1).

Questi documenti si possono dividere in tre serie, poichè hanno appartenuto a tre insigni personaggi, della famiglia La Marmora, ognuno dei quali e per uffici di fiducia coperti presso Sovrani e Principi della Casa di Savoia, o per le pubbliche cariche di cui è stato rivestito alla Restaurazione, si è trovato in posizione eccezionalmente privilegiata per assistere agli avvenimenti che si sono svolti nei primi anni della restaurata Monarchia Sabauda.

---

(1) MARIO DEGLI ALBERTI : *Alcuni episodi del Risorgimento italiano illustrati con lettere e Memorie inedite dal Generale Marchese Carlo Emanuele Ferrero della Marmora, Principe di Masserano. - R. Deputazione di Storia Patria per le antiche Provincie e la Lombardia. - Biblioteca di storia italiana recente 1800-1850 - Vol. I - 1907.*

MARIO DEGLI ALBERTI : *Piemonte e Piemontesi sotto il Primo Impero - R. Deputazione di Storia Patria per le Antiche Provincie e la Lombardia - Biblioteca di Storia Italiana recente 1800-1850 - Vol. II. - 1908.*

Per una maggiore intelligenza di questa raccolta documentaria gioverà ch'io la faccia precedere da qualche cenno biografico su quei tre La Marmora ai quali la Storia ne va debitrice.

Al principio del secolo XIX era capostipite della famiglia Ferrero Della Marmora il Marchese Celestino, che aveva sposato nel 1786 Raffaella, figlia del Marchese Nicola Amedeo Argentero di Bersezio. Seguendo la tradizione famigliare il Marchese Celestino abbracciò la carriera militare, e ne percorse i primi gradi; ma dopo essere stato aiutante di campo di suo zio Conte Filippo, viceré di Sardegna, coprì cariche di corte, e si ritirò a vita privata quando nel 1797 i domini di terraferma della Casa di Savoia furono occupati dai Francesi. Morì nel 1805 lasciando 13 figli di cui otto maschi e cinque femmine.

In posizioni assai più eminenti giunsero due suoi fratelli Tommaso e Carlo Vittorio di cui più particolarmente mi occorre parlare.

Nacque il primo in Torino l'11 Gennaio 1768. Successivamente paggio d'onore e luogotenente nei dragoni della Regina, egli si trovava a Corte in qualità di Cavaliere d'onore della Regina Maria Clotilde quando nel 1797 il Re Carlo Emanuele IV fu costretto dalla prepotenza francese ad abbandonare il Piemonte, e da allora in poi il Cav. Tommaso non si scostò più dai suoi fianchi. Lo seguì nelle sue peregrinazioni, e dopo la morte della Santa Regina Maria Clotilde, avvenuta in Napoli nel 1802, fu il solo gentiluomo che rimase a consolare lo spodestato e vedovo Sovrano, quando questi dopo avere abdicato la Corona in favore del fratello Vittorio Emanuele, Duca d'Aosta, si ritirò nel Noviziato dei Gesuiti in Roma. Negli ultimi anni di sua vita l'infelice Sovrano si valeva della mano del suo *fedele Tomaso* (come era solito chiamare il La Marmora) per la sua corrispondenza epistolare cogli Augusti suoi congiunti. Di tutte le lettere scritte sotto il dettato del Re, il La Marmora conservò le minute, come pure a lui rimasero le lettere originali di risposta che il Re ne ricevette. Gli originali delle prime debbono trovarsi depositati all'Archivio di Stato sotto la rubrica *Casa Reale - Corrispondenza*, e ciò risulta dagli estratti che ne furono già pubblicati (1), ma le seconde for-

(1) Cfr. MANNO, op. cit. pag. 31.

mano un carteggio assolutamente inedito da cui si possono ri-
cavare elementi preziosi di Storia sui Principi di Casa Savoia nei
primi anni dopo la Restàurazione. E' però un peccato che il
La Marmora non si sia curato di indicare nelle stesse minute
le persone alle quali le lettere erano indirizzate; cosicchè non
riesce sempre facile di precisarne con sicurezza i destinatari ;
però colla scorta delle lettere di risposta si può con molta ap-
prossimazione ricostruire quella corrispondenza principesca. Le
dette lettere di risposta, tutte *autografe, originali* ed *inedite,*
sono per la maggior parte del Re Vittorio Emanuele I, della
Regina Maria Teresa, di Carlo Felice, Duca del Genevese, di
Maria Cristina Duchessa del Genevese, del Duca e della Duchessa di Modena (figlia quest'ultima del Re Vittorio Emanuele) e di Carlo Alberto, Principe di Carignano.

« Al Re Carlo Emanuele IV, scrive il Perrero (1), che
« aveva rinunziato alla corona e si era ritirato dal mondo per
« avere pace e tranquillità, non riuscì mai, durante i 17 anni
« che ancor visse, di possedere nè l'una, nè l'altra, sempre in
« lotta da una parte colla miseria che lo assediava, e, dall'al-
« tra, con sè medesimo, non solo pei mali del corpo, che lo
« traevano come fuori di sè, ma anche e sopra tutto per le
« afflizioni dell'animo, più crudeli ancora, cagionate da esa-
« gerati scrupoli religiosi, sempre combattuti e sempre rina-
« scenti. I particolari che il Cav. Ferrero della Marmora (co-
« stituitosi per lunghi anni come infermiere del povero Re,
« con una devozione ed una pazienza ammirabili) andava tra-
« smettendo alla corte intorno allo stato di lui a tale riguardo
« non possono destare che una grande commiserazione ». Io
non conosco delle lettere del Cav. Tommaso Della Marmora
se non i pochi brani che ne pubblica il Perrero, ma dalle lettere dello stesso Carlo Emanuele, traspaiono una serenità ed
una rassegnazione che contrastano colla descrizione che fa il
Perrero del suo stato d'animo (2): cerchereste invano nelle

(1) Domenico Perrero, *I Reali di Savoia in Esilio,* 1799-1806. Narrazione storica con documenti inediti - Pag. 304-305.
(2) Ne giudichi il lettore dai seguenti estratti di lettere di Carlo
Emanuele IV.
« *A suo cognato il Conte d'Artois, il 9 Gennaio, 1816.*
« Vous aurez peut-être appris que j' ai été à la mort à Civitavec-
« chia où la prochaine invasion de Rome m'avait obligé de me retirer ;

medesime un accenno al passato suo regno; non un rimpianto, non una recriminazione.

« je suis guéri comme par un miracle, mais cette maladie m'a laissé
« bien d'incommodités, *très content que la volonté de Dieu s'accomplisse*
« *en moi et vous me retrouveriez, cher Artois, toute mon ancienne gaité* ».

Al fratello Vittorio Emanuele - il 1 Luglio 1816.

« ...... Je vous ferais faire la connaissance de tous ces bons Pères
« qui ont tant de bontés pour moi et qui font de cette maison pour
« moi un vrai Paradis où *j'ai enfin trouvé la paix de mon âme* après
« tant de traversies dont ma vie à été composée.... »

Al Marchese Costa - il 13 Luglio 1816.

« ...... Quant'à moi je ne peus ni lire ni écrire étant depuis deux
« ans parfaitement aveugle. Dieu soit loué et *je vous assure que vous*
« *me trouveriez mon ancienne gaité ; l'année passée j'ai été à la mort*
« ce qui m'a laissé mille infirmités ; mais pour n'en avoir aucune il
« aurait fallu mourir jeune..... »

Alla Regina Maria Teresa.

De St. Andrè, le 9 décembre, jour à jamais mémorable, 1816
(era *l'anniversario della partenza del Re da Torino nel 1797*).
Ma très chère sœur,
« Je suis bien reconnaissant de la part que vous voulez bien prendre
« à mes petites infirmités, mais je vous assure que quand le bon Dieu
« envoit des croix il envoit aussi tout ce qui faut pour les porter... »

Al Marchese di S. Marzano il 9 Dicembre, 1816.

« ..... Oltre all'assoluta cecità ho avuto di questi giorni un'infiam-
« mazione dolorosissima al più vecchio (?) dei due occhi ; presentemente
« mi dicono che sia bianco e guarito, perchè quanto all'esterno la
« perdita di mia vista non ha mai comparito ; il resto di mia salute è un
« poco al disotto della mediocrità : fra le altre cose per lo più non dormo
« che tre ore della notte, rimane dunque ventun'ora dello stesso colore,
« il che di natura sua non è molto dissipante ; con tutto ciò vi assicuro
« che *con la misericordia del Signore sono di una tranquillità che non*
« *conosco me stesso*..... »

Al Re Vittorio Emanuele - il 25 giugno 1818.

« .... Grâce à Dieu je suis bien rétabli de mon incommodité
« qui a été assez pénible ; j'ai passé 22 nuits à ne dormir que trois
« quarts d'heures, et quelques fois moins ; je me sentais si mal que je
« disais que j'allais mourir ; on se moquait de moi ; on avait raison
« et *la tristesse épouvantable qui m'accablait a fait place à ma gaité or-*
« *dinaire.*

La stessa impressione ci viene da tutte le lettere di Carlo Emanuele
come pure dalle risposte, delle quali mi limiterò a citare la lettera della
Regina Maria Teresa, che fa riscontro a quella sopra citata del 9 Dicembre 1816.

« .... en attendant je vois avec une bien vive satisfaction par votre
« chère lettre du 9, jour à jamais mémorable, et ce comencement d'une
« triste esistence qui ne peut finir qu' avec votre vie, que vous êtes
« encore gai, et je ne puis assez admirer votre résignation et patience
« héroïque, bien sure que vous en aurez une bien grande récompense
« dans un avenir d'autant plus heureux......

Il Cav. Tommaso Della Marmora compì l'opera sua di pietosa devozione raccogliendo nel 1819 l'ultimo respiro dell'infelice Sovrano, dal quale ricevette in pegno della sua riconoscenza e come preziosissimo ricordo della Regina Maria Clotilde di venerata memoria, il di lei anello nunziale. Alla sua morte il Cav. Tommaso lasciava l'anello stesso al Cav. Edoardo Della Marmora suo nipote e figlio del già ricordato Marchese Celestino ed ora esso si trova religiosamente custodito nel Palazzo La Marmora in Biella.

Tornato in Patria dopo la morte del Re Carlo Emanuele, il Cav. Tommaso Della Marmora raccolse nuove dignità ed onori, e l'opera sua fedele fu ricercata dai Principi reali. Fu nominato dapprima Maggior Generale nelle Regie Armate, ed il 22 Ottobre 1821 fu dal nuovo Re Carlo Felice insignito dell'Ordine supremo della SS. Annunziata. L'anno seguente la Regina Maria Cristina lo nominava suo Cavaliere d'onore, e contemporaneamente chiamava presso di sè come Dama d'Atour, una di lui nipote (figlia anch'essa del Marchese Celestino) la Contessa Cristina Seyssel d'Aix.

Il Cav. Tommaso Della Marmora decedeva in Napoli il 16 Febbraio 1832, lasciando di sè largo rimpianto ed universale ammirazione per le sue qualità morali e per la costante ed esemplare affezione da lui dimostrata pei suoi principi.

Altro fratello del Marchese Celestino Della Marmora era Carlo Vittorio che abbracciò il Sacerdozio, nel quale raggiunse i più alti gradi della gerarchia ecclesiastica.

Nato a Torino nel 1757, si laureò in ambe leggi, e nel 1779 fu eletto rettore dell'Università. Nominato Elemosiniere del Re Vittorio Amedeo III, nel 1784; ammesso tra i membri del collegio di filosofia nel 1786, fu creato dal Pontefice Pio VI Vescovo di Casale Monferrato il 27 Giugno 1797 e da Pio VII trasferito alla Sede vescovile di Saluzzo nel 1805. Nel 1822 Carlo Felice lo chiamò all'ufficio di Cancelliere dell'Ordine Supremo della SS. Annunziata. Era già Gran Croce nell'Ordine dei SS. Maurizio e Lazzaro e Grande Elemosiniere del Re quando Leone XII lo nominò Cardinale (27 Settembre 1824). Nel 1825 ricevette dallo stesso Carlo Felice il Collare dell'Ordine della SS. Annunziata. Negli ultimi anni che stette a Saluzzo egli acquistò una casa di campagna nell'amena terra di Villanovetta a poche miglia dalla città vescovile, che colà riposava volentieri l'animo stanco dalle passate vicende e poi ne dispose a favore dei suoi successori. Quel modesto recesso acquistò nome quando i vescovi subalpini nel 1849, assente il metropolitano, vi si raccolsero presso il decano della provincia a studiar quel che meglio convenisse al bene della Chiesa in quei nuovi turbamenti, e di là scrissero alla loro diocesi una lettera di gran momento. Sopravvenuta poi la legge del 1868 in cui si tolsero gli stabili alle mense episcopali, fu in pericolo di essere alienata all'asta pubblica, ma Mons. Lorenzo Gastaldi, che in quei giorni governava la chiesa Saluzzese, impedì che ciò avvenisse. Raccomandò l'affare al Generale Alfonso La Marmora, già Ministro della Guerra e nipote del Vescovo di Saluzzo, e questi per riguardo allo zio fece così potenti uffici che l'asta fu sospesa e la villa conservata alla Diocesi (1). Il Cardinale Della Marmora morì all'Abazia di S. Benigno di Fruttuaria il 31 Dicembre 1831.

« Uomo di molta dottrina ed erudizione e di singolare « esemplarità di vita. Provveduto e dai benefici ecclesiastici, « dal Vescovato e dalla famiglia tutto prodigava ai poveri. « Il dì della sua morte, morì povero egli medesimo : così « fa un Vescovo. Lasciò eredi i nipoti i quali accettarono il « testamento per pagare i debiti d'uno zio di cui veneravano « la memoria e le virtù » (2).

Appassionato per gli studi storici, Monsignor Della Marmora si applicò specialmente a ricerche genealogiche e condensò i risultati delle sue pazienti elucubrazioni in vari volumi manoscritti che si conservano nell'Archivio La Marmora di Biella e sono fonte inesplorata preziosissima per la ricostruzione della genealogia di gran numero delle famiglie patrizie piemontesi; radunò poi in modo particolare i documenti e le notizie che si riferivano alla famiglia Ferrero e preparò così gli elementi per la lunga e dibattuta questione sollevata pochi anni dopo la sua morte dal nipote, Marchese Carlo Della

---

(1) Chiuso Tomaso, *La Chiesa in Piemonte* - Vol. III. pag. 94.
(2) Litta Pompeo, *Famiglie celebri italiane* - *Ferrero di Biella*.

Marmora, per la rivendicazione del titolo di Principe di Masserano.

Monsignor Della Marmora non ebbe parte veramente politica negli avvenimenti dei suoi tempi e fra i documenti relativi al suo Episcopato, quelli che mi propongo di pubblicare, se non hanno un vero valore storico, hanno uno speciale interesse di curiosità, per l'epoca alla quale si riferiscono, cioè all'effimera Reggenza del Principe di Carignano e del non meno effimero Governo Costituzionale del 21.

Dovrei ora dare qualche cenno biografico del Marchese Carlo Emanuele Della Marmora, cui appartiene la terza serie di questi documenti, ma siccome ho avuto occasione di occuparmi diffusamente e ripetutamente di lui nelle già citate precedenti mie pubblicazioni, mi limiterò a ricordare al lettore che egli era figlio primogenito del Marchese Celestino (1), e che dopo aver prestato per sette anni servizio militare in Francia, sotto le bandiere Napoleoniche, fu colla Restaurazione ammesso nelle file dell'esercito Sardo col grado di capitano di cavalleria. Al principio dell'anno 1821 fu addetto alla persona del Principe Carlo Alberto di Carignano, allora Gran Maestro d'Artiglieria, in qualità di suo Aiutante di campo, e da allora in poi, salvo poche interruzioni, coprì sempre cariche di fiducia presso il Principe stesso, continuandole dopo al suo avvento al trono e fino alla sua morte. Per menzionare soltanto le ultime fasi di quella sua vita di esem-

---

(1) Dei sette fratelli del Marchese Carlo Della Marmora, sei abbracciarono come lui la carriera delle armi ed ebbero tutti parte più o meno eminente nelle vicende politiche e militari del Risorgimento Italiano. Nel 1852 quattro fratelli erano contemporaneamente luogotenenti generali ed occupavano le più alte cariche dello Stato; Carlo Emanuele era Primo aiutante di Campo del Re ; Alberto era Governatore militare dell'Isola di Sardegna di cui fu dotto illustratore ; Alessandro, fondatore del Corpo dei Bersaglieri, comandava la Divisione militare di Genova ed Alfonso era Ministro della Guerra ed era intento a preparare l'esercito alle prossime glorie della Crimea. Altri tre fratelli percorsero i gradi inferiori dell'esercito. Paolo Emilio, morì poco più che trentenne, luogotenente nel Real corpo di Stato Maggiore. Edoardo lasciò l'esercito come capitano nei Dragoni della Regina per occupare la carica di Gentiluomo di Camera del Re Carlo Alberto. Ferdinando fu Capitano in Piemonte Reale, col quale grado dovette abbandonare il servizio attivo in seguito a una caduta da cavallo che lo rese zoppo per tutta la vita. Il solo ottavo fratello Ottavio percorse la carriera civile della Intendenza e raggiunse il grado di Intendente Generale col quale fu a capo delle principali provincie del Regno.

plare fedeltà e devozione dirò che nella Campagna del 1848 egli era dei primi scudieri del Re; nella successiva infausta e brevissima Campagna del 1849 era suo Primo Aiutante di Campo. Fu Senatore del Regno e Cavaliere dell'Ordine Supremo della SS. Annunziata. Morì in Torino nel 1854. Nel 1836 per l'estinzione della linea dei Principi di Masserano fu chiamato alla successione di quel titolo.

Il moto rivoluzionario del Ventuno trovò Carlo Della Marmora a fianco del Principe di Carignano, il quale gli affidò in quei giorni burrascosi missioni pericolose (1), ed allorquando Carlo Alberto vedutosi sconfessato dal nuovo Re Carlo Felice decideva improvvisamente di abbandonare Torino, conducendo a Novara le truppe rimaste fedeli, ed alla mezzanotte del 23 Marzo muoveva dal Parco del Valentino alla testa dei cavalleggeri di Savoia, ai quali si riunì poco dopo il Reggimento di cavalleria Piemonte Reale, Carlo Della Marmora era al suo seguito (2), e di tappa in tappa per Novara e Modena lo accompagnò sulla via dell'esiglio fino a Firenze, ove si trattenne preso di lui fino al mese di Novembre dello stesso anno.

Giova notare che Carlo Della Marmora aveva sposato pochi mesi prima (il 9 Ottobre 1820) Marianna Arborio Sartirana di Breme, la quale non sapeva rassegnarsi ad un distacco così improvviso ed in circostanze così tragiche. Le sue lettere al marito, durante quella penosa separazione, sono l'eco fedele e commovente della trepidazione della giovane sposa sulla sorte del marito e sull'incertezza del suo ritorno. Nè questi era meno trepidante sulla sorte del suo

(1) L'autore del *Simple récit* (pag. 82) nel narrare l'episodio della rivolta della Cittadella di Torino scrive : *Le départ du roi est suspendu ; on envoie sur les lieux un aide de camp du prince* (Carlo Alberto) *pour prendre des renseignements plus positifs; il est arrêté jeté en bas de son cheval et on veut le forcer à répéter le criparjure de vive la constitution.* Vedremo in appresso come Carlo Alberto usando quasi le stesse parole scrive che quel suo aiutante di Campo era il Marchese Della Marmora.

(2) *Le prince ne perdit pas un moment : accompagné d'un aide de camp et d'un écuyer il sortit par une porte de derrière* (dal suo palazzo) *monta à cheval et le pistolet à la main traversa la ville et se rendit au bivouac du Valentin....* Anche questo racconto del *Simple récit* (pag. 141) non è che una parafrasi di quello di Carlo Alberto che aggiunge i nomi dell'aiutante di campo e dello scudiero nelle persone del Marchese Della Marmora e del Conte Costa.

Principe, il quale, per parecchi mesi, si cullò nella speranza che il Re gli avrebbe consentito di rimpatriare (1). Ma quando Carlo Alberto si rese persuaso che nulla gli rimaneva da sperare dall'implacabile ostilità di Carlo Felice, il La Marmora, cedendo alle stesse insistenze del suo Principe, lasciò Firenze e se ne tornò ad asciugare le lagrime della desolata sua sposa. Egli continuò pertanto da Torino a mantenersi in intima corrispondenza col Principe e sono appunto le lettere ch'egli ne ricevette in questi anni di esilio che mi sono indotto a pubblicare, perchè dalla loro semplicità e spontaneità appare la vera ed intima natura di quell'anima alla quale si può fare qualunque taccia, meno quella dell'insensibilità.

Quando poi Carlo Alberto chiese, e dopo molte insistenze, ottenne dal Re Carlo Felice, il permesso di recarsi a combattere in Spagna sotto le bandiere del Duca d'Angoulême, Carlo Della Marmora fece vive premure per poterlo seguire, ma Carlo Felice non volle accondiscendere al suo desiderio, premendogli che il Principe fosse sotto la diretta custodia e sorveglianza di persona di sua fiducia, ed a quelle mansioni destinò il Generale De Faverges. Gli allori del Trocadero, benchè riuscissero poco graditi al sospettoso Re Carlo Felice, pur tuttavia gli imposero la riabilitazione del Principe di Carignano.

---

(1) « Un gentiluomo amicissimo di Carlo Alberto gli scriveva il 19 novembre 1821 : A l'ancienne Cour l'opinion a beaucoup changé en faveur de V. A.... on voit le même changement à la nouvelle cour et dans le public, malgré les machinations de quelques esprits malfaisants qui se débattent encore cachés dans les ténèbres....

Ma un mese dopo lo stesso gentiluomo lo avvisava :

Dans mes lettres précédentes j'ai toujours témoigné à V. A. l'espoir que je conservais de son retour prochain parmi nous ; mon espoir est fondé sur le changement d'opinion que tous le jours on voit opèrer à l'avantage de V. A. Mais maintenant que rien ne se réalise, j'ai fait le possible pour en connaitre le motif. Finalment il m'est réussi de savoir que chaque courrier on saisit des lettres de nos libéraux piémontais réfugiés en France, en Espagne et à Genève, lesquels écrivent les noirceurs les plus abominables qu'on puisse imaginer ; il font tout ce qu'il est possible de faire et ils employent tous le moyens qui peuvent être en leur pouvoir pour susciter des ennemis à V. A. » (Manno - *Informazioni*. Pag. 34-40).

III.

Ancora un cenno bibliografico. — COSTA DE BEAUREGARD : *La jeunesse du Roi Charles Albert - Prologue d'un règne* — DOMENICO PERRERO ; *Gli ultimi Reali di Savoia del ramo primogènito ed il Principe di Carignano.* — Fantasia e polemica.

Nella rapida e sommaria rassegna che ho fatto della bibliografia del Ventuno, mi sono di proposito astenuto dal menzionare due tra le più recenti opere, che per quanto abbraccino un periodo di Storia più esteso, recano incidentalmente notizie e giudizi sugli avvenimenti di quell'anno e sulle persone che vi hanno preso parte; e sono l'opera del Marchese COSTA DE BEAUREGARD « *La Jeunesse du Roi Charles Albert - Prologue d'un Règne* » e quella dell'Avv. DOMENICO PERRERO « *Gli ultimi Reali di Savoia del Ramo primogenito ed il Principe di Carignano - Studio storico su documenti inediti* ».

Ho detto che tale ommessione fu da me *fatta di proposito,* perchè a mio modo di vedere, all'uno ed all'altro dei loro autori fanno difetto quella serenità ed imparzialità di giudizio che sono dote precipua dello Storico e danno all'opera sua il voluto carattere di indiscussa autorità. Il primo fa del dilettantismo storico, sacrificando volentieri ad un motto arguto qualunque scrupolo d'equanimità, e fa pompa di un falso sentimentalismo, dal quale traspare un mal celato ed invidioso dispetto per tutto ciò che sa d'*italianità* ; il secondo poi trasforma la pacifica dissertazione storica in un violento dibattito forense, spingendo la sua critica ad un tale eccesso di pedanteria da toglierle ogni efficacia, perchè appare sempre ispirata ad una personale e sistematica polemica contro il Marchese Costa (1).

---

(1) « Perrero con enorme lettura, con erudizione vasta, scarseggiava « di critica soggettiva ; poi aveva due difetti : quello dell'avvocato, di « sottilizzare e sofisticare ; quello dell'avvocato del 48, di esser geloso ed

Dei due però è sempre più autorevole il Perrero, perchè le sue argomentazioni per quanto cavillose, sono pur sempre fondate sopra un'abbondante e seria documentazione, mentre il Costa si contenta di infiorare ogni tanto la sua elegantissima prosa con qualche raro documento, che talvolta egli non si perita anche di mutilare, perchè suoni come degno accompagnamento a quei due o tre *leit-motiv* che danno il tono a tutta la sua opera.

Siccome mi occorrerà più volte nel corso di questo studio di dovere rettificare gli errori di giudizio nei quali sono incorsi ora l'uno, ora l'altro dei suddetti scrittori, avverto che non intendo erigermi a loro critico o censore, chè me ne mancherebbero e l'autorità e la capacità. Desidero soltanto porre gli studiosi in grado di controllare, sulla scorta di nuovi documenti, le varie versioni che sono state date finora dei vari avvenimenti che si sono svolti in Piemonte nei primi dieci anni della Restaurazione del suo Regime Monarchico, e di giudicare imparzialmente la condotta dei personaggi che a quegli avvenimenti hanno preso parte. Avvenimenti e personaggi che hanno una capitale importanza per la Storia del Risorgimento Italiano, di cui segnano i veri primordi, mentre, molto meno propriamente, questi si sono voluti da molti storici fare risalire all'epoca dell'occupazione francese nel 1797; come se l'effimero Regno Italico ideato ed improvvisato da Napoleone I possa avere nella tradizione storica lasciato una traccia qualsiasi che abbia servito di base all'attuale Regno d'Italia.

Quella d'allora era l'Italia... dei Francesi, quella d'oggi è l'Italia degli Italiani.

Benchè la storia di quei dieci anni raggiunga il suo maggiore interesse nel 1821, non è ai soli avvenimenti di quell'anno che intendo dedicare questo studio; ma puranco a quelli che lo hanno preceduto preparandone le tragiche vicende ed a quelli che ne sono stati le tristi conseguenze.

« invidioso della nobiltà. Costa de Beauregard ha immenso ingegno, « sfolgorante fantasia, stile delizioso, ma conosce poco la storia ed è grazioso romanziere. La verità come sempre, può stare fra i due. » Così mi scriveva poco tempo fa un illustre storico piemontese vivente esaltato dal Costa.... e conseguentemente criticato dal Perrerò.

Ho sostenuto altrove (1) che in istoria *toute vérité n'est pas bonne à dire*, cioè che quando si tratta di documenti d'indole personale la loro pubblicazione deve essere subordinata alle condizioni dell'ambiente, ed è appunto nel giudicare con tatto e criterio di quelle condizioni d'opportunità che si rivela una delle doti più pregevoli dello storico; io sostenevo allora quella tesi per dimostrare l'inopportunità di pubblicare oggi documenti d'indole riservata sulla nostra campagna del 1866, perchè non ritenevo, come non ritengo tuttora, che si possa ancora aprire una spassionata discussione sopra un avvenimento che si può chiamare contemporaneo; mentre mi permetto di affermare che più nessuna ragione d'opportunità o di convenienza impedisce che si faccia la più ampia ed aperta discussione su fatti e persone del principio del secolo scorso.

Non cessa però l'obbligo nello scrittore di trattare simili argomenti con speciale delicatezza e con quei riguardi che si possono conciliare colla verità storica, alla quale, a mo' d'esempio, hanno reso un pessimo servizio tanto il Costa, quanto il Perrero, rivendicando ognuno per sè stesso il merito di avere ingrandito la figura di Carlo Alberto ed accusandosi a vicenda di averla rimpicciolita. Ho accennato con ciò ad una sola delle tante meschine polemiche di cui sono intessute le opere di quei due scrittori e che si sono prolungate in repliche e controrepliche (2) con poco profitto per la storia e pochissima edificazione degli studiosi. Per conto mio farò tesoro di questo esempio poco esemplare per evitare qualunque idea preconcetta ; anzitutto, perchè non mi riconosco l'autorità (come non la riconosco al Costa ed al Perrero) di erigermi ad arbitro degli atti dei principali nostri personaggi storici e poi perchè l'esperienza dimostra che tanto l'esaltazione quanto la denigrazione sistematiche producono per lo più l'effetto opposto o per lo meno ingenerano una naturale diffidenza.

---

(1) In un mio articolo : « *L'Arciduca Alberto d'Austria ed il Generale Alfonso Lamarmora nel 1866* ». pubblicato nel Fascicolo I della Rivista Storica del Risorgimento Italiano.

(2) Vedi « *Réponse à M. Domenico Perrero à propos de son livre* « *Gli ultimi Reali di Savoia* » del Marchese Costa e la « *Replica al Marchese Costa di Beaugard - Nuovi appunti e documenti* » di Domenico Perrero.

IV.

Le condizioni del Piemonte alla Restaurazione descritto da Domenico Zanichelli. — I tre figli di Vittorio Amedeo III. — Decadenza della razza. — Il giudizio di Luigi Cibrario e dell'anonimo autore del *Simplet récit....* sul Piemonte nel 1814. — Patriottismo ed incoerenze di due autori Savoiardi.

Domenico Zanichelli descrive con poche ed efficaci parole quale fosse la condizione degli animi in Piemonte, subito dopo avvenuta la restaurazione. Secondo lui (1) la borghesia, impregnata dalle idee della Rivoluzione, avversa all'assolutismo e più che a questo all'oligarchia aristocratica che lo circondava, sperò che la Francia rigeneratrice del mondo, avrebbe nel distruggere l'uno e l'altra, instaurato un Governo di libertà e di uguaglianza, senza nulla pretendere in compenso, senza attentare all'indipendenza secolare del Piemonte da ogni dominio straniero, anzi piuttosto unendolo alla Lombardia ed alle regioni d'Italia, che diceva di volere successivamente affrancare per costituire nella penisola uno stato nazionale. Con questa speranza la borghesia subalpina in parte aiutò la caduta, in parte lasciò con piacere, o almeno senza rammarico, cadere il principato assoluto ; quando invece della libertà ebbe solo l'eguaglianza e vide la propria terra congiunta, come conquista, alla Francia, la vecchia e immutata fedeltà verso Casa Savoia in essa risorse e si fortificò, perchè sul trono dei principi legittimi vedeva ognuno restaurata almeno l'indipendenza dallo straniero e la dignità dello Stato ridata al Piemonte. Colla ripugnanza e coll'odio verso i dominatori stra-

---

(1) DOMENICO ZANICHELLI - *Cavour* - Firenze - G. Barbera - 1905 - Pag. 5 e segg.

nieri nella borghesia subalpina si fortificò l'idea nazionale italiana non nel senso unitario, ma nel senso dell'affranca- mento di tutta la penisola da ogni esterno dominio, fosse fran- cese o austriaco, e questa idea nazionale si radicò profonda- mente in modo speciale nella parte colta del ceto medio. Per queste ragioni, quando cadde l'Impero napoleonico la bor- ghesia piemontese acclamò il ritorno del re legittimo, perchè in lui vide il simbolo e l'affermazione vivente della riacqui- stata indipendenza ; da lui sperò non solo la conservazione dell'eguaglianza civile, ma la garanzia d'una onesta libertà e l'attuazione di quegli ideali italiani che si agitavano nella sua mente e nel suo cuore.

Dell'aristocrazia, alcuni pochi, spaventati dalla rivoluzio- ne erano divenuti ferocemente reazionari, nulla sperando che dall'Austria, cui tutte le aspirazioni erano disposte a sacrifi- care e sacrificavano, meno l'independenza dello Stato Sabau- do. All'infuori di questi pochi che avevano però molte ade- renze alla corte, specialmente attorno al fratello minore del re, Carlo Felice, duca del Genevese, la nobiltà del Piemonte si divideva in due categorie ; l'una assolutista e legittimista, che parteggiava per la politica del carciofo e odiava ugual- mente la Francia e l'Austria come avrebbe odiato la Spagna e l'Inghilterra se avessero preteso di dominare in Italia ; l'al- tra costituzionale e liberale che, leale verso il Re e la Dinastia di Savoia, pensava che fosse compito preciso dello Stato pie- montese liberare l'Italia da ogni dominio straniero e adottare e fare adottare agli altri Stati italiani, istituzioni consultive che permettessero ogni moderato progresso, e anche, i più avanzati in essa, desideravano le istituzioni rappresentative modellate, secondo la dottrina francese, su quelle dell'Inghil- terra.

Tra la borghesia e l'aristocrazia, sorti dall'una e dall'altra vi erano poi quelli o ufficiali o funzionari dell'Impero, di na- zionalità piemontese, che nella guerra e nella agitata e splen- dida vita sociale del tempo avevano preso il gusto delle gran- di cose, adottate quelle idee della rivoluzione che l'impera- tore rendeva prevalenti e assicurava, e appreso l'odio all'Au- stria. Questi a cui aderivano i più accesi della borghesia e dell'aristocrazia, si piegarono volentieri alla Restaurazione, ma, insofferenti dell'ambiente piccolo e ristretto in cui erano forzati a vivere, ben presto l'odio all'Austria ed i ricordi imperiali trasformarono nel sentimento nazionale, sognando di fare del re di Sardegna il re, se non di tutta l'Italia, almeno' della parte settentrionale e centrale della penisola, rifacendo cioè a profitto dei sabaudi il regno italico di Napoleone.

E così la Restaurazione accettata da tutti, disilluse ben presto tutti. Gli assolutisti retrogradi, austriacanti, per causa di un ritorno della rivoluzione non la trovavano durante il regno di Vittorio Emanuele I abbastanza reazionaria ; gli altri, a seconda degli umori, o la ritenevano soltanto troppo debole verso l'Austria, oppure erano disgustati e offesi dalla grettezza, l'insipienza, l'ignoranza di cui faceva continua prova. Nel fatto era quella della restaurazione sabauda una mascherata la quale durante il regno di Vittorio Emanuele I avrebbe meritato di essere riguardata come ridicola se non avessero persuaso a un certo rispetto la buona fede, l'onestà e la rettitudine di intenzioni del re e di molti tra i suoi ministri e uomini di fiducia.

Alle acute osservazioni dello Zanichelli mi sia lecito di aggiungere che mai, come sullo scorcio del Secolo XVIII il Piemonte avrebbe avuto bisogno di esser governato da Principi che avessero *mens sana in corpore sano*, cioè fossero tali da potere col senno e col braccio opporsi, se non vittoriosamente, almeno virilmente al pericoloso contatto della Francia repubblicana e più tardi alle ambizioni conquistatrici del Primo Napoleone. Ma pur troppo quella crisi acutissima trovò la già gagliarda stirpe dei Savoia all'ultimo stadio della decrepitezza fisica e morale.

I tre figli di Vittorio Amedeo III, sul cui capo passò per successive abdicazioni la corona sabauda, erano, non per colpa propria, in condizioni impari alla difficoltà dei tempi ; sarebbe perciò ingiusto imputar loro le disastrose conseguenze che ebbero per il Piemonte i loro regni. Tutti e tre racchiudevano in un corpo debole una mente poverissima ed imbevuta di pregiudizi ; per modo che anche dalla triste esperienza non seppero trarre gli ammaestramenti che il più elementare buon senso doveva suggerir loro. Quand'anche uno studio minuto della politica di quei tre ultimi Regnanti del Ramo primogento di Casa Savoia non esorbitassé dai limiti di questo lavoro mi troverei assai impacciato a ricostrurne l'indirizzo e le tendenze; poichè l'indirizzo era rappresentato dal più cieco e confidente abbandono nelle mani della Provvidenza, dalle cui ispirazioni furono tutti e tre concordi nel fare dipendere le loro più importanti determinazioni; in quanto alle tendenze esse furono per tutti e tre il quieto vivere nella più profonda ed ostinata incoscienza. Ma ripeto ed insisto nell'ascrivere alla fisica debolezza loro la palese incapacità morale di cui diedero prova nell'esercizio del potere regale.

Il figlio primogenito di Vittorio Amedeo III, che regnò sotto il nome di Carlo Emanuele IV, si era già ritirato non soltanto dalla Reggia, ma puranco dal mondo all'epoca di cui intendo occuparmi, epperciò non starò neppure ad accennare le ingloriose vicende del suo Regno. Mi soffermerò piuttosto, ma brevemente, sul Regno di Vittorio Emanuele I, durante il quale si maturarono quegli avvenimenti che furono i precursori del nostro Risorgimento.

Caduta la potenza Napoleonica in Europa, tornò pure Vittorio Emanuele nel 1814 al possesso dei domini di terraferma che erano stati la culla della sua famiglia.

« Principe di cuore eccellente, ma rimasto nella sua ab-
« bandonata Isola di Sardegna straniero al movimento Euro-
« peo, aveva, tornando, lasciato commettere grandi errori. In-
« vece di accettare l'eccellente legislazione, i forti ordinamen-
« ti amministrativi dell'impero francese, erasi da un ministro
« imprudente e ignorante, ricostrutto il vecchio edifizio del
« 1798. Si ristabilirono i privilegi, il tribunale d'eccezione, le
« confische, e ciò che forse era peggio, il re di nuovo s'impic-
« ciò nell'amministrazione della giustizia, stornando a suo
« piacimento le parti dai loro giudici naturali, concedendo in-
« dugi a pagare, sospendendo e annullando procedimenti cri-
« minali, sostituendo pene arbitrate dal re in forza d'un potere
« chiamato economico, usando misuré diverse di pena coll'ari-
« stocrazia e colla plebe dei delinquenti, quand'anche il reato
« fosse uguale. Inoltre nel primo anno della restaurazione gli
« uomini eziandio più misurati e prudenti che avevano in pub-
« blici uffici servito la patria ai tempi Napoleonici, e in estere
« contrade cresciuto bene operando, la fama del nome piemon-
« tese erano scartati come giacobini, e conferivansi spesse vol-

« te gli impieghi a tali che non avevano altra capacità salvo
« quella d'avere avuto fede nei diritti santissimi della legitti-
« mità e d'averne predetto il trionfo ed il ritorno del re, e che
« avversavano per principio ogni progresso, ogni riforma;
« gente per la quale il mondo aveva cessato di esistere nel no-
« vantotto, e che aveva dormito aspettando la risurrezione fi-
« no al quattordici. Se meritava la loro fede di essere ono-
« rata e rimunerata, poco era da sperarsi dal loro giudizio, ed
« il maneggio degli affari non poteva che pericolare nelle lo-
« ro mani (1).

Questa descrizione fatta dal Cibrario (non certo sospetto
di eccessivo liberalismo) dell'ambiente nel quale si restaurava
in Piemonte il dominio di Casa Savoia, contrasta singolarmente con quella dell'autore Anonimo del *Simple récit*, se
condo il quale gli avvenimenti del Ventuno furono provocati
da una vasta cospirazione che minacciava tutti i governi legittimi dell'Europa, e della quale anche in Piemonte si formò
un partito « qui dès le retour du Roi travailla sans relâche à
mettre hors d'activité ces anciens militaires, qui lors de l'invasion française, avoient combattu l'étranger sinon avec succès, du moins avec honneur, pour les remplacer par des officiers qui avaient servi sous l'usurpateur, gens plus rusés peut-
être que leurs devanciers dans les détails du service, et sans
contredit plus élégants à la parade, mais pour la plus part
profondément corrompus, et ne voyant dans leur carrière
d'autre but qu'un rapide avancement. Presque tous sans religion, leur fidélité n'offrait aucune garantie et ils étaient peu
propres à maintenir dans une armée nouvellement formée,
les principes d'honneur et de morale chrétienne, sans lesquels aucun Gouvernement ne pourra jamais compter sur
ses soldats. Le ministère du roi de Sardaigne en adoptant
le système qu'on suivait en France ne prit garde que dans
ce dernier pays l'homme qui avait embrassé la carrière des armes depuis la révolution pouvait avoir en vue la défense et la
gloire de sa patrie; ainsi même en servant un Gouvernement
illégitime, il n'était pas étranger à tout sentiment vertueux.
Le Piémontais au contraire, sujet d'une prince dépossédé

---

(1) LUIGI CIBRARIO - *Re Carlo Alberto, iniziatore e martire dell'indipendenza italiana* - Milano - Giuseppe Civelli - 1865 - Pag. 11

et natif d'un pays conquis avait combattu contre sa patrie et contre son roi en servant la cause de l'usurpateur : il ne devait donc inspirer aucune confiance au gouvernement légitime à l'époque de la Restauration » (1).

Da questo breve estratto il lettore potrà facilmente giudicare qual credito possa meritare il *Simple récit,* che, come ho detto, è stato finora considerato come una delle fonti più autorevoli per la Storia del Ventuno ! Dunque, secondo l'anonimo autore, dopo la Restaurazione gli antichi soldati di Napoleone (che avevano combattuto contro la loro patria, dove ? quando ?) avrebbero indegnamente invaso le file dell'esercito Sardo ! Ora tutti sanno che i medesimi furono per tolleranza ammessi nell'esercito del loro paese purchè si fossero assoggettati alla perdita di un grado (2) ; e perchè non rimanesse traccia delle distinzioni concesse loro dall'*usurpatore,* coloro che si erano meritato sul campo di battaglia la croce della Legione d'onore, ebbero in cambio quella di Milite dell'Ordine militare di Savoia con formale divieto di far pompa della prima ! Lo stesso Anonimo autore si deve essere accorto che la sua mala fede lo aveva condotto oltre i limiti del verosimile, perchè ha sentito il bisogno di attenuare quel suo giudizio infamante che gonglobava in un fascio molti di coloro che furono i più fedeli servitori di Casa Savoia ed ha avuto la benevolenza di aggiungere la seguente nota : « Quelques exceptions honorables ne prouvent rien contre la justesse de cette maxime ».

La verità è che *les honorables exceptions* sono una legione, nella quale figurano i Bava, i De Sonnaz, ecc., e non ultimi due personaggi che per amor proprio di famiglia mi preme segnalare in modo speciale, e sono il già ricordato Marchese Carlo Emanuele Della Marmora, il quale dopo aver *combattuto* in 5 campagne sotto le bandiere dell'*usurpatore,* prestò 30 anni di quasi ininterrotto servizio a fianco del Magnanimo Re Carlo Alberto di cui nella triste e nella lieta fortuna fu devoto servitore e fidatissimo amico ; l'altro fu il di lui fratello secondogenito Alberto, che anche egli fece le campagne napoleoniche dal 1807 al 1814 e percorse tutti i

_____

(1) *Simple récit...* pag. 2 e 3.
(2) Manno - *Informazioni.....* pag. 7.

gradi della carriera militare in Piemonte fino a quello di Luogotenente Generale, lasciando un nome illustre più come scienziato che come militare. Tali erano dunque i militari che, secondo il Conte De Maistre...... cioè secondo l'Anonimo autore, non avevano altro merito che di essere *plus élégans dans les parades!* Eppure non era nelle *parades* che il Marchese Della Marmora fu colpito da palla nemica che lo rese storpio per tutta la vita, e neppure quando a Iuterbock ebbe due cavalli uccisi sotto di sè! Mi pare invece che fossero assai più truppa da parata « *les* 480 *miliciens, les* 246 *chasseurs et les* 80 *artilleurs* » che secondo quanto scrive sardonicamente il Marchese Costa di Beauregard, il buon Re Vittorio Emanuele si dilettava durante gli ozî del suo esilio in Sardegna « à faire *pirouetter le plus sérieusement du monde* (a Cagliari) *pendant que son rival* (Napoléon) *conquérait l'Europe!* » Questi due signori Savoiardi potrebbero almeno mettersi d'accordo nelle loro fantasticherie storiche! Su una cosa però vanno d'accordo: nel rivendicare a sè stessi il monopolio del patriottismo!!

Le condizioni d'inferiorità e di demerito che le diffidenze avevano creato ai militari che avevano servito sotto le bandiere della Francia imperiale si estesero pure a quanti avevano accettato dalla medesima cariche pubbliche, anche se queste non avessero attinenza alla politica. Cosicchè uomini piemontesi insigni per dottrina, che nel periodo dell'occupazione francese dedicarono l'opera loro a pro dei loro concittadini, pel fatto solo che sortirono la loro autorità dal Governo imperiale, dovettero adattarsi ad umilianti giustificazioni verso il restaurato Governo del 1814, se vollero vedere accetti i loro servigi. Tale condizione fu fatta all'illustre Conte Prospero Balbo, di cui sono in grado di pubblicare un interessante Memoriale, col quale egli riassume la sua condotta politica durante l'occupazione francese e rende conto dell'opera sua quale Rettore dell'Accademia ossia Università di Torino, che fu il solo ufficio che volle accettare dal Governo imperiale, dal quale aveva ripetutamente rifiutati i più importanti incarichi politici.

---

(1) COSTA DE BEAUREGARD - *La Jeunesse du roi Charles Albert* Pag. 23.

Giova pertanto ricordare che sullo scorcio del regno di Vittorio Amedeo III il Conte Prospero Balbo era stato chiamato con Priocca, Revel e San Marzano nei consigli sovrani e dopo il fatale trattato di Cherasco era stato dal suo succes· sore Carlo Emanuele IV inviato ambasciatore a Parigi perchè procurasse di mitigarne le dure condizioni e salvare la monarchia; ma purtroppo l'onda invadente della demagogia gallica ebbe il sopravvento e rese vana l'azione diplomatica del Conte Balbo, le cui vicende da quell'epoca fino alla Restaurazione formano appunto argomento del mentovato suo Memoriale, che rispecchia l'integrità dell'uomo che lo dettò, come dà una descrizione fedele dell'ambiente in cui egli si trovò alla Restaurazione. Fosse l'effetto di quel memoriale o fossero altri considerazioni d'opportunità il fatto è che nel 1816 il Conte Balbo andava ambasciatore a Madrid col figlio Cesare, ma presto veniva richiamato a Torino ed assunto all'ufficio di Capo del Magistrato della Riforma e delle R. R. Università. Ministro di Stato nel 1818. Primo segretario di Stato de gli Interni nel 1819. Avrebbe riparato a molti errori econo· mici ed infuso sangue vitale nelle leggi nei tribunali, nel go· verno, se non ne fosse stato distolto ed impedito dai travolgimenti del ventuno ; per i quali ritornò a vita di studi. Carlo Alberto salito al trono e ricostituito il consiglio di Stato affidò al Balbo la presidenza della Sezione di Finanze, conferendogli successivamente la nuova croce del merito ed il collare dell'ordine supremo della SS. Annunziata (1) Morì il 14 marzo 1837.

A questi sommari cenni biografici faccio seguire senza altri commenti il Memoriale avvertendo per debito di sincerità che la copia dalla quale l'ho trascritto non porta la firma del Conte Balbo, ma reca soltanto la seguente annotazione di pugno del Marchese Carlo Della Marmora ; *Memoriale di S. E. il Conte Prospero Balbo.*

---

(1) Cfr. ANTONIO MANNO - *L'opera cinquantenaria della R. Deputazione di Storia Patria di Torino* - Notizie di fatto ecc..... Torino - Fratelli Bocca - 1884, pag. 145.

V

MEMORIALE INDIRIZZATO AL RE DAL CONTE PROSPERO BALBO

Sire,

Sarà noto a Vostra Maestà, che l'Ambasciata di Parigi non fu punto da me ricercata, ma fu accettata per pura obbedienza, non avendo io fiducia di salvare lo Stato.

Mi è riuscito per avventura di prolungarne alquanto la vita, nè più potea farsi, del rimanente la coscienza non mi rimorde di nulla. In Francia non ho lasciato cattivo nome. In patria non ho perduto la be nevolenza del Sovrano che me ne diede poi luminose prove ; nè la stima del Ministro del quale io venero la memoria.

Quando fui libero dall'arresto, restai in Parigi per conformarmi agli ordini ricevuti, e rompere le trame che s'intessevano contro la person ı del Re, e contro quella di Vostra Maestà.

Delle seduzioni, e delle minaccie, alle quali ho resistito, non mi vo- glio dar vanto, non avendo fatto altro che il dover mio ; ma piacemi ri- cordare le offerte che mi furono fatte per parte d'una delle primarie Corti in Germania, dove avrei trovato una onorevole condizione, se avessi creduta inutile o misgradita al Sovrano la mia servitù.

Costretto a partire fui a Barcellona per carteggiare colla Sardegna e per andarvi, se il Re mi chiamava. Il mare non era libero. Feci tut- tavia passare i dispacci. Raggiunto poi dal Cavaliere di Priocca, (1) ·

(1) DAMIANO DI PRIOCCA Cav. CLEMENTE — Nato in Torino il 20 no- vembre 1749 - Senatore del Senato (Corte d'Appello) di Piemonte - Mi- nistro a Roma nel 1786 ; ministro degli affari esteri nel 1796, fu l'ultimo ministro della monarchia cadente,, in difesa della quale pubblicò una fiera protesta contro le prepotenze e la slealtà francese .Dopo il decreto del Primo Console il quale prescrisse ai rifugiati piemontesi di rimpa- triare, pena la confisca dei beni egli, che era divenuto erede del fratello primogenito, lasciò il ricetto di Pisa e ritornato a Torino continuò a con- solar sè stesso cogli studi. Non vide la monarchia restaurata in Piemonte essendo mancato ai vivi in Torino il 5 febbraio 1813. (CARUTTI DOME- NICO. (*Storia della Corte di Savoia durante la rivoluzione francese e l'im- pero*) - Due vol. in 8-4 Roux e C. Torino - 1892 Vol. II pagg. 345 e 391.

dal Marchese Di San Marzano (1), si mise alla vela colla prima occasione e si venne in Minorca tenuta dagli Inglesi. Ivi si seppe che il Re dovea ritornare in terraferma. Il Marchese Di San Marzano andò a trovarlo, e recogli ciò che mi restava di danari, e di gioie. Il qual proposito non osserverei, che dal momento della catastrofe io m'era ridotto al pretto necessario, se non dovessi ricordare, che assai prima io aveva rinunziato a gran parte delle paghe fissate avanti la mia nominazicne.

Col Cavaliere Di Priocca passai in Toscana per aspettarvi il Re.

Il Marchese di San Marzano mi portò gli ordini di Sua Maestà che mi nominava Controllore Generale assicurandomi la Gran Croce. Io non dovea partir da Firenze fin dopo l'arrivo del Sovrano e mi era dato l'incarico di fargli apprestare un palazzo. Giunse ben tosto Sua Maestà e volle anche pubblicamente manifestarmi la sua degnazione.

Un affare di Stato importantissimo mi tenne ancora in Corte, poi finalmente mi son rimpatriato di Novembre 1799.

Tale era il mio destino : Nella nuova mia carica io non potea sperare miglior successo, che nella prima. Nè lo tacqui a Sua Maestà, che ne serbò memoria, e volle all'occorrenza incoraggiarmi, e reggermi contro a' più crudi assalti.

Un enorme massa di carta monetata aveva gravitato sul Piemonte, e dal Governo Repubblicano ridotta al terzo del valor nominale, continuava tuttavia a scapitare. Il Governo non aveva trovato altro mezzo, che di fabbricarne ancora per venti millioni con promessa di annullar poi l'antica.

L'ignoranza o la malevolenza è giunta a segno d'attribuirmi quell'operazione, mentr'essa è del ventinove di Settembre, ed io era fuori Stato, e, come ho già detto, non tornai che in Novembre.

Il prezzo della carta andò sempre scemando, e per inevitabile conseguenza innalzossi di molto il prezzo delle derrate : scompari la moneta ed il grano ; e presentossi la carestia in terribile aspetto. Non vi era

---

(1) ASINARI DI SAN MARZANO MARCHESE ANTONIO. - Nato a Torino nel 1751. Fece le campagne contro i francesi sino al 1796. Indi fu ministro della guerra, Consigliere di Stato e poscia Ambasciatore di Napoleone I a Berlino. Senatore dell'Impero nel 1813. Capo del Consiglio supremo di reggenza nel 1814. Primo plenipotenziario al Congresso di Vienna. Ministro della guerra nel 1815 ; indi succedette al Conte di Vallesa nel ministero degli esteri. Fu detto che nel 1814 in suo segreto inclinasse a un sistema semi-costituzionale ; se è vero non nè diede segno nè a Torino nè a Vienna ; e nel 1820 se ne atteggiò risoluto avversario dichiarandola inconciliabile colla prosperità del Piemonte e colla sicurezza dello Stato. Sollecito dell'alleanza austriaca, nel Congresso di Laybach fu zelante colloboratore del Principe di Metternich .Dopo il 1821 il Marchese di San Marzano non fu confermato da Carlo Felice nel Ministero, ma nominato gran ciambellano, ch'era la maggior dignità di Corte. Era stato insignito dell'Ordine supremo della SS. Annunziata nel 1820. Morì il 16 Lugio 1828. Suo figlio primogenito Carlo fu uno dei capi dei Federati nel 1821 e condannato a morte e appeso in effigie. (CARUTTI Op. cit., pagg. 349 e 396).

altro che un rimedio : Per far venire il grano sul mercato bisognava
necessariamente rimettere in giro la moneta, chè il corso forzato della
carta facea tener nascosto. Questa gravissima considerazione obbligom-
mi ad insistere per l'accettazione della legge già prima proposta anche
per altri motivi, ma che non potea ritardarsi senza lasciare in preda la
popolazione alle più spaventose disgrazie. In Francia quando si era
voluto, per la legge detta del massimo, che le derrate si vendessero al
prezzo fissato in carta al valor nominale, la mannaja della ghigliottina
non aveva potuto impedire una tal carestia, quale non si era veduta
mai. Non potea da noi il Governo e non volea adoprar que' modi tiran-
nici di rivoluzione, e di terrore, e mille eran le vie di far uscire i grani
per esitarli altrove a moneta sonante.

E frattanto era in tal discredito il pubblico erario, che, per impe-
gnare certi mercadanti a qualche incetta di grano straniero, mi fu forza
rendermi personalmente mallevadore d'alcuni pagamenti che si doveano
lor fare per provvisioni anteriori, ed una volta pagai del mio tredici
mila lire, di cui non sono rimborsato.

Promulgata la nuova legge, si vide immantinente, siccome io l'aveva
annunziato, ricomparire in abbondanza la moneta, che si volea far credere uscita, o fusa, ed i mercanti furono a sufficienza forniti ; senza
che venisse grano di fuori, si potè aspettare la ricolta, mantenere un
esercito di cento mila uomini e provvedere compitamente tutte le for-
tezze. Del che nulla potea farsi nel precedente sistema.

Certo è che la carta non risalì alla pari. Ma bisognava essere di ben
grossa pasta per aspettare un tal miracolo, a ben alto millantatore per
darne speranza. L'effetto immediato della legge potea essere un leggero
abbassamento, ma l'azione successiva della legge medesima, e l'impiego
di tutti i mezzi proposti, avrebbe poi senza dubbio ristabilito il credito,
rialzando anche d'alcun poco la carta, e rendendola stazionaria; la qual
cosa è la sola che in questo fatto possa ragionevolmente sperare. Le
oscillazioni continuarono, perchè l'operazione fu guasta e contrariata,
poi troncata a mezzo, e lasciata così monca, ed imperfetta, senza darle
il necessario compimento.

Oltre di che si ha da considerare che niun riparo esser potea vale-
vole contro i più strani rovesci di fortuna. Nè al mese di Marzo alcun
umano accorgimento potea prevedere la battaglia di Marenco e meno
ancora la capitolazione, che le tenne dietro, e che cangiò la sorte del
Piemonte anzi pure del mondo.

Ma quando mai si vide o s'intese che un sistema d'assoluta coazione
abbia potuto rialzare il valore della carta monetata, o l'abbia pur sola
mente sostenuta quando stava per cadere, o ne abbia almeno ritardata
o rallentata alquanto la caduta? Ed anzi non l'abbia accelerata e fatta
più rovinosa? E quelle tariffe d'ogni derrata, le quali in un certo periodo
del discredito sono la natural conseguenza del corso forzato al valor nominale, e quelle ghigliottine, e que' patiboli che necessariamente accompagnano le tariffe e non hanno mai impedito una carestia non sono forse
gli annunzi dell'imminente, rapida e totale rovina della carta forzata?

Pèr ben trattare di quest'argomento bisognerebbe entrare in molte particolarità, ma le già dette sono anzi di troppo per quello che mi riguarda personalmente. Imperciocchè colui il quale in consulta espone un parere, che vien dagli altri accettato, ne rimane egli solo mallevadore? E tal è il caso mio. Con questa giunta però che il parere fu soltanto accettatö a mezzo, e che fu rifiutata la seconda legge, la quale esser dovea il compimento della prima.

Quali fossero intorno al credito pubblico ed intorno ai segni di valori le dottrine da me tenute per vere, già si sapeva in Torino per certi scritti, che erano andati attorno alcuni anni addietro. E queste dottrine erano quelle degli Autori i più rinomati dei quali io aveva fatto studio, del gran Ministro che mi aveva educato, e di molti Uomini di Stato, co' quali io ne aveva tenuto lunghi discorsi, e in paese e fuori. Tuttavia trattandosi di applicare quelle massime generali alle circostanze complicatissime ed oltre modo difficili in cui si trovava il Piemonte, non mi fidai di me stesso e consultai parecchi personaggi di merito grandissimo.

Fui allora incoraggiato dall'unanime loro suffragio che ancor di presente vale a consolarmi delle aspre censure alle quali fui sottoposto.

Il Consiglio aveva veduti diversi progetti, ed anche fuori del suo seno avea chiesto diversi pareri. Le discussioni erano state lunghe e profonde. Molte opinioni furono scritte ed esistono tuttora. E finalmente la prima legge dopo aver sofferte importanti variazioni, passò alla pluralità dei due terzi e fu approvata dal Re.

Il volgo a Torino non potea rettamente giudicare di tal questione. Pel savio Governo de' Principi nostri, la carta monetata dalla sua creazione, e durante un mezzo secolo era stata sempre alla pari, nè aveva cominciato a scapitare che dopo la guerra. Le ultime vicende le aveano poi dato il tracollo; onde chè si credea bonariamente che stesse in mani del Governo, sol che si volesse, il ristabilire l'ordine antico.

Ma gli uomini veramente dotti in politica economica, allora e poi, portarono opinione che le leggi esistenti si dovessero modificare, e si dovesse là moneta richiamare in circolazione. Ed in altri paesi, dove siffatte verità son più volgari, non si sapeva pur capire come si potesse far questione in tali materie. Ed in Toscana, dove io era rifuggito, pareano sì ragionevoli le mie massime, che il Conte Ventura, venuto a Parma come plenipotenziario del Re di Etruria (1), mi offerì la primaria carica delle Finanze, che rifiutai, serbando speranza di servire ancora al mio Re ed alla mia Patria.

Nel mese d'Agosto del 1802, costretto da' decreti di ritornare a Torino, invano volli ridurmi a vivere nell'oscurità; fui ben tosto sollecitato d'accettare qualche grande impiego. La prima volta che qui venne Napoleone, mi fece chiamarè a' due Congressi presieduti dal suo Ministro dell'Interno Champagny, nell'uno dei quali trattossi degli affari di que-

(1) Conte CESARE VENTURA, Marchese di Gallinella, fu nel 1801 Plenipotenziario a Firenze di Lodòvico I Re d'Etruria, il cui figlio Carlo Lodovico, poi Duca di Parma, sposò nel 1820 Maria Teresa, figlia di Vittorio Emanuele I, Re di Sardegna.

sta Città, nell'altro della moneta di biglione. Poscia chiamommi egli stesso, e tenuti assai lunghi discorsi, in ispezie sulla moneta, finì per domandarmi che cosa io volea. Risposi ch'io non ambiva gli onori, e che mi occupava unicamente nell'educazione dei miei figliuoli. Taylle-rand, Clark e Maret mi fecero nuove premure perchè io accettassi ed indicassi io medesimo qualunque più elevata carica potesse piacermi, e venne ognun di loro da mia moglie e tutti, mettendole innanzi agli occhi il tornare a Parigi, vollero indurla a persuadermi di chiedere o d'accettare. La fede, e la devozione ch'ella serbò in ogni tempo a' suoi antichi Sovrani non le permisero di dar orecchio a somiglianti profferte.

Io sperava finalmente d'esser lasciato in obblio, quando nell'autunno del 1805 mi trovai nelle gazzette nominato Rettore dell'Università. Questo impiego assai più modesto ed assai men lucrativo potea piacermi perchè conforme a' miei studi, e sopratutto perchè parea mi dovesse salvare da ogni altro fastidio. Nondimeno stetti dubbioso e presi consiglio da persone divote di Vostra Maestà, ed amanti della Patria. Tutti mi spinsero ad accettare, allegando, che s'io non potea fare tutto quel bene che avrei voluto, potea impedire molto. male, e che ad ogni modo, io non dovea lasciare ad un qualche Francese scelto a caso, se non per cabala, e straniero dalle nostre usanze, o ad un qualche Piemontese per avventura cresciuto nei tempi di rivoluzione, una carica sì importante per l'educazione della nostra gioventù. A queste ragioni mi arrendetti, e non ho da pentirmene, poichè il buon successo oltrepassò d'assai le mie speranze.

Non fu già senza molti e lunghi travagli, ed ebbi a soffrire aspri combattimenti, e terribili persecuzioni, ed inquietudini non mai discontinuate. Pur finalmente mi riuscì di contenere i malevoli, di collocare ne' primi seggi uomini eccellenti, che le Università più famose avrebbero a grand'onore, e di migliorare in Torino e fuori la disciplina e gli studi. Le quali cose si sono eseguite senza ostentazione, anzi quasi copertamente per non far ombra ad un Governo sospettoso. Ma il pubblico imparziale ha conosciuto il benefizio, e ne ha saputo buon grado. E ardisco dire a Vostra Maestà, ch'Ella avrebbe trovato un guasto vieppiù grande negl'ingegni de' sudditi suoi, e tanti non ne avrebbe trovati meritevoli de' suoi favori se molte migliaia di giovani, che a tempo mio passarono nelle scuole, fossero stati imbevuti di false dottrine e contaminati da malvagi esempi.

Conscio a me stesso, e dell'antica incorrotta mia fede, e de' vantaggi novellamente per opera mia arrecati alla patria, e per lunga pratica conoscendo il bene che restava da farsi in tutto ciò che riguarda l'educazione e gli studi, io nutriva le più belle speranze che in questa parte come in tutte le altre, col ritorno del naturale Sovrano diventasse facile ogni desiderato miglioramento; quando ad un tratto ricevetti l'ordine di chiudere l'Università senz'essere pur consultato, o sentito, nemmeno sopra i mezzi d'effettuare quest'inaspettata determinazione, o d'impedirne le funeste conseguenze. Non trattavasi di nullameno che di spergere inconsideratamente per le vie di Torino centinaia e centinaia di giovani lontani da' loro parenti, senza che questi fossero avvertiti, onde porvi riparo. E ciò in qual tempo ? Quando era imminente l'arrivo di Vostra Maestà, affinchè sì lieta novella fosse in tante famiglie di tutto lo Stato mista purtroppo di qualche amaro. Il Conte di Revello (1) al quale presentai siffatta osservazione, ne conobbe l'importanza e promise qualche modificazione all'ordine del chiudimento. Ma non furono tutti ragionevoli. E ben tosto ricevetti senza verun riguardo, nemmeno di cortesia, altri ordini più severi coll'aggiunta di far cessare gli esami, e di serrare la biblioteca ed i musei, non considerando i danni gravissimi che ne sarebbero risultati, ed il triste effetto che tali operazioni avrebbero prodotto nell'opinione pubblica non pure del Paese, ma eziandio di tutta l'Europa.

In quel frangente non mancai al dover mio, e mi adoperai ad ogni modo per minorare il male. Nè tuttavia cessarono mai i disgusti e si volle persino in un manifesto, non so se ai viventi o ai posteri, ai vi-

---

(1) THAON DI REVEL Cav. IGNAZIO poi Conte di Pratolongo. - Nato in Nizza il 10 Maggio 1760 - Ministro in Olanda - Fece le guerre del 1792-1796 - Governatore di Genova. nel 1814 - Viceré in Sardegna. - Governatore di Torino nel 1820. - Per quanto annoverato fra i più gelosi campioni dell'assolutismo diede prova di nobili sentimenti. Nelle sue « *Mémoires sur la Guerre des Alpes et les événements du Piémont pendant la Révolution Française* » edite da suo figlio conte Genova di Revel, delle quali abbiamo già fatto menzione, il Conte Ignazio giudicò severamente il contegno del giovine Principe di Carignano nel 1821, ma quando per inimicizie e rancori potenti si dubitò che il Re Carlo Felice volesse esaminarne la condotta, disse : « L'erede del trono non può essere sottoposto a giudizio, se non si ha la certezza ch'ei meriti la morte e si voglia eseguire la sentenza ; il caso presente non è tale ». Il Carutti (Op. cit., pag. 351), fa rilevare che nel Consiglio di Stato di cui fu nominato Vice Presidente, il Conte di Revel fu costante nell'osteggiare ogni innovazione e oppositore al codice Albertino. Uomo di amena e classica coltura (scrive il Manno) carteggiava persino in latino. In gioventù compiacquesi nel filosofare. Anzi ghiribizzò certi sistemi filosofici ch'altri poi s'appropriò e ne lasciò traccia in un suo curioso ed anonimo *Testament politique*. Nel 21 fu assai in uggia alla parte liberale perchè lo riputavano severo non soltanto, ma crudele nel reprimere. Invece usò grande mitezza e diede savi consigli di temperanza. Dopo il tumulto degli studenti, avvenuto il 12 Gennaio 1821, che fu sedato dal Revel, sparsero per la città una caricatura che rappresentava un prato irto di sciabole e di baionette colla leggenda : « *Fiori di Pratolongo* ». Ebbe allora la plenipotenza del Re col titolo di suo Luogotenente generale per gli Stati di Terraferma (19 Aprile 1821). Gli venne anche conferita la suprema ed unica dignità di *Maresciallo di Savoia* (10 Aprile 1829). Cavaliere dell'Ordine supremo della SS. Annunziata nel 1820. Morì in Torino il 26 Gennaio 1835. Fu padre del Conte Ottavio che nel 1848 faceva parte del Ministero che controfirmò lo Statuto e del vivente Conte Genova, glorioso superstite della omai decimata schiera dei benemeriti patrioti (di quelli autentici), che col senno e colla mano hanno redento l'Italia nostra. Luogotenente Generale, Ministro della guerra nel 1867, Senatore del Regno nel 1879. Cavaliere dell'Ordine Supremo della SS. Annunziata nel 1905, l'opera rara, illuminata del Conte Genova di Revel, sia nei consigli della Corona, sia sui campi di battaglia, abbraccia tutto il periodo del Risorgimento.

All'illustre vegliardo, nobile esempio delle più alte virtù civili e militari, giunga gradita l'espressione del mio riverente ossequio.

36

cini od ai lontani, che l'Università fosse spoglia di religione, di disciplina, di splendore e di studio.

Io confesso che di tali aperte ingiustizie senza dubbio contrarie alle intenzioni di Vostra Maestà sono stato e sono dolentissimo. Che si fossero portate in Sardegna impressioni sinistre contro l'Università, era naturai cosa e conforme al vero. Ma coloro che rimasti erano in Piemonte e mandavano i lor figliuoli alle scuole non dovevano essi confondere i tempi e le persone e far d'ogni erba fascio. Nè doveano secondare l'ignoranza, o favorir la calunnia, che cercava non pur di travisare la rettitudine delle intenzioni, ma di tor fede all'evidenza dei fatti. Così per esempio si è inteso dire, che finalmente era rimesso lo studio della Teologia. Quasi che questa Facoltà non fosse stata ristabilita a tempo mio. Ed il capo de' professori non era egli lo stesso, che l'antico Governo aveva sopra tutti distinto ? Ed alle persone degli altri, quale accusa ha potuto fare anche la più sfacciata malevolenza ? Erano frequentatissime le loro Scuole e molti scuolari vi aveano delle primarie Case, ed i figliuoli de' parenti i più religiosi. E tutti renderanno testimonianza al vero.

Ma le proposizioni della Chiesa Gallicana ? Questa parte d'insegnamento, se tale potè chiamarsi, non ebbe principio per ordine mio e non l'ebbe nell'Università ma sibbene in tutti i Seminari per ordine di tutti i Vescovi.

Or finalmente, dicea taluno, i Seminaristi anderanno all'Università. E saranno, aggiungea tal altro, graduati i Teologi. Quasicchè i Seminaristi non avessero già da più anni passato ogni giorno fino a quattro volte per le strade e per le piazze più popolose, nell'abito lor proprio, ed in lunga fila a due per due per venire all'Università, e ritornarsene al Seminario. E quasicchè oltre la Teologia, la Morale e la Dogmatica, la sacra scrittura e la storia ecclesiastica, l'Università non avesse somministrato ai Seminaristi i mezzi d'imparare la Logica, la Metafisica, la Filosofia morale, la Fisica, il Greco, l'Ebraico e le altre lingue bibliche, ed orientali. In tutta la diocesi e nelle circonvicine, dove ora questi giovani attendono a lavorare la vigna del Signore, si può comodamente far giudizio delle Scuole, ove furono addottrinati.

E quanto alla collazione de' gradi accademici, non si erano forse incominciate le funzioni coll'applauditissimo dottorato di un Teologo di chiaro grido (Pasio) ? (1).

_____

(1) PASIO Monsignor DIONIGI fu poi vescovo di Alessandria e Magistrato della Riforma. Il Bersezio lo descrive « vero tipo di prelato dell'antico stampo, accurato nelle vesti e nei modi, lindo, contegnoso, azzimato, d'aspetto imponente, più bell'uomo che uomo di vaglia : mediocre d'ingegno, mediocre di volontà, mediocre di sapere, mediocre di carattere ; non amico e non soggetto ai gesuiti, ma troppo accorto e troppo amante di sè stesso per combatterli, manifestando liberali propositi in parole con qualcheduno e lasciando ne' fatti andar le cose come pel passato, accennando di voler fare e non facendo nulla, non contentando nè questi nè quelli per non iscontentare nessuno, passato via senza lasciare dietro di sè rimpianto e neppure memoria dei fatti suoi. »

E vi fu chi disse che si riaprirebbe l'oratorio dell'Università. E fingea d'ignorare che quella una fu delle prime mie cure, e che fin dal 1807 l'antica Cappella fu solennemente ribenedetta, e poi sempre vi si fece l'Ufficiatura. Cosa che prima e poi era stata senza esempio presso le Facoltà accademiche dell'Impero Francese. Grandi senza dubbio erano state le opposizioni e se n'era veduto un segno ne' libelli infamatorî, e ne' cartelli appiccati al Palazzo dell'Università, alla casa mia, e persino al ripostiglio della ghigliottina.

Lo stesso Sacro Oratore, che predica attualmente all'Università (Sineo) (1) ebbe il coraggio di spiegarvi ogni Domenica il Vangelo. Nè mai da quella cattedra la nostra Santa Religione fu meglio difesa contro ogni maniera di nemici. Nè mai sopra i giovani congregati in Cappella adoperossi dai Capi più vigilante attenzione. Io vi interveniva regolarmente ed ogni cosa era diretta da un Professore, zelante ecclesiastico (al principio Barucchi (2) ed ultimamente Peyron) (3).

Che or forse in questa come in altre cose si possa fare o più o meglio, non è meraviglia. E ciò non toglie il merito di chi nelle lunghe giornate dei passati tempi ha potuto sorreggere con infinita fatica il peso allora gravissimo della pubblica educazione.

Vi ha pure chi disse, che la bella nostra Italiana lingua sarebbe di nuovo insegnata. E lo era stata sempre non solo nell'Università, ma in tutti i Collegi ed in tutte le piccole scuole.

E le sole dove l'Italiano non fosse in uso, erano quelle del Liceo, perchè questa lingua n'era stata bandita allorquando il Provveditore Conte Adami (4) non avea da me dipendenza, nè io poteva sostenerlo ed aiutarlo.

---

(1) L'abate GIAN GIULIO SINEO (1757-1830) fu valente predicatore a S. Pelagia. Canonico del Duomo, Direttore spirituale dell'Accademia militare. Vincenzo Gioberti scrisse di lui : « fu uno degli uomini più straordinari d'ingegno e d'animo ch'io abbia conosciuto. »

(2) PIETRO IGNAZIO BARUCCHI nato a Briga nel 1756, morto a Torino nel 1835, Sacerdote, fu insigne professore di archeologia e direttore del Museo ; membro dell'Accademia delle Scienze nelle cui memorie pubblicò opere pregevolissime.

(3) AMEDEO PEYRON (2 ottobre 1785 - 27 aprile 1870) fu celebre coptologo e professore di lingue orientali nell'Università di Torino. Nel 1832 fu insignito dell'Ordine di Savoia e fu compreso nel 1848 fra i senatori di prima nomina dopo la promulgazione dello Statuto. Il Peyron studiò dapprima matematiche, poi si volse alla filologia ; di soli 23 anni fece meravigliare gli eruditi con critiche scritture intorno a certi testi grechi antichi. « Ingegno pieghevole ad una molteplice varietà di lavori. Si vantaggiava d'una certa originalità di pensiero, di stile ed anche di umore. Sembiante intento, meditativo, aperto : ampia la fronte, vivace ed ardente lo sguardo, animata ed efficace la parola. » Così il Bersezio.

(4) ADAMI GIOACHINO. Nato in Murazzano di Mondovì il 9 Settembre 1739. Senatore in Savoia, 1765. Primo Presidente della Corte dei Conti, 1796. Ministro di Stato, 1797. Richiamato nel 1814 alla Presidenza del Senato e nel luglio dello stesso anno nominato reggente del Magistrato della Riforma degli Studi. Morì in Torino il 25 marzo 1815. Era stato creato Conte di Cavagliano nel 1781.

Nel Liceo, nel Collegio delle Provincie, ed in tutte le Città del mio territorio, credo avere non solamente impedito assai di male; ma fatto eziandio assai di bene. Ed in gran parte il debbo ad un mio cooperatore del quale pare che siansi posti in ingrata dimenticanza gl'importantissimi servizi.

Da tutto questo io debbo fermamente conchiudere che a V. M. è stato nascosto il vero. Ella non ha saputo, che que' soli, i quali nell'istruzione pubblica potevano spiacerle, vi erano stati collocati prima del mio Governo; che mi era riuscito di farne uscire alcuni, i quali potevano essere pericolosi; che le scelte da me state fatte erano state tali, per la Dio mercè, da non potersi bramar meglio; che insomma io lasciava l'Università in uno stato molto migliore di quello nel quale io l'aveva ricevuta, ed anche di quello in cui la rivoluzione l'aveva trovata, e che essa aveva un numero d'illustri e dotti Professori, quali forse non ebbe mai nei tempi più avventurati.

Nè si è detto a Vostra Maestà che una gran parte degli Stati suoi sotto il Governo Francese non dipendeva dall'Università di Torino; che fuori de' limiti di questa potei contribuire al vantaggio del Liceo di Casale, regolandomi conformemente gli avvisi del Conte Vidua membro della Giunta d'Amministrazione di quel Convitto; che potei altresì impiegarmi a prò del pubblico insegnamento negli studi di Genova, di Parma e di Toscana, laddove ho avute preziose testimonianze di stima.

Vostra Maestà non ha saputo, che i suoi più devoti furono nella mia amministrazione onorati, e messi in uffizio, che gl'antichi Lettori, ed Ufficiali dell'Università ebbero ricompensa, gl'antichi istituti furono serbati, o per quando era possibile ristabiliti le antiche proprietà salvate, ed altre acquistate e le antiche memorie e le più gloriose per la Casa Reale ricordate in ogni occorrenza, e non senza coraggio celebrate.

Quest'è la fedele esposizione della condotta da me tenuta ne' diversi periodi della mia vita politica. Per non esser più lungo non ho detto tutto. Ma se mai alla Maestà Vostra rimanesse qualche dubbio, ardirei supplicarla di volermene domandare la spiegazione.

Vostra Maestà ed i suoi Ministri hanno potuto vedere che della servitù da me prestata non mi sono vantato mai, e non ho chiesta ricompensa veruna. In un momento di subitaneo timore nel mese di Marzo mi son presentato a Vostra Maestà con un mio umilissimo foglio per offrirle la mia persona. Ma finora io non aveva saputo risolvermi all'ingrato lavoro di questo scritto che, ardisco dire, io non credevo necessario. Ora il tempo ed il Consiglio degl'amici mi hanno persuaso che il mio dovere l'esige.

Non ho altro in mira fuorchè di mantenere davanti al mio Re, e contro qualunque persona la purezza dell'onor mio.

Con infinito profondo ossequio mi rassegno di V. S. R. Maestà.

Torino, addì 15 luglio, 1815.

Umilissimo Obbedientissimo servo e Fedelissimo suddito.

VI

La corrispondenza epistolare di Re Carlo Emanuele IV dal 1815 al 1819 raccolta nell'Archivio della famiglia Lamarmora. — Lettere del 1815. — Carlo Emanuele IV al Noviziato dei Gesuiti a Roma. — Sua malattia a Civitavecchia. — La visita del Papa Pio VII a Torino. — Esposizione della Sacra Sindone. — Ristabilimento della Compagnia di Gesù in Piemonte. — Ritorno in Piemonte della Regina Maria Teresa. — Carlo Felice Vicerè di Sardegna. — Monsignor Morozzo. — Monsignor De Gregori. — Movimento delle truppe in Piemonte. — Come Vittorio Emanuele I attendeva al riordinamento dell'esercito e della marina.

E' stato scritto, e con molta ragione, che « le style c'est l'homme »; si potrebbe aggiungere che nessun stile rispecchia la natura umana così fedelmente come lo stile epistolare, specialmente poi quello delle corrispondenze famigliari.

Il lettore sa già per quali circostanze l'Archivio della famiglia Della Marmora possegga una ragguardevole collezione di lettere di Sovrani e Principi di Casa Savoia, ed io credo che all'infuori dei carteggi principeschi che si conservano negli Archivi dello Stato, non esista altra raccolta consimile. La quale acquista un valore singolare pel fatto che tali lettere non sono dirette a privati, come altri potrebbe possederne, ma formano una corrispondenza epistolare di quei Principi fra di loro. Non pretendo già che questo carteggio contenga ciò che si chiama oggidì delle rivelazioni sensazionali; tutt'altro; poichè nella sua maggior parte è piuttosto insulso. Ma per la Storia anche questa qualità negativa ha il suo significato, e nel nostro caso la povertà di quella prosa principesca dimostra che la responsabilità degli sconvolgimenti che per un mese perturbarono il quieto vivere dei buoni Piemontesi nel 1821 e lasciarono per molti anni uno strascico di sospetti e repressioni, ricade molto

più sulla incoscienza e sulla imprevidenza dei Principi e Go-
vernanti, che non sui cospiratori che l'Autore del *Simple récit*
denunzia alla vendetta dei Stati d'Europa.

Delle cento e più lettere dettate da Carlo Emanuele IV al
fedele Tommaso Della Marmora ed indirizzate ai fratelli Vittorio Emanuele e Carlo Felice, alle cognate Maria Teresa di
Austria e Maria Cristina di Napoli, ai cognati Re di Napoli
e Conte d'Artois, ai nipoti Duca e Duchessa di Modena,
a Carlo Alberto, Principe di Carignano, a Cardinali e Ministri, non ve n'è una che contenga il più vago accenno alla politica, nè che dimostri il più lontano interessamento del Re
abdicatario alle vicende del suo Paese dopo che questo ritornò
sotto lo scettro fraterno. Un così radicale distacco dalle cose
terrene era certamente una delle conseguenze naturali della
vita semi-monastica alla quale Carlo Emanuele IV si era ridotto nel Noviziato di St. Andrea dei Gesuiti in Roma, ma
era pure l'indice di una razza fisicamente e moralmente esausta.

Gli argomenti di quel centinaio di lettere sono sempre gli
stessi e si ripetono con costante monotonia; il vecchio Re rin-
graziava per le notizie ricevute dagli augusti congiunti; faceva,
con abbondanza di particolari, la descrizione dei suoi malanni,
che veramente erano molti, concludendo con un atto di rassegnazione alla volontà del Signore.; presentava o raccomanda-
va talvolta un prete, tal'altra un frate e spesse volte l'Ordine
dei Gesuiti, di cui perorava il ritorno in Piemonte; insisteva
specialmente presso il fratello Vittorio Emanuele perchè provvedesse alla nomina dei Vescovi; ogni tanto entrava in particolari sulle visite che riceveva da Sovrani e Principi di passaggio per Roma e non mancava mai di accennare alla pioggia e al bel tempo, al freddo e al caldo....

Allo scopo pertando di evitare inutili ripetizioni mi asten-
go dal pubblicare per intero quell'abbondante epistolario li-
mitandomi a riprodurre le sole lettere od estratti di lettere
che hanno qualche relazione colla storia del Piemonte dal
1815 alla morte del Re Carlo Emanuele IV avvenuta sullo
scorcio del 1819.

Alla stessa selezione sottoporrò le lettere degli altri
principi e la messe sarà relativamente scarsa, specialmente
fra quelle di Carlo Felice e della sua Augusta consorte Ma-

ria Cristina. Appaiono invece inspirate da una intelligenza
non comune e portano l'impronta di un carattere energico le
lettere della Regina Maria Teresa; giudicherà il lettore dalle
medesime se essa sia proprio quella odiosa *Austriaca donna*
sotto la cui figura l'hanno rappresentata non pochi scrittori.

Degne poi di speciale attenzione sono le lettere del Re
Vittorio Emanuele I; in esse egli non ci si rivela certo
quell'uomo di stato decantato da taluni storici; ma giustizia vuole che si tenga conto delle sue buone intenzioni nel-
l'instaurare in Piemonte il prestigio della Monarchia e la dignità del Governo, risollevando le tristi condizioni economiche
del Paese e riorganizzando l'esercito e la marina. Che egli
ed i suoi ministri non abbiano saputo escogitare i mezzi più
idonei per raggiungere i loro intenti stanno a provarlo gli
avvenimenti del Ventuno, che furono l'inevitabile conseguenza dell'errore iniziale della Restaurazione che ho segnalato
colle parole del Cibrario, e dovettero essere per l'ottimo sovrano un ben crudele disinganno.

Ed ora non mi resta che a far posto a questo carteggio
principesco, che mi riservo di collegare con qualche parola
di commento e corredare di alcune annotazioni. Inizio la serie
con alcune lettere del 1815 di Re Carlo Emanuele IV dal Monastero dei Gesuiti in Roma.

Carlo Emanuele IV a Vittorio Emanuele I

Rome, ce 28 Mai, 1815.

Mon très cher frère,

Je profite du départ du Comte Piobes (1) pour vous donner de mes nouvelles et vous remercier du très grand plaisir
que vous m'avez fait en m'envoyant une personne qui m'était
si agréable pour elle-même et par le témoignage de votre chére

---

(1) ROERO DI PIOBESI Conte TRAIANO. Nato il 4 agosto 1767 dal Conte
Teòdoro e da Luisa Càresana di Carisio. - Debbo alla cortesia del di
lui pro-nipote Conte Luigi Provana di Collegno le seguenti notizie ricavate dall'Archivio di Guarene attualmente di proprietà della famiglia
di Collegno:
1776 - 28 Agosto — Assento di Sottotenente nel Reggimento provinciale di Torino.

amitié. Je ne puis vous dire le regret de le voir partir puisque sa compagnie m'était très agréable.

Venant à moi je vous dirai qu'il est vrai qui j'ai été assez mal, surtout la matinée du 21 Mai, jour auquel on a montré le St. Suaire à Turin (1); passé ce jour, grâce aux prières qu'on a fait pour moi à Notre-Dame des sept doùleurs et la poudre de St. Louis de Gonzague que j'ai prise, je suis re-

---

1788 - 27 Maggio — Assento di Sottotenente dei Granàtieri ivi, in luogo del Conte d'Avuglione, fatto Luogotenente.

1788 - 13 Luglio — Sposa Giuseppina Arborio di Breme (nata il 21 Settembre 1772, morta il 31 Marzo 1806) la quale era sorella del Marchese Lodovico di Breme la cui figlia Marianna sposò nel 1822 il Marchese Carlo Ferrero della Marmora, poi Principe di Masserano.

1789 - 24 Novembre — Assento di Luogotenente ivi in luogo del Conte di Sordevolo, fatto Luogotenente dei Granatieri.

1794 - 17 Febbraio — Assento di Luogotenente dei Granatieri in luogo del Conte d'Avuglione, fatto Capitano-tenente.

1794 - 29 Aprile — Assento di Capitano-tenente ivi in luogo del Cav. di S. Martino, fatto Capitano.

1797 - 31 Agosto — Certificato di sua iscrizione al Corpo Reale dei Militi volontari di Torino (corpo civico).

1798 - 6 Gennaio — Patente di Secondo Scudiere e Gentiluomo di bocca sovrannumerario della Principessa di Piemonte.

1815 - 3 Febbraio — Patente di Gentiluomo di camera.

1816 - 8 Luiglio — R. Biglietto di nomina a Direttore della Congregazione Generalissima di Carità nella classe secondaria di spada (le classi erano tre : di ecclesiastici, di spada e di toga).

1817 - 2 Settembre — Patenti di Riformatore nel Magistrato della Riforma della Università di Torino.

1834 - 11 Settembre — Patente di Primo Gentiluomo di Camera con conferimento del titolo, grado e anzianità di Grande di Corte.

1834 - 3 Ottobre — Patente di Commendator Mauriziano.

1837 - 10 Agosto — Deceduto nel Castello di Guarene.

Nella tradizione famigliare lasciò fama di uomo di rara e talvolta eccessiva bontà.

(1) Correvano allora i Cento Giorni ed il Papa Pio VII, vedendo i suoi Stati minacciati dall'invasione delle truppe di Gioacchino Murat, Re di Napoli, aveva abbandonato Roma, giungendo a Genova il 13 Aprile; di là mandava il Cardinale Pacca ad ossequiare il Re Vittorio Emanuele che si trovava in Alessandria, e questi si recava tosto insieme col Principe di Carignano, col Duca e la Duchessa di Modena a rendere omaggio al Pontefice; il quale indi a poco partiva per Savona, dove al cospetto del Sovrano e dei Principi, coronava solennemente la statua di N. S. della Misericordia. Il Papa si disponeva già a restituirsi in Roma, quando improvvisamente si diresse verso Torino, dove il Re Vittorio Emanuele ricevette l'annunzio del suo arrivo il 19 Maggio mattino, giorno stesso in cui giungeva il Pontefice. Salutato lungo il cammino da innumerevole moltitudine di gente, incontrato dal Re in Moncalieri, che salito con lui in carrozza, gli sedette di fronte, il Papa giunse in Torino verso le 10 e mezza di sera del 19 Maggio. Tre giorni dopo, cioè alla mattina del 21 Maggio, il Papa fece pubblica mostra della Santa Sindone. Nel processo verbale che fu scritto in quella circostanza si racconta che Pio VII, verso le otto di Francia, celebrata la messa

venu des portes de la mort. Je ne puis vous dire les soins
qu'ont eu de moi le medecin dans son art et les personnes
de service dans leurs offices, surtout le chevalier de La Marmora qui m'a prêté les soins de la même manière qu'aurait
pu faire un fils.

Pour venir de Civitavecchia (1) lui et le medecin m'ont
arrangé un lit dans lequel je suis venu si heureusement que
je n'ai pas souffert le moins du monde. Dans ce moment ma
santé est assez bonne ; je mange avec assez d'appétit, mais je
ne puis marcher qu'avec l'aide d'une ou deux personnes. Je
descends pourtant les escaliers et je promène dans les jar-
dins. Je suis donc présentement sans yeux et presque sans
jambes. Dieu soit loué de tout et je suis très content que sa
volonté s'accomplisse en moi.

C'est aujourd'hui 90 jours que je prends le lait d'ânesse,
qui me fait un bien infini.

Je ne puis vous dire la joie que j'ai ressenti en apprenant
par tout le monde, et par le Pape même, la piété filiale que
vous avez témoignée par l'acceuil vraiment édifiant que vous
avez fait au St. Père, vous, ainsi que la chère Béatrix votre
fille ; ça a été une grande consolation pour moi dans les jours
de ma plus grande souffrance, et je crois devoir en partie à
cette consolation le plus prompt rétablissement de ma santé.

---

nella Cappella Reale ed assistito a questa da Mons. Menocchio, Vescovo di Porfirio e sacrista pontificio, si ritirò nelle stanze e dopo mezz'ora
vi ritornò seguito dai cardinali e prelati. Qui presi gli abiti pontificali
ricevette dal Conte di Vallesa, primo Ministro e Notaio della Corona,
le chiavi con cui sta assicurata la Sindone, le diede a Mons. Menocchio che le rimise al custode della Reliquia, e costui, aperte le chiusure
ed estratta l'arca, raccomandolla a quattro camerieri vestiti di dalmatica
che la recarono al Palazzo Madama con solenne corteo. Procedette l'arca
sotto il baldacchino sorretto dal Re, dal Principe di Carignano e da
due Cavalieri dell'Annunziata. Deposta l'arca in una delle maggiori
aule del Palazzo e verificati i sigilli, quelli stessi posti da Pio VII nel
1804, si tirò fuori la Sindone e reggendola il Papa e i Vicari fu per essi
mostrata dalla loggia di ponente e di levante, mentre le campane della
città suonavano a festa ed il cannone tuonava. Ripiegata, riposta nel-
l'urna e rimunita di suggelli colle impronte del Papa e del Re fu collo
stesso accompagnamento riportata nella Cappella e posta in suo luogo
(Cfr. Tomaso Chiuso - *La Chiesa in Piemonte dal 1797 ai giorni nostri*
- Vol. III, pagg. 14 e segg.).

(1) Carlo Emanuele non sentendosi sicuro in Roma, dopo la partenza del Papa si era portato a Civitavecchia, pronto all'occorrenza a
rifugiarsi in Sardegna presso il fratello Carlo Felice. Una grave malattia che lo incolse a Civitavecchia e le successiva e definitiva caduta
dell'Impero Napoleonico lo persuasero invece a restituirsi a Roma.

Adieu, mon cher frère, ayez soin de la vôtre dans toutes les fatigues du corps et de l'esprit dont vous vous trouvez : je vous embrasse de tout mon coeur.

Ici, si j'y voyais, j'y metterais mon nom, mais ne le pouvant, je fais signer celui qui m'a écrit ma lettre.

Carlo Emanuele IV a Vittorio Emanuele I.

Du Noviciat ce 25 Juillet 1815.

Le Père Perelli, (1) Vicaire Général de l'Italie et de l'Espagne, fourni de tous les pouvoirs et de toutes les autorités du Père Général, qui pour le moment ne peut pas venir en Italie, part pour Turin pour s'aboucher avec vous pour ce qui regarde la Compagnie. Comme je sais que vous avez le bonne intention de rétablir la Compagnie à Gênes, prenant le plus grand intérêt à l'oeuvre de Dieu que vous voulez faire, je vous avertis que vous pouvez vous ouvrir de tout avec le Père Perelli qui est un homme du plus grand mérite à tous égards, me regardant bien heureux si je puis contribuer aux avantages d'une sainte société que j'estime, et j'aime davantage à mesure que je la connais de plus près.

Que Dieu vous rende, cher frère, la récompense de toutes vos bonnes actions, que vous ne cessez de faire et qui font la consolation de ma viellesse et dans l'état d'infirmité où il a plus au Seigneur de me mettre. Vous recevrez par le Comte Piobes une autre de mes lettres qui ne sera pas fraiche, mais vous y verrez bien des détails sur ce qui regarde ma personne et sur ceux qui m'entourent. Adieu, cher frère, je vous embrasse de tout coeur et je prie Dieu de vous donner toutes les bénédictions que l'aveugle et vieux Isaac donnait à son fils Jacob, étant votre très affectionné frère.

CHARLES EMANUEL.

---

(1) Il Padre GIOVANNI PERELLI nacque a Laurino (Prov. di Salerno) il 18 Settembre 1735. Entrato nel noviziato della Compagnia di Gesù il 15 Gennaio 1750 fece il corso di Umanità a Capua nel 1765 e quello di Filosofia a San Paolo nel 1767. Rientrò nell'Ordine quando la Compagnia fu ristabilita a Napoli. Diventò successivamente Socius del Provinciale e Vicario Generale della Compagnia - Morì a Napoli il 7 Dicembre 1828.

Carlo Emanuele IV a Vittorio Emanuele I.

Rome, le 16 Août, 1815.

Mon très cher frère,

Le Père Charles, Carme déchaussé, partant pour Turin, je m'empresse de lui donner une lettre pour vous. C'est un homme de mérite que je connais depuis très longtemps. Il va pour les affaires de sa religion que je vous recomande en général et en particulier, ayant toujours été très attaché à Sainte Thérèse leur fondatrice.

Aidez autant que vous pouvez les intentions de ce Père en tout ce qui sera possible et Dieu vous le rendra en ce monde et dans l'autre. Je vous recommande tout particulièrement les deux couvents de femmes de Sainte Christine de Turin et de St. Joseph à Moncalieri, deux maisons qui étaient très chères à l'âme angélique de feu ma femme, qui du ciel vous en sera reconnaissante.

Vous verrez bientôt le Comte Piobes qui a laissé en partant tant à moi qu'à toute ma maison des regrets infinis ; c'est un homme qui ne parait pas né en ce siècle.

Je ne sais si cette lettre vous trouvera à Turin ou à Gênes où bientôt vous verrez votre femme et votre chère petite famille (1).

Vous les embrasserez tous et vous rendrez compte à la première de mon total aveuglement et de ma course à l'autre monde, où je croyais de bonne foi d'y être reçu. Vous lui ferez de ma part mon compliment sur l'excellente et admirable conduite du duc de Modène et de la chère Béatrix dont les éloges retentissent par toute l'Italie.

---

(1) Vittorio Emanuele I nel venire a riprendere il possesso dei suoi dominî di terraferma nel Maggio dell'anno precedente, aveva lasciato alla Regina Maria Teresa la Reggenza della Sardegna. Il 16 Agosto 1815 la Regina partiva da Cagliari sul vascello inglese *Bombay* con le tre figliuole ed il 22 sbarcava a Genova, dove si erano recati ad attenderla il Re, il Duca e la Duchessa di Modena ed il Principe di Carignano, ed il 27 era celebrato in San Lorenzo un solenne *Te Deum* ufficiale con intervento dei Sovrani e dei Reali Principi.

Adieu, cher frère, je vous embrasse très tendrement et
je vous donne la bénédiction ordinaire du vieux et aveugle
Isaac à Jacob son fils

CHARLES EMANUEL.

Carlo Emanuele IV a Carlo Felice, Duca del Genevese.

Du Noviciat de S. André le 5 Septembre, 1815

Mon très cher frère,

J'ai reçu votre lettre par le Père Chiesa qui m'a fait grand
plaisir quoiqu'elle ne fut pas fraiche. Vous aurez su, mon
frère, mon voyage subit suivi d'une maladie mortelle par laquelle j'avais perdu l'usage des jambes qui, grâce à Dieu,
sont revenues beaucoup mieux de ce que je n'aurais crû;
il n'en est pas ainsi de la vue, ne connaissant plus de différence entre le jour et la nuit. J'ai vu le marquis Arcais et
son fils auquel j'ai fait bien des questions sur tout ce qui vous
regarde et la Sardaigne (1). Vous aurez appris que notre belle-
soeur est arrivée très heureusement le 23 à Gênes, toute la
famille étant en bonne santé. Il s'en est fallu peu que je vous
sois allé trouver en Sardaigne, ce qui d'un côté m'aurait fait
un grand plaisir, vu l'attachement que j'ai pour vous et pour

---

(1) Alla partenza della Regina Maria Teresa dalla Sardegna, il
Re Vittorio Emanuele conferì la dignità Vice Regale dell'Isola a suo
fratello Carlo Felice, Duca del Genevese, il quale nell'offrirsi spontaneamente al Re, rimettendo a più tardi il suo ritorno in Piemonte, gli
scriveva in termini che fanno onore ai suoi sentimenti di riconoscenza
verso quei fedeli isolani : « Il est aussi beaucoup plus décent (gli scriveva) de faire voir à ce pays qui nous est réellement affectionné et qui
nous a été d'un asile tranquil pendant tant d'années, que nous ne
l'abbandonnons pas tous au moment que le chemin de terreferme nous
est ouvert et qu'étant vous obligé de vous transporter dans vos anciens
États vous y laissez, au moins pour un temps, votre frère, ainsi que je
suis disposé d'y rester tout le temps qu'il faudra en qualité de vice-roi ».
Carlo Felice governò due volte la Sardegna in qualità di Vice Re. Durò
il primo suo comando per sette anni, cioè dalla partenza del Re Carlo
Emanuele Carlo IV dall'Isola nel 1799 al ritorno del Re Vittorio Emanuele, avvenuto nel 1806. Riprese quel comando nell'Agosto 1815, lo
continuò di persona fino al Giugno del seguente anno e da lontano fino
al suo avvenimento al trono (vedi - GIUSEPPE MANNO - *Note Sarde e ricordi* - Da pag. 167 a pag. 225 - DOMENICO PERRERO - *Gli ultimi Reali,*
ecc. - Pag. 268).

votre chère épouse; mais je ne sais si, vu l'état effroyable de ma santé, je serais arrivé en vie.

Je ne puis vous dire combien je vous suis reconnaissant de tous les secours que vous m'avez envoyé, tant vous que votre femme. Je vous prie de lui faire sentir de ma part le grand plaisir que j'ai éprouvé de l'heureuse arrivée du Roi son père (1) à Naples.

Adieu, mon très cher frère : je vous embrasse très tendrement, je vous prie de faire le même de ma part très tendrement à votre digne épouse, étant de tous les deux le très affectionné frère.

CHARLES EMANUEL.

Carlo Emanuele IV alla Regina Maria Teresa.

Du Noviciat de St. André le 13 Septembre 1815.

Madame et très chère soeur,

Il est impossible de vous exprimer le plaisir que m'a fait la nouvelle de votre heureuse arrivée à Gênes après une navigation, la meilleure qui fût jamais. Je me figure le transport que vous avez éprouvé en revoyant un mari si aimé après plus d'un an d'absence, la joie que vous aurez éprouvé en embrassant la chère Duchesse de Modène (2) (qui fait l'ad-

---

(1) Il 17 Giugno il Re Ferdinando IV di Borbone aveva fatto il suo ingresso solenne da Portici in Napoli in mezzo alle truppe inglesi ed austriache. Dopo aver assistito al *Te Deum* nella Cappella del Palazzo Reale, il Re si affacciava al balcone della Reggia per vedere sfilare le truppe austriache e britanniche. Pochi giorni dopo (20) Ferdinando IV conferiva al Maresciallo austriaco Bianchi il titolo di Duca di Casalanza col reddito annuo di 900 ducati e la Gran Croce dell'Ordine di S. Ferdinando, scrivendogli una lettera apologetica per l'opera di lui nella restituzione dei Borboni sul trono di Napoli.

(2) I ripetuti elogi di Carlo Emanuele IV pel Duca e la Duchessa di Modena tradiscono la preferenza che gli fu attribuita nella nota questione della successione al trono di Sardegna, nella quale si vuole che egli propendesse pel Duca di Modena in danno del Principe di Carignano, che era suo figlioccio. Nel caso presente il Re allude evidentemente alla parte che i Duchi di Modena avevano preso alle accoglienze fatte al Papa Pio VII in Piemonte ed agli onori che essi stessi gli tributarono quando il Pontefice si recò poscia a Modena, ove si trattenne dal 24 al 27 Maggio, riprendendo poscia la via di Roma dove giungeva il 7 Giugno, dopo un breve soggiorno a Firenze.

miration de toute l'Italie) ainsi que l'aimable et estimable
époux, auquel le ciel l'a unie.

Rien n'est plus aimable, à ce qu'on m'a dit, que vos trois
petites. Si Dieu ne m'avait pas privé tout-à-fait de la vue et, en
me rendant presque miraculesement la vie, ne m'avait laissé
bien d'incommodités qu'il a jugées nécessaires pour mon bien,
j'aurais volé à Gênes pour me trouver à votre débarquement
et embrasser un frère et une nièce qui me sont si chers ; mais
il a fallu faire ce sacrifice, vue l'impossibilité d'exécuter mon
dessein.

Quant à moi, comme je connais l'intérêt que vous portez
à ma personne, je vous dirai que, hors la perte totale de la vue,
j'ai recouvré l'usage des jambes que j'avais tout-à-fait perdu
aussi. Je fais ici une vie très tranquille au milieu de tous ces
exemplaires de vertus, que j'ai auprès de moi, les attentions, et
les soins du cher Thomas et du très petit nombre de personnes que j'ai auprès de moi m'adoucissant les inconvénients
que mes maladies me font souffrir.

Je sais que vous avez été reçu aussi bien que toute votre
famille à Gênes comme vous le méritez.

C'est Monseigneur Morozzo (1) qui vous remettra cette

---

(1) GIUSEPPE MOROZZO dei Marchesi DI BIANZÈ, nacque in Torino
il 19 Marzo 1758. Vestito l'abito talare conseguì giovanissimo (1777) la
laurea dottorale nell'Università di Torino e nell'anno seguente venne
eletto Rettore dell'Università. Ammesso nell'Accademia Ecclesiastica in
Roma ebbe in breve gli onori della Prelatura romana e fu ascritto al
Collegio dei patrocinatori apostolici partecipanti. Dopo varii minori impieghi fu successivamente destinato Vice-legato in Bologna, quindi al
governo di Perugia e di Civitavecchia. Durante l'esilio di Papa Pio VII
Monsignor Morozzo tornò in seno alla famiglia in Piemonte; accompagnò poscia il Cardinale Gerdil al conclave tenuto in Venezia dopo la
morte del Pontefice avvenuta in Valenza il 29 Agosto 1799. Si restituì
nuovamente a Roma dopo che vi ebbe fatto ritorno nel 1800 il nuovo
Pontefice Pio VII, dal quale gli venne dopo poco affidata una mis-
sione di speciale fiducia presso il nuovo Re d'Etruria Lodovico I di
Borbone. Il 29 Marzo fu preconizzato Arcivescovo di Tebe in partibus
e rivestito della qualità di Nunzio Apostolico Legato a latere in Toscana.
Occupata Roma dalle truppe imperiali nel 1809, Monsignor Morozzo seguì le sorti della Corte Pontificale e dopo essere stato trattenuto sotto
gelosa custodia a Parigi, riparò nuovamente in Piemonte, dove volon-
terosamente si dedicò al suo episcopale ministero, in sollievo di molte
diocesi prive del loro Pastore. Rientrato Pio VII al Vaticano, tosto restituì l'Arcivescovo di Tebe alla carica di Segretario dei Vescovi e Regolari ed egli si trovava appunto investito di tale ufficio all'epoca in
cui scriveva di lui il Re Carlo Emanuele IV. Nel concistoro dell'8 Marzo 1816 Pio VII lo elevava alla sacra porpora e quando il Re di Sarde-

lettre; ce digne Prélat ainsi que Monseigneur De Gregori (1) sont du très petit nombre des personnes que je reçois ici; mais c'est assez de vous fatiguer, je vous prie d'embrasser votre cher mari et vos filles et je me dis votre très affectionné frère.

CHARLES EMANUEL.

gna Vittorio Emanuele I ebbe ottenuto che per bolla del 20 Ottobre 1817 venissero ripristinate le soppresse sedi vescovili, il Cardinale Morozzo fu preconizzato Vescovo di Novara e nel successivo Dicembre vi prese formale possesso. Dal Re Carlo Alberto fu insignito dell'Ordine Supremo della SS. Annunziata il 21 Novembre 1832. Nello stesso anno era stato nominato Presidente della commissione per la riforma del clero regolare e secolare e nel 1834 ebbe l'incarico di riformare la Congregazione di Superga e d'istituire e presiedere la nuova Accademia di alti studi ecclesiastici per distinti giovani delle diocesi dello Stato. Morì il 22 Marzo 1842. Scrisse storicamente sul *Patrimonio di S. Pietro* ed un *Elogio del Cardinale Bobba*. Sua sorella Luisa aveva sposato il Marchese Argentero di Berzezio e fu madre della Marchesa Raffaella Della Marmora, moglie del Marchese Celestino.

(1) Il Cardinale EMANUELE DE GREGORI nacque il 18 Dicembre 1758, in Napoli, o per meglio dire, in mare, mentre sua madre era in viaggio, in occasione dell'andata di Carlo III da Napoli in Spagna. Fu suo padre D. Leopoldo De Gregori, Marchese di Squillace, Principe di St. Elia, valente capitano e ministro; sua madre era Maria Giuseppa Verdugo y Quisada di Barcellona. Dopo che Carlo III di Borbone fu passato dal trono delle Due Sicilie a quello di Spagna, condusse seco in Madrid D. Leopoldo e lo nominò Tenente Generale delle armate e Ministro della Monarchia e delle Indie. Il giovane Emanuele fu inviato all'età di 7 anni a Roma nel Collegio Clementino, dal quale uscì nel 1776. Pio VII a varie riprese lo annoverò fra i suoi camerieri segreti sovranumerari e tra i prelati domestici. Fu nominato Arciprete della Basilica Lateranense nel 1780, e poco dopo il Cardinale Carlo Rezzonico lo chiamava a suo Vicario; nel 1785 il Pontefice lo promuoveva Luogotenente civile del Tribunale del Vicariato. Occupati i dominii pontificî dai francesi e condotto da questi il Papa prigioniero a Siena il 20 di Febbraio del 1798, fu pure il De Gregori, con altri cardinali e prelati, incarcerato nel Monastero delle Convertite; egli però fu il dì seguente liberato mediante lo sborso di 4000 scudi. In quel mentre una congiura fomentata dai francesi, tentava di indurre Pio VI a rinunciare al Pontificato e di creare un antipapa, proclamando in pari tempo Monsignor De Gregori patriarca d'Occidente; quegli però sventò quella macchinazione, portandosi subito a Siena presso il Pontefice, protestandogli la sua devozione. Morto Pio VI nel 1799 e succedutogli Pio VII, questi lo chiamò dapprima all'ufficio di Segretario della Congregazione del Concilio e più tardi lo destinò pronunzio apostolico presso il Re d'Etruria. Tornò poscia a Roma, donde, dopo lo sfratto del Papa nel 1809, fu dapprima costretto a recarsi a Parigi e fu poscia imprigionato a Vincennes. Restituitosi a Roma dopo la Restaurazione, fu da Pio VII creato Cardinale dell'Ordine dei preti nel Concistoro dell'8 Marzo 1816. Coprì uffici eminenti nelle varie congregazioni e fu tra i papabili nel Conclave che seguì la morte di Pio VII. Il nuovo Pontefice Leone XII lo preconizzò vescovo suburbicario di Frascati nel Concistoro del 18 Maggio 1829. Il Cardinale De Gregori morì di 87 anni il 7 Novembre 1839.

Vittorio Emanuele I a Carlo Emanuele IV

Gênes, le 20 Aôut, 1815.

Mon très cher frère,

Je ne puis vous exprimer la consolation que m'a causé votre bien chère lettre qui m'a été remise par le Père Perelli et les bonnes nouvelles de vue qu'il m'a donné de votre bien précieuse santé, outre toutes les autres expressions et souhaits que vous voulez bien y exprimer pour moi. L'arrivée puis de Piobes m'a renouvellé cette consolation pour tous les détails qu'il ma donné sur l'état dans lequel il vous a trouvé. Vous pouvez bien vous imaginer combien d'interrogations je lui ai faites sur tout ce qui s'est passé dans le temps qu'il a eu le bonheur de rester auprès de vous à Rome. Ce qui m'a fait aussi un grand plaisir c'est d'avoir vu par votre portrait que vous n'avez pas du tout changé.

Le Père Perelli qui repart pour Rome sera le porteur de cette lettre : j'ai été enchanté de faire la connaissance d'une personne de si grand mérite. Non avons tout arrangé ici, comme il vous en rendra compte lui-même, pour le rétablissement dans le Piémont et ici de cet admirable ordre qui fera un bien infini dans le monde et rétablira la religion et la morale dans tout le pays où il sera rétabli. Il aura beaucoup à travailler car la corruption est grande partout, quoique en ce pays peut-être moins que dans la plus part des autres. Mais ces excellents apôtres n'ayant d'autre but que la gloire de Dieu et la salut des âmes, Dieu les bénira, et bénira leurs travaux.

J'ai la consolation d'avoir Béatrix depuis deux jours avec son cher et excellent époux qui est bien de coeur dans nos maximes à l'égard de la Religion. J'attends avec une grande anxiété et empressement l'arrivée de ma chère femme et enfants qui seront probablement en mer. Dieu veuille bénir leur voyage. Lorsqu'ils seront en vue j'irai à leur rencontre.

Beaucoup de troupes marchent encore de tous côtés en France, car on ne peut compter sur la fidélité de cette nation, à ses serments et à son Roi. J'y ai déjà 25.000 hommes, et j'en ferai encore entrer, ayant une grande étendue de pays à faire occuper par les miens qui de Lyon, Grenoble et Valence doi-

vent occuper toute la partie orientale du Dauphiné et Pro-
vence entre Grenoble et la mer. Gap et Embrun sont occupés
de même qu'Antibes, Venca, Grasse, Sisteron et tout ce qui
est derrière ces pays par nos seules troupes. J'en ai à Marseil-
le qui sont allées jusqu'à Toulon avec les Anglais. Barcelo-
nette sera occupé. Entrevan a été sommé, de même que Brian-
çon et Mont Dauphin, et Baran est bloqué par les nôtres aussi (1).

Cet après-diner j'ai fait mettre à la voile des demi-galères
pour donner chasse à des barbaresques : j'espère qu'on les
prendra. Les Anglais m'ont régalé beaucoup d'armes et un
beau parc d'artillerie, qui marche déjà en France. Ils m'ont
fait espérer des frégates qui, avec notre armement Sarde, et
des demi-galères que j'ai fait construire ici, pourront contenir
les barbaresques à l'avenir avec plus d'efficacité, et en débarasser, je me flatte, les côtes et les mers de Sardaigne et d'Italie.

Nos finances à la verité sont très obérées, ayant du mettre
sur pied en un an 60.000 hommes de troupes réglées, outre
80.000 milices que j'ai déjà organisées aussi, mais qui je me
flatte n'auront pas à être employées, ce qui ferait 140.000
hommes pour la défense du pays, lequel à présent est sûr plus
que jamais. L'esprit est excellent, en fait d'opinion, et très
attaché à nous. Je vous embrasse du fond de mon coeur et
suis, mon très cher frère,

Votre très affectionné frère

V. EMANUEL.

P. S. — Je suis on ne peut plus reconnaissant à La Marmora pour tout le zèle qu'il déploie à vous bien servir et à
vous contenter.

Con questa lettera chiudo la serie delle lettere del 1815,
che sebbene scarsa di numero, vale già a dare un'idea dell'am-

---

(1) Quelle furono le conseguenze immediate della cosidetta campagna di Grenoble, nella quale si distinse il nuovo esercito piemontese,
che, dieci mesi dopo che ne era stata iniziata la formazione, riceveva
gloriosamente il battesimo del fuoco.

biente in cui viveva l'abdicatario Re Carlo Emanuele IV e dell'impegno col quale si accingeva il suo successore Vittorio Emanuele I ad instaurare, a modo suo, la Monarchia di Savoia sulle tradizioni di un passato di cui la forza degli avvenimenti aveva irremissibilmente cancellate le orme.

VII.

Prima di fare posto alle lettere del 1816 stimo opportuno
di fare rilevare al lettore l'argomento più interessante della ultima riferita lettera di Vittorio Emanuele, che è quello che si
riferisce alla organizzazione del giovane esercito che diè così
bella prova di valore sotto gli ordini del Generale De La Tour
nella breve campagna di Grenoble. Merita pertanto di essere
segnalato l'impegno col quale il Re si era applicato alla rior-
ganizzazione del suo esercito, del quale vedremo come egli si
compiaccia sovente di intrattenere il fratello. Non intendo con
ciò associarmi al Perrero nell'esaltare lo *spirito marziale* di
Vittorio Emanuele ch'egli proclama *degno di quella dinastia
che essenzialmente doveva la sua gloria ed il suo ingrandimen-
to alla forza delle armi.....* e non esita a esclamare : « *Guai se
a quei giorni si fosse ancora esteso il Regno di Carlo Emanuele IV o avesse avuto principio quello di Carlo Felice destituiti
l'uno e l'altro di quello spirito marziale che scaldava ed ani-
mava Vittorio Emanuele* (1) !

Non so se il Perrero fosse proprio convinto delle grandi

---

(1) PERRERO - *Gli ultimi reali di Savoia* ecc. - Pag. 213.

qualità militari di Vittorio Emanuele o se quella sua esclama-
zione non sia inspirata dal solito deliberato proposito di con-
testare l'opinione diametralmente opposta del Marchese Costa
de Beauregard; ma è un fatto che la buona volontà del Re
non fu coronata dai risultati più soddisfacenti e che al suo
spirito marziale non corrisposero lo spirito di disciplina delle
sue truppe, poichè fu nelle file di quelle stesse truppe che covò
l'incendio che divampò nel Ventuno e che costò a Vittorio
Emanuele la corona ed all'esercito un periodo di sospetto e di
severe repressioni.

Ecco pertanto alcune lettere dell'anno 1816:

La Regina Maria Teresa a Carlo Emanuele IV.

Turin, le 9 Février, 1816.

Mon très cher frère,

Je viens de recevoir par Rolla la bien chère lettre dont
vous l'avez chargé pour moi : et les voeux qu'elle contient
pour mon bonheur me sont bien chers et sont assurément
échangés par les plus ardens de ma part pour que Dieu vous
accorde toutes les consolations spirituelles et temporelles que
vous pouvez encore désirer après tant de peines que vous
souffrez avec une résignation vraiment héroïque....

Vous êtes bien bon, mon cher frère, d'avoir pris tant de
part à ma joie d'avoir revu ma mère et ma soeur l'impératrice
et j'ai trouvé la première on ne peut mieux, mais bien abattue
la seconde, comme aussi d'avoir partagé ma satisfation d'être
avec mes trois frères et ma chère fille pendant une dizaine de
jours qui m'ont paru un moment (1) : et je suis sure que si

---

(1) Nel mese di Novembre 1815 si trovò riunita a Modena la famiglia della Regina Maria Teresa, cioè sua madre Principessa Maria
Beatrice Ricciarda d'Este Duchessa di Massa e Carrara, vedova del-
l'Arciduca Ferdinando d'Austria già Governatore Generale della Lombardia, sua sorella l'Imperatrice Maria Luigia moglie all'Imperatore
d'Austria Francesco I, il fratello Duca Francesco IV di Modena (che a-
veva per moglie la Principessa Beatrice figlia della stessa Regina Maria
Teresa) e gli altri due fratelli Arciduchi Ferdinando e Massimiliano. Questi ultimi due erano giunti a Torino il 24 ottobre ed il 28 successivo il
Re Vittorio Emanuele dava un gran ballo di corte in loro onore;
essi lasciavano Torino il 2 Novembre diretti a Modena dove giungevano
il 4 ed il 9 unitamente al Duca di Modena si recavano a Venezia ove il

vous pourriez connaître ma chère Béatrix vous en seriez content, car elle a beaucoup d'esprit et une rare vertu pour son âge.

Veuillez bien, cher frère, agréer les tendres respects de mes filles, toutes bonnes, Dieu merci, et me croire pour la vie avec la plus sincère reconnaissance pour toutes les bontés que vous avez toujours eues pour moi (et que l'appartement qu'habite le Roi me rappelle sans cesse) et le plus sincère attachement.

Votre très attachée soeur
MARIE THÉRÈSE.

Thomas La Marmora voudra bien lire ici mes complimens et les assurances de ma reconnaissance pour les nouvelles qu'il me donne de vous.

La Regina Maria Teresa a Carlo Emanuele IV.

Stupinis, ce 27 Mars, 1816.

Mon très cher frère,

Je vous écris d'ici où les continuels maux de tête et de nerfs que le Roi et moi souffrions à Turin nous ont fait réfugier et où, Die merci, nous nous portons infinement mieux, n'ayant plus ici aucune humidité depuis que l'on dessêché tous les marais; tandis qu'à Turin depuis qu'elle est démentelée il y en a le double. Nos filles y sont encore et viennent nous faire des visites, les jumelles à diner et Christine après diner, de deux jours l'un, et ces courses leur font grand plaisir.

Adieu, cher frère, ayez soin de votre santé et me croyez toujours avec les sentiments du plus sincère attachement.

Votre très attachée soeur
MARIE THÉRÈSE.

---

31 ottobre aveva fatto il suo solenne ingresso la coppia imperiale d'Austria. Ricevuta dai quattro figli giungeva il 14 Novembre in Venezia l'Arciduchessa Maria Beatrice Ricciarda d'Este la quale proseguiva per Modena il 17. Il 3 Dicembre proveniente da Venezia giungeva a Modena l'Imperatrice Maria Luigia e due giorni dopo da Torino la Regina Maria Teresa la quale faceva ritorno a Torino il 14 incontrata a Tortona da Vittorio Emanuele.

Carlo Emanuele IV alla Regina Maria Teresa.

Rome, le 20 Avril, 1816.

Madame et très chère soeur,

Il m'est impossible de vous exprimer l'affliction que j'ai éprouvée en apprenant la mort de S. M. l'Impératrice, votre digne soeur (1), précisement à cause de la douleur dont vous aurez été justement pénétrée ainsi que votre respectable mère et toute la famille outre que les qualités personnelles de la défunte l'ont rendue digne des plus grands regrets...........

. . . .

Je finis en vous souhaitant toutes les bénédictions du Ciel que mon coeur vous désire, en me disant

Votre très aff.né frère
CHARLES EMANUEL.

La Regina Maria Teresa a Carlo Emanuele IV.

Turin, ce 29 Avril, 1816.

Mon très cher frère,

Je viens de recevoir votre chère lettre du 20 de ce mois et suis bien reconnaissante de tout l'intérêt que vous prenez à ma douleur pour la perte irréparable que je viens de faire de ma pauvre soeur l'Impératrice qui s'est vraiment sacrifiée pour faire son devoir d'épouse et suivre l'Empereur jusqu'au dernier moment, quoiqu'elle ne fût plus en état de soutenir un voyage.

L'extrème patience et résignation dont elle a fait preuve toujours mais surtout dans ses derniers instants est ma seule consolation et j'espère que Dieu la récompensera au Ciel de tout ce qu'elle a souffert pour lui sur la terre. Ma mère dé-

---

(1) L'Imperatrice Maria Luigia che aveva accompagnato l'Imperatore Francesco I nella sua visita alle varie città del Regno Lombardo Veneto era giunta in Verona il 20 Marzo 1816; cadde ammalata in quella città il 26; aggravatosi il suo stato fu ordinato il 29 un triduo solenne; il 4 Aprile parve che la malattia accennasse a risolversi, ma dopo un nuovo peggioramento spirava il 7 nelle braccia della madre giunta a Verona due giorni prima per assisterla.

šolée de notre malheur est en bonne santé; mais très abattue à ce qu'elle m'écrit, à Milan et compte au lieu de venir ju- qu'ici n'aller que droit en Alexandrie d'où ensuite elle pas- sera à Modène (1) et j'espère que cela ne sera pas après plus de quinze jours. Le Roi qui a toujours un vésicatoire ouvért sur le bras gauche n'étant pas en état de voyager avant la moitié de Mai ét moi. étant encore faible. aussi, ne pouvant presque rien manger, ne l'étant non plus.

Mes filles bien sensibles à votre souvenir vous présen- tent leur tendres hommages : les jumelles ne sont pas mal de figure; mais Christine est superbe et celle qui à le plus d'es- prit de toutes et aussi bon coeur que les autres. Elles feront toutes le voyage d'Alexandrie et j'espère que ma mère en sera contente.....

Le Roi qui vous embrasse à été bien charmé d'apprendre de vos nouvelles et nous vous prions de nóus conserver à tous deux votre chère amitié et de nous croire pour la vie avèc le sincère et tendre attachement avec le quel je vous embrasse et suis

Votre bien attachée soeur
MARIE THÉRÈSE.

Carlo Felice, Duca del Genevese a Carlo Emanuele IV.

D'un Casino près de Portici qui nous sert de Lazaret et dont je ne me ressouviens plus du nom — ce 17 Juin, 1816.

Sire et très cher frère,

Après 5 jours d'une assez pénible navigation nous avons débarqué ici hier matin sur les 8 heures : comme l'on nous mit en observation (2) nous trouvâmes une grande quantité d'hom-

---

(1) L'arciduchessa Beatrice Ricciarda d'Este venne poi a Torino il 20 Maggio e vi si trattenne fino al 30 facendo ritorno a Milano.
(2) Carlo Felice Duca del Genevese si era imbarcato a Cagliari il 10 Giugno colla Principessa Maria Cristina figlia del Re di Napoli, sua moglie, e giungeva il 15 nel porto di Napoli dove furono trattenuti nel Lazzaretto in causa di una violenta epidemia di *influenza* che aveva in- fierito a Cagliari durante la primavera. Il MANNO (*Note Sarde e Ricordi*) rende merito al Principe di avere voluto trattenersì nell'isola finchè l'epi- demia fosse cessata, rifiutando i consigli di quanti gli facevano premura di evitare i pericoli allontanandosi da Cagliari.

mes armés de longues alebardes qui nous conduisirent jusqu'ici où nous sommes très bien, hors que nous ne pouvons voir nos parents qu'à travers une balustrade de bois, que l'on a pratiqué dans un grand salon qui ressemble à un emplacement d'un caroussel. Ma chère femme a beaucoup souffert pendant la traversée mais à présent elle se porte bien : elle me charge de la mettre à ses pieds et nous attendons avec un grand empressement le moment heureux où nous pourrons l'embrasser en personne. Maresca qui part ce soir lui remettra la présente.

S'il plaira à Dieu ce sera au mois d'Octobre que nous irons à Rome, ne nous fiant pas de traverser les *Paludi Pontine* pendant les grandes chaleurs à cause du mauvais air. Nous sommes encore arrivés à temps à voir mes beaux-frères dont l'un va repartir pour Palerme et l'autre pour Vienne, ce qui fût une bien grande consolation pour ma femme. J'ai appris avec un bien grand plaisir par De Quesada que sa santé était bonne et j'espère qu'elle continuera ainsi. Ne voulant pas la fatiguer davantage je finis en l'assurant des sentiments du plus tendre et respectueux attachement avec lesquels je serai toute la vie.

Sire, De V. M.
Le très humble et très obéissant serviteur
et très affectionné frère

CHARLES FELIX.

Bien des choses à La Marmora de ma part.

Carlo Emanuele IV a Carlo Felice Duca del Genevese.

Rome, ce 1ª Juillet, 1816.

Mon très cher frère,

Je ne puis vous dire le plaisir que m'a fait votre arrivée ainsi que celle de ma chère belle-soeur : je ne peus avoir une plus grande consolation au monde que celle de vous embrasser tous les deux; ne pouvant plus vous voir je me bornerai à entendre vos voix.

J'ai eu de vos nouvelles par le Prince Léopold (1) que
j'ai laissé un enfant maigre à Naples et qu'on m'a dit être à
présent gras et gros. Il m'a dit qu'en venant de Vienne il
m'emmenera son épouse, mais ce n'est pas ce que je souhaite
avec plus d'impatience, mais bien le mois d'Octobre que vous
viendrez vous deux. Je vous ferai faire la connaissance de
tous ces bons pères qui ont tant de bontés pour moi et qu'ils
font de cette maison pour moi un vrai Paradis où j'ai enfin
trouvé la paix de mon âme après tant de traversies dont ma
vie a été composée.

Ne voulant pas abuser de votre patience je finis en me
disant ainsi qu'à votre chère femme votre très affectionné
frère

CHARLES EMANUEL.

Carlo Emanuele IV a Vittorio Emanuele I.

Du Noviciat, ce 6 Juillet, 1816.

Mon très cher frère,

Je vous écris ces deux mots pour vous faire mon compliment sur votre heureux voyage à Mondovì (2) et sur l'édifi-

---

(1) Il 23 Giugno era di passaggio per Roma diretto a Vienna il Principe Leopoldo secondogenito del Re di Napoli e visitava il Papa, Carlo
IV di Spagna ed il Re Carlo Emanuele IV.
(2) Il 14 Giugno i Reali di Savoia si erano recati a Mondovì per visitare il Santuario di Vicoforte. Secondo quanto è narrato nella *Storia il-
lustrata del Santuario di Mondovì presso Vicoforte* per Casimiro Donna
e Gian Cesare Chicchio all'epoca in cui scriveva Carlo Emanuele IV,
le corone in questione erano tornate al Santuario. « Dopo il solenne viaggio di Vittorio Amedeo III (così leggesi a pag. 398 dell'opera citata), al
tempio della pace, ritornò al Santuario il figlio Carlo Emanuele nel
Novembre 1795 e nell'Aprile 1796, pochi giorni prima dell'armistizio di
Cherasco. Lo accompagnò la Principessa Maria Clotilde sua sposa, e
fecero dono di due splendide corone d'oro, ornate di diamanti e gemme
preziose, colle quali vollero cinto il capo della Vergine e del Bambino,
valutate somma egregia, e correndo pericolo per le circostanze della
guerra, furono li 21 dello stesso mese portate in luogo sicuro a Torino,
ove restarono finchè, volte le cose in meglio, vennero dalla stessa reale
Principessa rimandate al Santuario. » E' molto strano che Carlo Emanuele IV ignorasse quest'ultima circostanza. Quelle stesse corone furono poi rubate nella notte dagli 8 ai 9 Giugno 1857, senza che si siano
potuti rintracciare i ladri e tanto meno ricuperare gli oggetti preziosi
sacrilegamente involati.

cation que vous avez donné ainsi que votre femme à vos peuples. À ce propos il faut que je me souvienne de vous dire une chose. Lorsque j'y fus avec ma femme en 1795 nous fîmes le présent à la Sainte Vierge de deux couronne de perles et de diamants qui étaient assez belles. Je sais que pendant la bagarre des français elles furent sauvées et un piémontais qui est passé ici il y a quelques années m'a dit qu'elles étaient en dépôt chez un Monsieur dont je ne me rappelle pas plus du nom ainsi que de celui qui me l'a dit; pour mieux faire je ne sais plus même si elles étaient à Mondovì ou dans quelque autre ville. Je vous prie de vous informer si on les a rendues au Sanctuaire et en cas que cela ne soit pas je vous prie de faire en sorte qu'elles se trouvent et soient rendues au Sanctuaire selon l'intention de ma femme et de moi.

Bientôt vous verrez Monsieur le Cardinal Spina (1) que j'ai chargé de mille choses pour vous autres.

Genevois est arrivé à Naples ces jours passés en bonne santé ainsi que sa femme. Il m'a écrit qu'au mois d'Octobre il sera ici pour combiner son voyage pour Turin.

Je suis charmé que votre femme et vos filles jouissent d'une bonne santé : la mienne est assez passable, avec les infirmités qui vont physiquement de la tête aux pieds, mais la volonté de Dieu soit faite.

---

(1) Il Cardinale GIUSEPPE SPINA nacque il 12 Marzo 1756 in Sarzana; iniziò gli studi legali a Pisa, indi si recò a continuarli a Roma, dove divenne uditore del Maggiordomo di Pio VI, il quale lo nominò prelato domestico e referendario di segnatura. Ricevette gli ordini nel 1796 e nel 1798 fu nominato Vescovo *in partibus infidelium* col titolo arcivescovile di Corinto. Nel 1799 accompagnò il Papa Pio VI nel suo esilio a Valenza, lo assistette nei suoi ultimi momenti e fu suo esecutore testamentario. Papa Pio VII lo inviò nel 1800 in Francia per trattare il Concordato; nel 1801 lo creò Cardinale *in prectore;* nel 1802 lo pubblicò e gli attribuì per titolo la Chiesa di S. Agnese fuori le mura, e nello stesso anno lo creò Arcivescovo di Genova. Allorquando durante i *Cento Giorni* Murat si avanzava minaccioso verso lo Stato Pontificio, Pio VII nell'Aprile riparò a Genova, ricevuto con ogni venerazione dal Cardinale Spina, il quale nella funzione solenne della consacrazione che fece il Papa della Madonna di Savona, cantò la messa alla presenza eziandio della Corte di Sardegna. Nel Settembre 1816 rinunciò all'Arcivescovato di Genova per recarsi a Roma e nello stesso anno Pio VII lo inviava legato a Forlì ove rimase un triennio, passando sul finire del 1818 legato a Bologna. Morto Pio VII nel 1823, il suo successore lo nominò Prefetto di Segnatura. Il Cardinale Spina morì in Roma all'età di 73 anni, il 23 Novembre 1828.

Adieu, cher frère, embrassez votre famille et croyez-moi comme je suis votre affectionné frère

CHARLES EMANUEL.

Vittorio Emanuele I a Carlo Emanuele IV.

Chambéry, le 17 Juillet, 1816.

Mon très cher frère,

M'ayant été impossible de pouvoir écrire ces jours passés à force d'être toujours en train je m'en acquite avec un plaisir infini aujourd'hui pour vous donner de nos nouvelles qui sont, grâce à Dieu, très bonnes. Ma femme qui a dû écrire à la Contestabilesse (1) l'ayant dejà chargée de vous envoyer une relation du voyage, je me bornerai à vous dire que je n'ai plus reconnu le Moncenis (2). On y passe en attelage et il y a peu d'endroits que la montée soit plus droite que le chemin de Turin à Moncalieri. Toute celle de la Maurienne est bel'e aussi, mais moins large à Bramant. Il y un superbe auspice (sic) sur le Moncenis. Nous avons toujours eu et avons encore de la pluie qui nous contrarie et un temps plus analogue au 9bre qu'à Juillet. L'esprit ici est excellent et nous sommes partout fêtés avec un enthousiasme qu'on voit partir du fond du coeur, qui a surpassé mon attente. L'esprit français y est en horreur, et les villages des deux pays confinants se regardent réciproquement comme des pestiférés. Le midi de la France et le couchant sont cependant bons. D'Angoulème (3), qui est

---

(1) Pa Principessa CATERINA DI SAVOIA CARIGNANO, sorella della famosa Principessa di Lamballe, aveva sposato nel 1780 il Principe Filippo Colonna che fu l'ultimo *Gran Connestabile* del Reame di Napoli e rinunziò nel 1816 alle sue giurisdizioni feudali negli stati della Chiesa (4 Aprile 1762 - 4 Settembre 1823).

(2) Dopo una bellissima traversata del Cenisio i Reali di Piemonte colle principesse e la Corte facevano il 12 Luglio il loro solenne ingresso in Chambéry.

(3) LUIGI ANTONIO DI BORBONE DUCA D'ANGOULÈME era figlio del Conte d'Artois che regnò poi in Francia sotto il nome di Carlo X e di Teresa Maria, sorella di Vittorio Emanuele I. Era nato il 6 Agosto 1775. Giovinetto aveva soggiornato qualche anno a Torino (dal 1789 al 1792) in un col padre, colla madre ed il fratello Duca di Berry (pel quale negli anni 1810 e 1811 erano corse trattative di matrimonio colla figlia di Vittorio Emanuele I, Beatrice, che sposò poi il fratello della Regina Maria Te-

à Grenoble viendra nous voir à Aix Dimanche, car nous y irons Vendredi. Il y vient dans le plus parfait incognito.

La cause principale du bon esprit qui règne ici c'est que le clergé s'est conservé excellent. Il y a trois grands Vicaires, De Tiolas, Bigex et Meistre, qui sont trois ecclésiastiques respectables et fermes dans leur assiette. La troupe y est très belle et pensant comme on ne peut mieux. Il y a ici des chevaux-légers, jadis Dragons de Piémont, qui sont très bons et très exercés, le Régiment d'Aoste, qui vient du Piémont relever les Chasseurs dits Italiens, qui sont cepedant piémontais, et qui vont en Sardaigne, les Chasseurs de la Légion légère piémontaise et ceux de la Reine. Je vais aussi organiser les milices comme en Piémont. Toutes les milices ayant désiré d'être assimilées aux troupes, seront habillées avec les uniformes qu'avaient les provinciaux. Il y aura 24 bataillons de Chasseurs miliciens de campagne entre le Piémont et la Savoie de 1000 hommes chacun et à peu près 80.000 milices pour les garnisons et l'intéricur, outre la milice de cavalerie légère, qui n'avait pas lieu avant la révolution, parce qu'il n'y avait pas de chevaux en Piémont comme il y en a maintenant.

Nous en avons déjà trouvé d'organisées dans tout le Piémont et portées de la meilleure volonté. Si la paix durera, comme je m'en flatte, les finances aussi seront bien arrangées en peu de temps, malgré la dépense de plus de 20.000 [francs] que les Autrichiens m'ont causée et celle de la formation d'une armée [telle] que celle que j'ai été obligé de mettre sur pied, puisque si une guerre arrivait je pourrais mettre 100.000 hommes en campagne outre les 80.000 milices qui feraient les garnisons, et l'armement général, soit masse organisée, qui fera 300.000 hommes au moins.

Ne voulant pas vous fatiguer davantage je finirai vous embrassant de tout mon coeur, vous présentant les compliments très sincères et respctueux de tous les individus de ma

resa, Francesco IV Duca di Modena). Nel 1823 il Duca d'Angoulème comandò le truppe francesi che combatterono contro i costituzionali di Spagna. Ebbe al suo seguito in quella quella campagna Carlo Alberto, Principe di Carignano, che si distinse alla presa del Trocadero.

chère famille qui est toute bien portante et suis, mon très cher
frère,

Votre très affectionné frère
V. EMANUEL.

Carlo Emanuele IV a Vittorio Emanuele I.

Rome, le 20 Septembre, 1816.

Mon très cher frère,

Je vous écris premièrement pour avoir de vos nouvelles,
en second lieu pour vous parler de deux affaires : une c'est
qu'ayant eu la visite du Père Perelli, Vicaire Général de la
Compagnie, m'a prié qu'au cas que je vous écrivisse de vous
remercier de tout le bien que vous leur avez fait et que vous
êtes disposé à leur faire. Il m'a dit qu'il vous a écrit au sujet
d'une affaire qui regarde la fondation de Gênes, mais comme
j'ai peur de me tromper en entrant dans de détails, je m'en
rapporte à ce qu'il a écrit lui-même, me bornant à vous prier
de le favoriser en tout ce qu'il demande, étant question d'une
sainte compagnie dont j'ai presque l'avantage d'être membre.

L'autre chose est celle-ci. Un cardinal m'a prié de vous
présenter les sentiments de Monseigneur La Marmora, Évêque
de Saluces (1), un peu éffrayé de ce qu'il entendu dire à Turin et qui s'est dit aussi ici que pour lui faire du bien on voulait le remettre à Casal, où à la verité il serait plus content
qu'à Saluces; mais dans ce moment-ci l'état d'infirmité où il
se trouve et le dérangement supporté, les circostances passées
rendraient cette démarche très pénible. Voilà les deux objets.

---

(1) Mentre si trattava del riordinamento delle Diocesi del Piemonte
quella di Casale fu dapprima proposta a Monsignor Della Marmora, che
l'aveva governata per parecchi anni prima della sua soppresione, avvenuta nel 1803. E siccome per ottenere più facilmente che il gallicano vescovo Grisostomo Villant si dimettesse, quegli erasi mostrato pronto a
far valere i diritti dell'antica sua sede, adducendo per causa il non avervi
validamente rinunciato nel 1803, e non avere ricevuto la bolla pontificia
per le unite diocesi di Saluzzo e Pinerolo, si sperava che di buon grado
sarebbevi ritornato. Ma egli ricusò pregando lo si lasciasse tranquillo
nella prima delle accennate due sedi. Il CHIUSO (Op. cit., pag. 46), scrive che compiuta la circoscrizione, i vescovi annunziaronla alle diocesi : e
ciò facendo Monsignor Ferrero Della Marmora con manifesto 29 Novembre 1817 lasciava a conoscere di non essere guari soddisfatto del mo-

pour lesquels je vous écris; ainsi il ne me reste qu'à vous prier d'embrasser votre femme et vos filles et d'être persuadé de l'amitié très sincère avec la quelle je serai toute ma vie.

Votre très affectionné frère
CHARLES EMANUEL.

Vittorio Emanuele I a Carlo Emanuele IV

Stupinis, le 21 Octobre, 1816.

Mon très cher frère,

Je profite du départ du Duc de l'Asinara pour Rome pour le recommander à vos bontés et vous donner de nos nouvelles qui, grâce a Dieu, sont très bonnes. Nous avons été un peu contrariés par la pluie et j'ai même été mouillé en voyant un de ces jours manoeuvrer les 4 bataillons de la Brigade de Savoie à Turin. Demain j'irai voir manoeuvrer les Chevaux-légers de Piémont (jadis dragons) qui manoeuvrent supérieurement bien et sont complets de la force d'un Régiment 1/2 d'autrefois. Monseigneur Brignole (1) est arrivé et un de ces jours la fonction de la Berette aura lieu au S. Suaire; il me paraît un bien bon garçon. J'espère que nous aurons dans peu ici François et Béatrix, ce qui sera une grande consolation pour nous. Genevois aura bientôt celle de vous revoir,

---

do con cui si era ordinata la sua chiesa saluzzese, dicendo : « Lo stato di questa nostra diocesi varia in un modo, egli è vero, ben a noi sensibile e quanto al temporale assai svantaggioso per la smembrazione della già diocesi di Pinerolo non solamente, ma anche per quelle di molte ragguardevoli città, luoghi e terre di una delle più ubertose parti del Piemonte, altro compenso non toccandoci che l'aggregazione della sola e unica diocesi di Tarantasca. » Come ciò venne a notizia del Re ordinò che si manifestasse al Vescovo la sua disapprovazione per quello scritto : ed egli tosto lo revocò e ne pubblicò un'altro più circospetto chiedendone venia al Sovrano. In quei giorni lo stesso Monsignor Della Marmora ottenne il Convento degli Agostiniani di Saluzzo e vi trasferì il Seminario, che vi sta ancora al presente.

(1) Monsignor GIACOMO LUIGI BRIGNOLE aveva recato da Roma la berretta cardinalizia che doveva essere imposta dal Re al Cardinale Solaro, come cardinale di Còrona ; la funzione ebbe luogo con gran pompa il 31 Ottobre. Il Cardinale Solaro fu nell'anno successivo incaricato dalla Curia romana dell'esecuzione della bolla pontificia 17 Luglio 1817, colla quale si costituivano e si riordinavano le diocesi subalpine. Morì in Torino nel 1824 a ottantun'anno - Monsignor Brignole fu pure egli ele vato alla sacra porpora nel 1834.

et j'envie bien son bonheur. Les nouvelles de France continuent à être tranquilisantes. Vous ayant écrit il y a peu de
jours et n'ayant plus rien de nouveau à vous dire je me bornerai à vous présenter les respects de ma famille et vous embrassant de tout mon coeur je suis, mon très cher frère

le très affectionné frère

V. EMANUEL.

Vittorio Emanuele I a Carlo Emanuele IV

Turin, 23 décembre 1816.

Mon très cher frère,

Votre précieuse santé me tient si fort à coeur que je ne
cesse certainement jamais de prier le Bon Dieu qu'il veuille
bien la conserver et vous accorder toutes les grâces que vous
pouvez désirer, mais en ces jours plus particulièrement je
redouble mes voeux pour qu'il lui plaise dans ces saintes
fêtes vous combler de ses bénédictions et vous accorder
une nouvelle année aussi heureuse que vous la méritez et que
mon coeur vous la désire. J'ai été un peu incommodé par abon-
dance de sang ces jours passés ; mais m'étant fait appliquer
des sangsues, elles m'ont débarassé des douleurs aux reins et
de quelques vertiges qui me tourmentaient. Ma femme et mes
enfants se portent, grâce à Dieu, bien et me chargent d'être l'interprète de leurs sentiments et des voeux qu'elles adressent à
Dieu pour votre parfait contentement et santé. Nous avons eu
un superbe hiver jusqu'à présent ; ces jours passés est tombée
de la neige et de la pluie ; la gelée étant venue dessus a formé
des glaçons qu'on n'a pas eu le temps d'enlever, de manière
que ce matin il fait horreur de passer dans les places qui pa-
raissent des miroires. La gelée était à 8 degrés sous la glace.
Il y a beaucoup de misère ; il me faut beaucoup dépenser pour
acheter des bleds (sic) (1) et donner du travail aux pauvres.

---

(1) Mentre il Governo stava provvedendo a restaurare le esauste finanze dello Stato, una terribile carestia venne a creagli improvvisi e
duri ostacoli riducendo in miserevoli condizioni il paese. A renderla meno
intollerabile si pensò di creare una società annonaria, che provvedesse
all'acquisto di frumento all'estero e lo spacciasse nello Stato. Quindi con
Regio editto 3 Dicembre 1816 si richiese un prestito volontario di sei

Je n'avais pas besoin de cela après les dépenses faites de 30 et plus de millions pour les Autrichiens, d'autres pour payer l'artillerie de Gênes que les Anglais ne m'ont laissée qu'à prix d'argent outre les dépenses de la levée et équipement de l'armée, constructions de la Marine et la dernière campagne en France.

Il faut encore des sommes à verser en Savoie, en Sardaigne et à Gênes même, et tout cela sur le Piémont. Vous vous imaginez aisément que j'ai la *carcaveia*. J'espère pourtant que le Bon Dieu, qui nous à tirés de tant d'embarras, me tirera encore de celui-ci et que nous pourrons faire des bilans proportionnés à nos misères et ne pas détériorer jusqu'à ce que la paix et une bonne récolte fassent remonter notre baromètre financier.

Je vous embrasse bien de coeur et suis, mon très cher frère

Votre très affectionné frère

V. EMANUEL.

---

milioni, divisi in dodici mila azioni da 500 lire cadauna all'interesse del 5 per 100. Ma pochi avendovi corrisposto, il prestito fu reso forzoso. Con decreto 31 Dicembre dello stesso anno, dolendosi il Re che parecchi fra i più beneficiati da lui, anche fra i possidenti e negozianti facoltosi, avuto in poco conto il suo paterno invito, nè temendo la pubblica censura, non avessero contribuito o in quantità troppo inferiore alla loro condizione, al volontario imprestito, e le azioni acquistate fossero insufficienti ordinava : le disposizioni riguardanti il prestito volontario essere obbligatorie : le persone a cui Egli aveva conferito impieghi civili e militari aventi onorari eccedenti le duemila cinquecento lire, dovervi contribuire con una mezza azione, una, due, tre, quattro, sei e dodici, secondo che l'onorario toccasse le 2500, 3000, 8000 o 10,000 lire, od una somma eccedente quest'ultima cifra. Ne furono esenti i proprietari di stabili sui quali non pesavano tasse per oltre trecento lire ; ma gli altri dovettero acquistare tante azioni quante ne portava la metà delle contribuzioni. Nè si obbligarono eziandio gli affittavoli, quando il prezzo di locazione non superasse le 4000 lire ; ebbero la loro porzione i negozianti e gli ebrei furono costretti a pigliare cinquecento azioni. (Vedi CHIUSO - Op. cit., Vol. IV, pagg. 40-41).

VIII.

Le lettere del 1817 e Carlo Alberto. — Sua prima giovinezza. — Carlo Alberto alla Corte di Sardegna dopo la Restaurazione — Sua attitudine nell'ambiente di Corte — Proposte di matrimonio — Suo viaggio a Firenze per chiedere la mano dell'Arciduchessa Maria Teresa — Visita a Roma il Re Carlo Emanuele IV e Carlo Felice — Commendatizie di Re Vittorio Emanuele I e della Regina Maria· Teresa per Carlo Emanuele IV e loro giudizi su Carlo Alberto.

Lo speciale interesse che rivestono alcune lettere dell'anno 1817 mi consiglia ad allontanarmi dall'ordine strettamente cronologico della loro pubblicazione per raggrupparle insieme, perchè in esse si delinea la figura di quell'altissimo personaggio che la Provvidenza aveva destinato ad infondere nuova vita alla agonizzante dinastia di Savoia. Era questi il Principe Carlo Alberto di Savoia Carignano, nato il 2 Ottobre 1798 da Carlo, Principe di Carignano, e da ·Maria Cristina Albertina di Sassonia Curlandia. Sono noti i principii ultra liberali del Principe Carlo, il quale, dopo che il Piemonte fu definitivamente occupato dalle armi francesi, « rimase e fu visto venir tra le file della Guardia Nazionale, e la moglie col bambino (Carlo Alberto) in braccio andava a trovarlo; e perduti in questi impeti repubblicani lo splendor principesco, s'onorava di quello di cittadino; ma nonostante gli fu forza trasferirsi colla famiglia in Francia ove morì. » (1)

Le tristi vicissitudini fra le quali Carlo Alberto passò gli anni della sua prima gioventù sono narrate con abbondanza di particolari più o meno fantastici dal Marchese Costa di Beauregard, al quale rimando il lettore dilettante; a me ba-

---

(1) CIBRARIO. Op. cit. Pag. 7

sta osservare come nella tenace impronta che quel triste passato lasciò nell'anima giovanile di Carlo Alberto, dovremo più tardi ricercare la giustificazione della sua condotta come principe e come Sovrano.

Quando nel 1814 fu restaurata la Monarchia di Savoia Carlo Alberto tornò in patria in età di sedici anni, « colla speranza di succedere alla corona per difetto di prole maschia ne' prossimiori e fornito di quella precoce esperienza che dà l'educazione pubblica e di quella assai maggiore che la sventura e la grandezza delle cose operate da Napoleone in pochi anni non avevano mancato d'ingenerare in un principe che si sentiva chiamato a regnare » (1).

Quella precoce esperienza doveva fatalmente far nascere un contrasto di idee e di tendenze che non tardò a manifestarsi e ad inasprirsi di giorno in giorno fra il Principe di Carignano ed i suoi Reali Congiunti e fu causa di dolorose peripezie pel Principe stesso e di gravi perturbazioni nel Piemonte.

Il Cibrario avrebbe voluto che gli Italiani sapessero, fino dai tempi suoi, come fosse rampollata e si fosse svolta nel cuore di Carlo Alberto l'idea italiana, ma egli opinava, e non senza ragione, che nel 1855 la storia di quel Principe non si potesse scrivere ancora. « Quando il tempo abbia tolto da in su gli occhi il prisma delle passioni, attutito le false immaginazioni, dissipate col suo soffio la nebbia delle lodi insidiose e bugiarde, delle bugiarde accuse; quando più non s'oda con inverecondе invettive astiosamente svillanneggiare quel passato in cui pure Carlo Alberto era re, migliorava assiduamente la cosa pubblica e gittava i semi della libertà futura; quando infine i documenti, ora chiusi negli scrigni o mozzicati o falsati dalla rabbia dei partiti, usciranno alla luce e parleranno il loro sincero linguaggio, allora si potrà scrivere la storia di Carlo Alberto, raccontare distesamente i suoi magnanimi concetti, gli alti suoi fatti, notar gli errori in cui cadde, poichè anch'egli fu uomo. Ora nessuno può altro che divisar qualche parte di vero. Ora i giudizi troppo sicuri sarebbero giudizi arrischiati » (2).

---

(1) CIBRARIO. Op. cit. Pag. 9
(2) CIBRARIO. Op. cit. Pag. 9-10.

Dato pertanto, ma non concesso, che le prudenti riserve del Cibrario potessero ancora essere giustificate nel 1865, sarebbe puerile estenderle ai giorni nostri mentre fra pochi anni sarà trascorso un secolo dalla Restaurazione! « Chi ancora si cruccia (osservava il Manno trent'anni fa) (1), cui può dare ombra se un modesto e tranquillo e prudente studioso va disseppellendo con discreta perizia dagli scaffali meno accessibili e dai plutei più gelosi di quello che fu Archivio di Corte, qualche muffita nota del De Maistre o del Vallesa, qualche dispaccio del S. Marzano o del La Tour, qualche memoriale del La Margherita, qualche ordinamento dello Scarena o del Pralormo, qualche scaltro avvedimento del Villamarina o qualche confidenza del Lazzari ? » Più che rivelazioni pericolose sarebbero citazioni di innocente erudizione, e come il Manno conchiuderò. « Se traggo fuori qualche carta sconosciuta, e tenuta segreta finchè vi fu motivo per custodirla, dichiaro che pesco nel mio. Depositario di nessuno, sciolto da ogni promessa, libero da qual si sia vincolo, saprò però mantenermi in quel riserbo ed in quel rispetto che sono non solamente lodevoli, ma giusti e necessari in tempi di sfrenata curiosità e di ricerche indiscrete. »

E' perciò con sereno criterio storico e non con passione politica che possono ora essere esaminati i documenti che riguardano Carlo Alberto.

Ma per quanto anche i misteriosi documenti ai quali accenna il Cibrario abbiano cominciato a uscire dagli scrigni, ancora non è stata detta l'ultima parola sulla vita di Carlo Alberto; e ciò perchè nel giudicare dalla sua condotta come Principe e come Sovrano lo storico s'incontra in tante contraddizioni ed inconseguenze da trovarsi fatalmente condotto a seguire una od un'altra tendenza, od a cercare di contemperarle, e ben spesso finisce col qualificare di sfinge quell'animo impenetrabile cosicchè si dispensa dall'avventurarsi in qualche nuova spiegazione di quell'enimma vivente. Non ho certo la pretesa di tentare un esame psicologico nel quale valentissimi scrittori non sono arrivati a soddisfare la giusta aspettativa degli studiosi, ma non credo ingannarmi afferman-

(1) MANNO. *Informazioni....* Pag. 2-4.

do che la critica storica sarebbe giunta a delle conclusioni più esaurienti se nel giudicare Carlo Alberto come uomo e come principe avesse tenuto un conto specialissimo della correlazione tra l'elemento psicologico e quello fisiologico. Secondo me la conclusione di un simile studio sarebbe stata che nello stesso modo che nel suo individuo le condizioni della salute, precarie fin dalla nascita e sempre peggiorate per le note claustrali privazioni, ebbero una notevole influenza sulle sue facoltà intellettuali e specialmente sulla sua volontà, così nella vita esteriore *Carlo Alberto non ebbe la forza di dominare gli avvenimenti, ma furono questi che s'imposero a lui.* Ora quando si pensa alla vita di continui contrasti alla quale egli fu condannato durante i quindici anni che precedettero il suo avvento al trono, quando si ponga mente alle più disparate tendenze che si erano venute accentuando intorno a lui nell'attesa dello stesso suo avvento al trono, quando si consideri che egli venne a cingere la corona in uno di quei critici periodi di transizione che richiedono sopratutto prontezza di decisione e di comando, ben si comprenderà lo stato d'inferiorità fisica e morale nel quale egli si trovò. Date queste condizioni è possibile ancora cercare e trovare la ragione e forse anche la giustificazione degli atti di Carlo Alberto, *presi singolarmente,* ma farebbe opera inutile chi volesse trovare un nesso logico fra di essi. E' innegabile che lo scopo ultimo al quale Carlo Alberto ha dedicato una vita intera di sacrifizio ed abnegazione fu l'Indipendenza Italiana, e quello è merito tale da renderlo degno della venerazione degli Italiani, ma nessuno penetrerà mai il piano che egli abbia escogitato per giungere a quel nobilissimo intento, perchè neppure egli stesso lo ha saputo.

E · quando il povero martire esclamava : « *Nessuno saprà mai quanto ho fatto per l'Italia !* », doveva in cuor suo avere l'intima convinzione di aver tentato un'impresa impari alle sue forze.

Non è da meravigliàrsi se Carlo Alberto, giungendo nell'ambiente reazionario dal quale era circondato Vittorio Emanuele, si sentisse isolato dai sospetti e dalle diffidenze dei vecchi cortigiani. Giustamente osserva il Costa di Beauregard che « dans le grand public personne ne le connaissait. On peut dire qu'il n'avait en Piémont qu'un seul ami : le roi Victor Emanuel enchanté de se trouver tout-à-coup un héritier de si bonne mine et enchanté surtout d'en avoir fini avec les persécutions de son entourage. Avec sa mobilité ordinaire il pensait que si son neveu avait un peu les antécédents de l'enfant prodigue la faute en était à ceux qui l'avaient renié.... Victor Emanuel sentait qu'il avait vis-à-vis de son héritier bien des injustices à réparer; il les répara avec la prodigalité, la légereté, l'enthousiasme, la bonté, l'inconséquence qu'il mettait à tout. Il rendit au prince ses apanages, lui donna tous ses ordres, en fit un général et deux ans ne s'étaient pas écoulés que Charles Albert était nommé grand-maître de l'Artillerie » (1).

Ma non contento di avere trovato un erede al trono il buon re Vittorio Emanuele si preoccupò ben presto di assicurare la continuazione della nuova stirpe, tanto più che « l'allure un peu abbandonnée de Charles Albert commençait à inquiéter l'entourage... La morale que les graves conseillers de la couronne tiraient de leurs observations était qu'il fallait marier le prince au plus tôt » (2).

Dal canto suo il Re Vittorio Emanuele era animato da un altro sentimento nel desiderare che il Principe di Carignano si formasse al più presto una famiglia, ed era di sventare gli intrighi del Principe di Metternich, il quale non rifuggiva da alcun mezzo per ottenere che venisse invertito l'ordine di successione nella Real Casa di Savoia a pregiudizio del ramo secondogenito, sforzandosi di fare statuire dapprima dal Congresso di Vienna e più tardi da quello di Verona che in mancanza dei maschi di prima linea succedere dovesse la figlia di Vittorio Emanuele, Beatrice, moglie del duca di Modena, il quale era fratello della regina Maria Teresa. Che l'Austria si sia valso per ottenere quello scopo di tutti gli artifizi della sua diplomazia è cosa oramai assodata, ma non altrettanto si può dire della supposizione fatta da vari scrittori che la Regina Maria Teresa abbia tenuto mano al giuoco dell'Austria in danno di Carlo Alberto. Tra gli altri accusatori di Maria Teresa citerò il Pinelli (3) ed il Costa di Beauregard; questi

_____

(1) Costa di Beauregard. Op. cit. Pag. 45.
(2) Costa di Beauregard. Op. cit. - Pag. 57.
(3) Ferdinando A. Pinelli - *Storia militare del Piemonte in continuazione di quella di Saluzzo* - Vol. 2°, Tom. 18 - Pag. 413.

poi non perde occasione per rappresentare la Regina come
là *pire ennemie* (1) di Carlo Alberto; ma le loro affermazioni
non sono per nulla documentate. D'avviso contrario è natu-
ralmente il Perrero, il quale sempre eccessivo nella polemica,
non solo si sforza di dimostrare che Carlo Ablerto non aveva
amica più sicura di Maria Teresa, ma vuol provare che l'Austria non aveva nessun interesse a che la corona di Sardegna,
passasse sul capo del Duca Francesco IV di Modena ! Secondo lui « nè l'Imperatore di Austria, nè il Metternich si fidaro-
no spesso del Duca di Modena e quindi non era punto proba-
bile che volessero intromettersi per far trionfare pretese ed
ambizioni che dovevano render vieppiù intima e salda quella
unione del Duca colla Corte di Torino, nella quale ravvisa-
vano un rischio per l'influenza austriaca in Italia » (2). Siccome
onus probandi incumbit cui dicit, fino a prova contraria, io
rimango dell'avviso del Perrero, pure non associandomi alle
esagerate sue conclusioni.

Il Pinelli soggiunge poi che gli intrighi dell'Austria non
furono così segreti « che non ne trapelasse qualcosa a Carlo
Emanuele IV, re abdicatario, il quale dalla pacifica sua riti-
rata di Roma scriveva al fratello dissuadendolo dal cedere a
questi femminili ed austriaci raggiri e consigliandolo ad ap-
pianare ogni difficoltà col dare in isposa al giovane Principe
di Carignano una delle due gemelle sue figlie, riunendo cosi
sopra un sol capo le pretese dei due rami » (3). Anche su questo punto il Pinelli si trova d'accordo col Costa di Beauregard,
il quale scrive che i consiglieri della corona « avaient pensé à
l'une des filles cadettes du Roi; mais la perspective de devenir gendre de sa pire ennemie parut si peu séduisante à Charles Albert que l'idée fut aussitôt abbandonnée » (4).

Come il Perrero, neppur io posso « senza le debite giustificazioni » menar buona l'asserzione che siasi a tutta prima
pensato ad una delle figlie del Re; tali giustificazioni erano
tanto più necessarie quantochè le due sue gemelle, ch'erano
quelle di maggior età, nel 1816, in cui cominciavasi a mettere

---

(1) Costa di Beauregard - Op. cit. - Pag. 57.
(2) Perrero - Op. cit. - Pg. 133.
(3) Pinelli - Op. cit. - Pag. 413.
(4) Costa di Beauregard - Op. cit. - Pag. 57.

in campo qualche proposta per detto matrimonio, non avevano ancora compiuti i tredici anni (1).

Ad ogni modo, qualunque sia l'attendibilità di questi intrighi diretti ad influenzare Carlo Alberto nella sua scelta, è certissimo ch'egli era bersagliato da proposte ancora più stravaganti dalla stravagantissima sua madre, che voleva sfruttare il matrimonio del figlio in modo da farne risultare un buon affare per sè e per sua figlia, la quale, in causa delle strettezze finanziarie in cui la vita disordinata di sua madre l'aveva ridotta, si trovava in difficile posizione per contrarre un matrimonio degno della sua nascita.

Fu dunque somma ventura in questo caso per Carlo Alberto che la sua naturale ed istintiva diffidenza lo abbia trattenuto dal cedere alle materne ed alle altre pressioni, e maggior fortuna quella che fece cadere la sua scelta sull'Arciduchessa Maria Teresa, figlia di Ferdinando III Granduca di Toscana.

Nel Marzo 1817 Carlo Alberto partiva alla volta di Firenze per chiedere al Granduca di 'Toscana la mano della Principessa Maria Teresa, sua figlia, indi proseguiva per Roma per ossequiare i suoi augusti congiunti che allora vi si trovavano, cioè il Re Carlo Emanuele IV, che aveva preso stabile residenza nel Noviziato dei Gesuiti, ed il Duca del Genevese, Carlo Felice, che colla consorte Maria Cristina, era giunto da Napoli dove avevano soggiornato alcun tempo presso il Re Ferdinando, fratello della Duchessa del Genevese, e si preparavano a recarsi in Piemonte.

Ragionando del viaggio del Principe di Carignano a Roma, il Perrero, non contento di cogliere il destro per scagionare la Regina Maria Teresa dall'accusa di essere la di lui *peggior nemica*, vorrebbe anzi rappresentarla come sua più autorevole protettrice. Secondo lui, Carlo Alberto desiderando di essere presentato al Re ed ai Principi « sotto gli auspici « di una persona che potesse assicurargli una favorevole ac- « coglienza in quel primo incontro; che poteva forse decidere « delle loro relazioni avvenire, che gli importava di conser- « vare amichevoli, *Maria Teresa era meglio di qualunque al-* « *tro in grado di appagarlo in quel suo desiderio*, come fece

(1) PERRERO - Op. cit. - Pag. 103.

« raccomandandolo a Carlo Felice con apposita lettera del 16
« Marzo..... (1) ».

Ed io aggiungerò che una consimile raccomandazione
essa rivolgeva al cognato Carlo Emanuele colla seguente lettera, datata come l'altra dal 16 Marzo.

Turin, 16 Mars, 1817.

Mon très cher frère,

Le Prince de Carignan partant pour Rome pour y voir
tous nos parents, et comptant d'abord vous faire sa cour
pour avoir le bonheur de faire votre connaissance, je lui donne avec grand plaisir ces lignes pour le recommander à vos
bonnes grâces sur lesquelles il compte comme votre filleul,
espérant que vous serez content de son esprit qui est rare ainsi
que des progrès que, malgré une education nullement suivie,
il a fait dans toutes les études. La vertu rare dont vous donnez
continuellement des preuves est certainement une grande le-
çon pour tous et je suis sure qu'il saura l'apprécier et mériter votre intérèt.

Conservez-moi votre chère amitié et me croyez pour la
vie telle que je vous embrasse et suis avec le plus sincère attachement.

Votre bien affectionné soeur
MARIE THÉRÈSE.

Con questa lettera resta ancora maggiormente confermato l'interessamento della Regina Maria Teresa per colui
ch'essa chiamava il suo *figlio adottivo*, ma non esclude l'intervento del Re Vittorio Emanuele che, con buona venia del
Perrero, io giudico assai più autorevole di quello della Regina. Non so se il Re abbia pure scritto al Duca del Genevese, come aveva fatto la Regina, e se tale lettera esista in
quella parte della *Corrispondenza Reale* che il Perrero ha
potuto consultare negli Archivi dello Stato : epperciò non
posso affermare che egli abbia pubblicato soltanto i documenti
che servono alla sua tesi ; ad ogni modo egli non poteva
avere conoscenza della lettera seguente dalla quale risulta che,

(1) PERRERO - Op. citata - Pag. 114.

mentre la Regina Maria Teresa presentava in termini lusinghieri il Principe ai suoi cognati, il Re Vittorio Emanuele si diede premura di predisporre in di lui favore l'animo del primogenito suo fratello Carlo Emanuele IV al quale scriveva:

Gênes, le 26 Mars, 180..

Mon très cher frère,

Je profite du départ du courrier pour vous recommander le Prince de Carignan qui est allé voyager pour les motifs que je vous ai marqués dans ma lettre par Oasc (?), mais dont j'ignore encore le succès. C'est un jeune homme de beaucoup d'esprit, qui peut faire une excellente réussite si, comme je l'espère, il voudra s'appliquer et oublier bien des défauts d'éducation de sa jeunesse. Car il a été élevé à la Française, mais il paraît en connaître le faux, et désirer de prendre la bonne voie. Dieu veuille faire dans son esprit et dans son cœur ce que les hommes antichrétiens ont voulu faire en lui comme en tant d'autres élevés comme lui dans leurs collèges. Il est attaché (in massimo) à sa religion et à notre famille; il faut espérer que les bonnes maximes qu'on tâche de lui imprimer effaceront les anciennes mauvaises, que le monde pervers lui présenta dans sa première jeunesse; il en est encore très capable parce qu'il a de l'esprit et peur et je crois, comprend le

« raccomandandolo a Carlo Felice con apposita lettera del 16
« Marzo..... (1) ».

Ed io aggiungerò che una consimile raccomandazione
essa rivolgeva al cognato Carlo Emanuele colla seguente lettera, datata come l'altra dal 16 Marzo.

Turin, 16 Mars, 1817.

Mon très cher frère,

Le Prince de Carignan partant pour Rome pour y voir
tous nos parents, et comptant d'abord vous faire sa cour
pour avoir le bonheur de faire votre connaissance, je lui donne avec grand plaisir ces lignes pour le recommander à vos
bonnes grâces sur lesquelles il compte comme votre filleul,
espérant que vous serez content de son esprit qui est rare ainsi
que des progrès que, malgré une education nullement suivie,
il a fait dans toutes les études. La vertu rare dont vous donnez
continuellement des preuves est certainement une grande le-
çon pour tous et je suis sure qu'il saura l'apprécier et mériter votre intérêt.

Conservez-moi votre chère amitié et me croyez pour la
vie telle que je vous embrasse et suis avec le plus sincère attachement.

Votre bien affectionné soeur
MARIE THÉRÈSE.

Con questa lettera resta ancora maggiormente confermato l'interessamento della Regina Maria Teresa per colui
ch'essa chiamava il suo *figlio adottivo,* ma non esclude l'intervento del Re Vittorio Emanuele che, con buona venia del
Perrero, io giudico assai più autorevole di quello della Regina. Non so se il Re abbia pure scritto al Duca del Genevese, come aveva fatto la Regina, e se tale lettera esista in
quella parte della *Corrispondenza Reale* che il Perrero ha
potuto consultare negli Archivi dello Stato: epperciò non
posso affermare che egli abbia pubblicato soltanto i documenti
che servono alla sua tesi; ad ogni modo egli non poteva
avere conoscenza della lettera seguente dalla quale risulta che,

---

(1) PERRERO - Op. citata - Pag. 114.

mentre la Regina Maria Teresa presentava in termini lusinghieri il Principe ai suoi cognati, il Re Vittorio Emanuele si
dava premura di predisporre in di lui favore l'animo del primogenito suo fratello Carlo Emanuele IV al quale scriveva:

Gênes, le 26 Mars, 1817.

Mon très cher frère,

Je profite du départ du courier pour vous recommander le
Prince de Carignan qui est allé voyager pour les motifs que
je vous ai marqués dans ma lettre par Osasc (1), mais dont
j'ignore encore le succès. C'est un jeune homme de beaucoup
d'esprit, qui peut faire une excellente réussite si, comme je l'e-
spère, il voudra s'appliquer et oublier bien des défauts d'éducation de sa jeunesse. Car il a été élevé à la Française, mais
il parait en connaître le faux et désirer de prendre la bonne
voie. Dieu veuille faire dans son esprit et dans son coeur ce
que les hommes antichrétiens ont voulu faire en lui commè en
tant d'autres élevés comme lui dans leurs collèges. Il est attaché (in massima) à sa religion et à notre famille: il faut
espérer que les bonnes maximes qu'on tâche de lui imprimer
effaceront les anciennes mauvaises, que le monde pervers lui
présenta dans sa première jeunesse; il en est encore très capable parce qu'il a de l'esprit et peut et je crois, comprend le

---

(1) Il Cav. POLICARPO D'OSASCO era stato nel 1816 sostituito al Conte
Grimaldi del Poggetto nell'ufficio di Governatore del Principe di Carignano. Ma nè l'uno nè l'altro seppero cattivarsi la sua confidenza. « Notre nouveau gouverneur — scriveva il Cav. Silvano Costa di Beauregard, scudiero del Principe — était comme esprit bien inférieur à Grimaldi, mais il avait de la gaiété et n'était ni imposant, ni pédant. Son
caractère plut tout de suite au Prince (COSTA, Op. cit., pag. 53) ». Per
contrapposto il PERRERO insinua che alla circostanza dell'essere il d'Osasco di tutta confidenza della Regina Maria Teresa « sinistramente com-
mentatagli da coloro che ponevano ogni studio nel metter male tra la
Regina ed il Principe vuolsi attribuire il non essersi questi chiamato
del suo nuovo Governatore, guari più contento che del precedente. Onde
Maria Teresa ne faceva a mezza bocca le sue doglianze col solito confidente (Carlo Felice) il 27 Maggio seguente (1816): « Vous êtes bien
bon de me dire que je tirerai tout le parti possible de mon fils adoptif,
mais malgré ma partialité pour lui, je vois qu'il n'i y a guère à tirer de
lui car il n'a pas de sensibilité. Le roi imagina Policarpe Osasque au
lieu de Grimaldi, et ce pauvre homme fait tout le possible pour gagner sa
confiance, mais je crois que c'est en vain. » (PERRERO, Op. cit., Pag. 161).

faux de son éducation passée. Il pourra vous donner de nos nouvelles de vue et de celles de la chère Béatrix que nous avons avec nous jusqu'à ces jours passés que nous sommes venus ici par une tourmente orible (sic), dont, grâce à Dieu nous n'avons pas souffert du tout.

Je vous embrasse de bien bon coeur et suis, mon très cher frère.

Votre très affectionné frère
V. EMANUEL.

P. S. - Tant de compliments à La Marmora.

Con lettera del 2 Aprile Carlo Emanuele faceva parte al fratello della buona impressione ricevuta dalla visita del Principe di Carignano : « J'ai vu le Prince de Carignan dont j'ai été content de toutes manières; il m'a donné part de son mariage avec la fille du Grand duc Ferdinand, qu'on dit une personne accomplie... » Pochi giorni dopo tornava, con maggior copia di particolari, sullo stesso argomento :

Du Noviciat, ce 10 Avril, 1817.

Mon très cher frère,

J'ai reçu votre dernière lettre et je vous assure que aussitôt que Thomas l'a lue elle fut brulée (1) et je vous assure que je l'aurais brulée avant si je n'avais pu la faire lire par un autre, mais laissons le badinage et venons au fait. Je ne puis vous dire à quel point j'ai été supris quand j'ai trouvé la participation absolue qu'il me fit de son mariage, au premier moment qu'il me vit et qu'il me remit votre première lettre des trois et quand je me la suis fait lire par Thomas, je vis que ce n'était pas du tout votre intention qu'on allât de ce train (2),

---

(1) Si tratta evidentemente della lettera di cui era latore il Conte d'Osasco, e che manca dalla collezione.

(2) Di queste gravi irregolarità di forma, il re Vittorio Emanuele se ne doleva con Carlo Alberto in una lettera agro dolce dalla quale appare « quello che allora si fece e quello che si sarebbe dovuto fare ». « Mon très cher cousin (scriveva il Re a Carlo Alberto) votre lettre du 25 Mars me causa la satisfaction la plus vive apprenant l'accueil distingué, que vous avez reçu du Grand Duc de Toscane ainsi que de son auguste famille, comme aussi l'effet que votre personne a produit sur l'esprit de l'Arciduchesse Marie Thérèse. Je ne vous dissimulerai pas

mais la chose était faite et il parait faire semblant de rien. Je me
suis aperçu qu'autant que son fond est bon autant sa première éducation a été mauvaise : il parait pourtant très porté
pour la religion et à la bonne conduite humaine. Il m'a dit
tout clair qu'il pensait bièn différemment de sa mère et en
cela il a très fôrt raison ; elle est remariée depuis quelques
années et ne lui en a pas donné le moindre signe, ce qui, selon
moi, est une extravagance (1). Je suis très affligé que la soeur
de ce jeune Prince (2) soit entre le mains d'une telle personne,
mais je conçois assez la presque impossibilité de l'en tirer.
J'envoie à Vallese (3) un mémoire pour un capucin votre sujet,

pourtant que mon intention, que je vous avais exprimée avant votre départ ainsi qu'à Osasc, était que vous seriez passé par Florence pour
voir que l'archiduchesse vous convint, et sur la domande qu'à Osasc
fit que, je n'avais de difficulté, qu'y trouvant votre convenance, vous
eussiez laissé, en particulier et sans publicité, votre portrait, si on
vous le demandait, mais que vous n'auriez fait aucune démarche
publique qu'après votre départ de Rome, d'où vous m'auriez fait
sentir que l'archiduchesse vous convenait, et que je vous en aurais
envoyé un agrément public : au lieu que j'ai vu avec suprise que le
portrait a été donné publiquement et que votre mariage a été par ce
gage arrêté et publié avant de m'en avoir fait la participation à moi,
qui n'aurais certes pas fait attendre davantage mon consentement ». Perrero, Op. cit., Pag. 116-117.
   (1) Veramente quella era già storia vecchia perchè la Principessa
vedova di Carignano, donna di spiriti esaltati e piena di idee strambe,
erasi rimaritata nel 1809 col Conte Giulio Massimiliano Di Montléart.
Non si capisce come nel 1817 Carlo Emanuele potesse scrivere che Carlo
Alberto non ne avesse saputo nulla da sua madre mentre il Costa di
Beauregard nell'accennare alla vita infelice del giovanetto Principe dopo
il secondo matrimonio della Principessa vedova scrive (Op. cit., pag.
15) : Charles Albert ne parla jamais du remariage de sa mère qu'avec
une grande amertume. « Imaginez-vous, disait-il à quelqu'un dont je
tiens le propos, que par un froid de 14 ou 15 degrés, Mr. de Montléart
me faisait monter sur le siège de la voiture où il s'enfermait avec ma
mère : ce que j'ai souffert de sa part ne peut se dire...... ».
   (2) Maria Elisabetta, sorella di Carlo Alberto, nata a Parigi nel 1800
sposò poi nel 1820 l'Arciduca Ranieri d'Austria, Vice Re del Regno
Lombardo-Veneto. Di lei scriveva il Principe di Metternich : « La princesse est merveilleusement belle. Elle a une demi-tête de plus que moi,
ce qui ne l'empêche pas d'avoir un jolie tournure. Sa tète a une expres-
sione de noblesse remarquable. Elle a des yeux longs et langoureux, le
nez petit et finement découpé ; la bouche est bien faite et cache les plus
jolies dents du monde, et pourtant malgrê toutes ces perfections exté-
rieures je trouve qu'une aussi grande femme manque de charme.... ».
(Mémoires de Metternich. Vol. III pag. 350).
   (f) Il Conte Alessandro di Vallesa, pari del Ducato di Aosta, cavaliere della Nunziata (2 Novembre 1815) ministro di Stato e per l'estero :
era una delle poche persone di valore che abbia avuto parte al Governo
sotto il Re Vittorio Emanuele I. Sulle cause delle dimissioni da lui ras-
segnate nel 1818 si sono dàte varie versioni dal Poggi (Storia d'Italia
- Tom. I, pag. 214), dal Costa (Op. cit., pag. 89), dal Perrero (Op. cit.

78

puisqu'il est de l'État de Gênes, et il serait obbligé de quitter
la Religion qui est très content de lui, et lui de la Religion, s'il
n'obtenait pas la grâce qu'il demande. Comme vous vous intéressez si fort à ma santé je vous dirai que j'ai eu la faiblesse
de m'effrayer beaucoup puisque le matin en suite de grandes
douleurs aux jambes, le matin elles se sont trouvées enflées et
enflammées ainsi che les gencives. Dieu m'a fait la grâce pourtant de pouvoir assister aux fonctions de ces saints jours et à
l'*Ave Maria* en me mettant au lit pour me reposer.

J'ai eu la visite du Prince de Carignan, qui m'apporta la
seconde de vos lettres; il faut que mon visage m'ait trahi
puisque le bon Prince me fit des excuses s'il m'incommodait;
mais à present je suis beaucoup mieux. Je vous prie d'embrasser votre femme et vos filles et de me croire comme je
le serai toute ma vie (1).

Votre très affectionné frère
C. EMANUEL.

Pochi giorni dopo (16 Aprile 1817) Vittorio Emanuele
si affrettava a rispondere a suo fratello dichiarandosi lieto che
egli avesse ricevuto una impressione favorevole dalla visita
del Principe di Carignano: « J'ai vu avec le plus grand plaisir que vous ayez été content du Prince de Carignan »; e tornando a esprimere le sue apprensioni per l'effetto, secondo
lui, della sua prima educazione: « Il a beaucoup d'esprit et
de finesse et de très belles qualités, mais il avait reçu une
éducation dans les collèges militaires à la française et dans
un collège de Genève où il n'était pas question du tout de
Religion (2), ainsi avant de commencer à établir les bases d'une

---

pag. 134 e segg.), dal BROFFERIO (*Storia del Piemonte* - Vol. I, pag. 109).
Morendo nel 1823, s'estinse la discendenza mascolina di questo nobilissimo casato.

(1) Alcuni estratti di questa lettera come della precedente del 2
aprile furono già pubblicati dal MANNO (*Informazioni* - Pag. 31 e 36).

(2) E' vero che Carlo Alberto stette a Ginevra nel Collegio del Sig.
Vaucher negli anni 1812 e 1813, ma non so quali sentimenti più schiet-
tamente religiosi si potessero desiderare da lui che quelli espressi fin
dal 1815 nella seguente lettera d'augurio indirizzata al Re Carlo Emanuele.

Sacra Real Maestà,
Nel rinnovarsi dell'anno adempio un dovere di figliale ossequio verso di Vostra Maestà facendo voti a Dio acciocchè si degni benedire sem-

autre éducation il a fallu travailler beaucoup pour effacer la mémoire de l'ancienne, car il savait une infinité de choses qu'on ne laisse pas connaître aux jeunes gens dans nos éducations et qu'à son âge font un effet qu'elles ne font plus lorsqu'on en entend parler qu'une bonne éducation a déjà jeté de bonnes racines dans le coeur. Il parait cependant qu'il comprend lui-même les inconvénients très graves de l'immoralité et il est même très exact aux devoirs de la Religion et exigeant que les gens de sa maison s'en acquittent; par conséquence il a déjà fait du chemin dans le bon sentier et j'espère qu'un bon mariage comme celui qu'il va contracter finira de l'assoder ».

Dal canto suo la Regina Maria Teresa concordava negli stessi sentimenti del Re suo consorte quando scriveva a Carlo Emanuele (19 Aprile 1817): « Quant au Prince de Carignan et 'ma Belle-soeur, je suis fort charmé que vous en ayez été content et le premier promet beaucoup, tandis que l'autre est d'une vertu peu connue, jointe a bien de l'esprit aussi et des connaissances très étendues dont elle ne fait aucune pompe ». Nessuno penserebbe che la donna che senza interesse (scrivendo al povero Re infermo e distaccato dalle cose terrene) esprime dei giudizî, dirò così, tanto esageratamente indulgenti (specialmente sul conto di sua cognata Maria Cristina), nessuno penserebbe che quella donna sia la stessa di cui il Costa di Beauregard scrive : « Ses lèvres pincées contrastaient avec

---

pre più le sue intenzioni dirette alla gloria vera e perenne della Cristianità.

Cessati i turbamenti d'Italia, consolato il Re, fratello di Vostra Maestà, col felice viaggio e con la prosperità della Regina e della Regia Prole, restituiti all'Augusta di lei famiglia gli antichissimi sudditi, amplificato lo splendore del Regno, celebrate per valore e per disciplina le armate Piemontesi, ben si è renduta manifesta quella Provvidenza divina che dagli umani pericoli, quando parevano più da temersi, ha preservato la Real sua Casa. Ed io e tutti gli altri sudditi del Re amiamo di riconoscere queste evidenti opere della potenza di Dio, anche dalla intercessione della Regina Clotilde, di Santa memoria, e similmente dalla virtù della Maestà Vostra.

Prego Vostra Maestà che voglia continuarmi la sua paterna benevolenza e gradire l'alta rispettosa venerazione con cui le bacio riverentemente le mani.

Umilissimo e devotissimo servitore
ed affezionatissimo cugino
CARLO ALBERTO DI SAVOIA, PRINCIPE DI CARIGNANO.

Torino, il 29 di Dicembre 1815.

le débonnaire sourire de son mari, autant que leurs deux âmes contrastaient... on sentait chez elle toute volonté implacaßle, toute haine éternelle, toute ambition inextinguible! ».

Eppure senza saperlo quelle due anime così in contrasto l'una coll'altra si erano trovate d'accordo in un sentimento di benevolenza, mentre che secondo il Costa doveva essere per parte di Maria Teresa, *de haine éternelle!* (1).

Ed è così che si scrive la storia! (2).

_____

(1) Costa - Op. cit., pag. 24.

(2) Il lettore deve tener presente che il Marchese Costa nel concludere la prefazione del già citato suo libro prorompe in una lirica esaltazione della devozione dei Savoiardi : « Chez nous (sono sue parole) au service du prince la franc parler a toujours égalé le dévoument... Et cela a duré huit cent ans, où le Savoyard a rudement besogné, qu'il eut une verité à dire ou un coup d'épée à recevoir. D'autres maintenant veilleront sur la couronne que nos pères ont forgée. Autour d'elle vont se ormer des devouments d'alluvion. Vaudront-ils les dévouments primitifs tombés en déshérence? » Dopo gli ottocento anni di gloria dei Savoiardi il Marchese Costa poteva ben dispensarsi dal rendere un così cattivo servizio alla memoria di quei Principi di cui egli si professa l'apologista ! A giudicare dal suo modo d'intendere la devozione verso la Casa Savoia è lecito sperare che quelli ch'egli chiama ironicamente *dévouments d'alluvion* varranno certo meglio dei troppi vantati *dévouments tombés en déshérence.*

In un recente articolo comparso nel fascicolo del 1 Gennaio 1908 della *Revue des deux mondes* sotto il titolo : *L'envers d'un grand homme - Victor Amédée II*, il Marchese Costa dà un nuovo saggio della sua venerazione a Casa Savoia presentandoci il primo Re di Sardegna sotto la veste più ridicolmente intima.

IX.

Fatto questo primo spoglio fra le lettere che si riferivano a Carlo Alberto, per stabilire un nesso tra le medesime e gli altri documenti relativi alla sua persona, sui quali dovrò in seguito richiamare l'attenzione del lettore, procedo quindi senz'altro alla pubblicazione di altre lettere dell'anno 1817.

Carlo Emanuele IV a Vittorio Emanuele I

De S. André, 2 Avril. 1817.

Mon très cher frère,

J'ai reçu votre chère lettre qui m'a fait bien plaisir quoique le voisinage de la maladie que vous avez en Piémont me fait bien de la peine; je vois avec plaisir que vous avez pris toutes les précautions, en ces choses étant mieux faire trop tôt que trop tard, surtout quand il est question d'épargner à vos sujets un si terrible fléau (1)... Je viens d'apprendre qu'on fait force évêques dans le Royaume de Naples. Au nom de Dieu je vous prie de penser au dommage qu'il résulte aux

---

(1) Nei mesi di Marzo, Aprile e Maggio 1817 infierì una violenta epidemia di tifo nell'Italia centrale e settentrionale.

6.

âmes d'être sans pasteurs (1). Ce n'est pas par commission que je vous écris ceci; c'est ma conscience qui me le dicte... Je sais que vous êtes à Gênes (2) et je prie Dieu qu'il vous bénisse vous et tous vos sujets.

Adieu, cher frère, je vous embrasse de tout mon coeur, avec toute la tendresse que vous connaissez.

CHARLES EMANUEL

Carlo Emanuele IV alla Regina Maria Teresa

De St. André, le 2 Avril 1817.

Ma très chère soeur,

J'ai reçu votre précieuse lettre qui m'a fait le plus grand plaisir du monde...... Je vous prie de dire à Madame la Marquise de S. Peyre que Badoglia m'a fait sa commission qui était de prier pour elle; à cela j'ajouterai que tant cette Marquise que V. M. ont *bon temps* d'avoir une telle idée de moi.

Comme je sais que vous vous intéressez beaucoup à ce qui me regarde je vous dirai que ces jours passés j'ai été beaucoup tourmenté par ces douleurs d'estomac et de bas ventre qui procèdent, je crois, d'autres incommodités dont je ne parlerai pas, mais je vous assure que, grâce à la miséricorde de Dieu, que passées ces douleurs qui m'ôtent presque la raison, je suis gai comme un pinson. Admirez la bonté de Dieu qui envoyant une croix donne la force de la porter; et je puis vous assurer que quant à la seconde partie de ce que vous m'écrivez que c'est mon courage, cette qualité je me la reconnais.

Je suis très content de Genevois et de sa femme qui est un ange.

Ma lettre ressemble plutôt à une Gazette et l'article suivant est pris de la lettre que je viens d'écrire à mon frère.

---

(1) Sulle pratiche che corsero tra la Curia Romana ed il Governo Sardo per la nomina dei Vescovi, il lettore potrà utilmente consultare la già citata opera del Teologo TOMASO CHIUSO (*La Chiesa in Piemonte dal 1797 ai giorni nostri* - Vol. III).

(2) Il 20 Marzo i Reali di Sardegna con le Principesse e coi Duchi di Modena erano partiti da Torino, gli uni diretti ad Alessandria e Genova, questi ultimi a Modena.

83

Je sais que vous ne vous mêlez de rien (1) et moi encore moins, mais ma coscience me pousse à vous recommander qu'on avance le plus possible le remplacement des évêques en Piémont puisque le dommage qui en résulte aux âmes est plus grand qu'on ne saurait l'imaginer.

Pardonnez-moi, ma chère soeur, la longueur et le dérangement de ma lettre, mais je vous ai dit déjà que c'était une Gazette.

Je vous fais mes compliments sur la grossesse de la princesse Béatrix que le Prince de Carignan m'a dit être assurée; rien au monde ne pouvait me faire un plus grand plaisir.

Je vous embrasse de tout mon coeur, je vous prie d'embrasser vos trois filles et je finis en me disant l'aveugle et ennuyeux

CHARLES EMANUEL

Vittorio Emanuele I a Carlo Emanuele IV

Gênes, le 16 Avril 1817.

Mon très cher frère,

Je viens de recevoir à l'instant votre très chère lettre du 2 Avril et m'empresse d'y répondre par ce courrier de Toscane qui est plus prompt et qui va partir dès ce matin.......

Pour la nomination de nos évêques je vous dirai qu'il y a des mois que j'ai envoyé une liste de ceux qui je croyais capables par préférence, car il me manque 6 archevêques et 20 évêques, et je n'ai pas de bons prêtres pour pouvoir faire une terne pour tant de places; ainsi j'ai marqué ceux que je croyais

---

(1) Tutti i nostri scrittori, ad una, credettero di far gran cortesia a Vittorio Emanuele I qualificandolo « il buono », sempre « il buono » e null'altro mai che « il buono ». Taluni però a compimento di tale qualifica, andando più in là, lo dichiararono addirittura debole d'animo, senza volontà propria, sempre osseqüente a quella della moglie, docile cooperatore e strumento passivo delle di lei macchinazioni ». Così scrive il PERRERO, (Op. cit. « Prefazione ». Pag. XIII-XIV), il quale in varie occasioni, e specialmente laddove narra l'abdicazione di Vittorio Emanuele nel 1821, ha cercato di scagionare la Regina da simili accuse ed insinuazioni. L'affermazione di Carlo Emanuele (*je sais que vous ne vous mêlez de rien*) che vedremo confermata nella risposta di Maria Teresa, convalidano l'opinione del Perrero e stanno a provare che la Regina non s'immischiava negli affari dello Stato, ai quali il Re provvedeva di sua testa e senza consultarla.

bons, priant le St. Père d'exclure lui-même ceux contre lesquels il aurait quelque mauvaise impression.

La circonscription des diocèses est faite, mais ayant prié le Saint Père de séparer les parties de diocèses qui seraient sous des évêques étrangers (1) comme Pavie, où il y a quelques restes de *Tamburini* (2), je crois que le St. Père traite de cela avec la cour de Vienne et il se peut qu'on lui fasse des difficultés. Il est sûr que nous avons nécessité des évêques aussi pour le rétablissement des séminaires et faire de bons prêtres dont nous manquons. Le peu qu'il y a en Savoie sont excellents; à Gênes on en a davantage, car son ancien Gouvernement a duré plus tard, mais en Piémont nous en manquons beaucoup.

Plusieurs des cures étaient couvertes par d'anciens moines; ceux-ci retournant dans leurs couvents, on ne sait plus où donner la tête pour les remplacer. Dans les endroits où il y a encore des séminaires on a retiré un grand nombre d'élèves, comme à Turin et on y prépare de très bons ouvriers pour la Vigne du Seigneur, mais le peu de séminaires que nous avons ne suffit pas, car il faut faire des élèves pour remplacer la génération dans laquelle on n'en a plus faits. Les moines, surtout les mendiants, reçoivent beaucoup de novices, ce qui est bon aussi, car dans les campagnes ces mendiants prêchant beaucoup, édifient et font un grand bien. On fait beaucoup de missions qui font des conversions prodigieuses, et on les demande de tous côtés avec empressement. (3).

---

(1) Colla bolla 17 Luglio 1817 e successivo breve del 26 Settembre la diocesi di Chambéry fu sottratta al metropolitano di Lione ed eretta in Arcivescovado, assegnandola per suffraganea a quella d'Aosta ; Nizza fu tolta ad Aix e sottoposta all'Arcivescovo di Gènova; dalle diocesi di Milano e Pavia furono distaccate le parocchie dipendenti dal Re di Sardegna e poste sotto Novara e Vigevano.

(2) Vittorio Emanuele allude ai seguaci del celebre abate Pietro Tamburini (1737-1817) nativo di Brescia, che fu professore a Pavia. Si rese famoso come teologo realista e giansenista; per queste sue opinioni le opere sue furono messe all'Indice, e si narra che quando apprese che l'autorità ecclesiastica aveva preso quel provvedimento contro di lui, abbia esclamato : *Ma il Papa vuol farmi andare in carrozza!*, cioè guadagnare denari per la curiosità che avrebbero destato i suoi trattati.

(3) Il Teol. CHIUSO scrive : « Nell'Archivio di Stato in Torino, lessi molte domande che dal 1814 al 1815 i Municipî fecero al Governo per riavere i frati. Fra altre trovai le istanze dei comuni di Vercelli, Acqui, Carmagnola, Bra, Voghera, Alba, Racconigi, Bene, Cherasco, Mondovì e Casalmaggiore ».

.   L'apparence de la récolte est belle, pourvu que le Bon
Dieu veuille nous envoyer la pluie à temps (1) et nous la con-
server. Nous nous portons tous bien ; cet air nous est fort bon,
Je vous embrasse de bien bon coeur et suis, mon très cher frère
Votre très affectionné frère

V. EMANUEL

La Regina Maria Teresa a Carlo Emanuele IV.

Gênes, le 19 Avril 1817.

Mon très cher frère,

J'ai reçu avec grand plaisir (mais seulement avant-hier)
votre chère lettre du 2 de ce mois et bien fâchée de votre incommodité à l'estomac et au ventre ; il m'a été d'une bien
grande consolation de vous voir si gai et de savoir par vous-
même comme par tout le monde que vous l'êtes toujours quand
vous ne souffrez point actuellement et je vous assure que j'en
bénis la miséricorde de Dieu sans en admirer moins votre courage. Nous sommes tous en bonne santé, à l'exception de Christine qui a la petite vérole volante, mais quoique forte, en si
bonne disposition et d'une si bonne qualité qu'elle n'a pas
même eu de fièvre et qu'elle dort et mange à son ordinaire é-
tant très gaie : à présent je pense qu'il en sera de même des
jumelles quoiqu'elles ne se voyent qu'à travers un balcon
fermé qui donne sur une terrasse comune à leurs chambres
(car elles n'ont qu'une chambre entre les jumelles, et Christine une autre, 2 entre trois en tout), mais il y en a une épi-
démie et une fille de la Marquise Carrega l'a aussi.......
J'ai parlé tout de suite du remplacement des évêques au
Roi et il m'a ordonné de vous dire, en vous embrassant tendrement de sa part, qu'il a proposé une nouvelle circonscription des diocèses pour que ses sujets fussent affranchis de
toute dépendance des Métropolitains et Ordinaires qui n'eussent pas été proposés par lui-même et que le Saint Siége n'a
pas encore voulu l'accorder, sans l'avoir refusé, chose qui empêche aussi le choix des évêques qui appartient au Pape sur

---

(1) La pioggia desiderata si fece aspettare fino all'11 Maggio, dopo
una disastrosa siccità che durava dal 22 gennaio.

les différents sujets qu'il dit avoir proposés comme les meilleurs et dont il ne m'a jamais nommé aucun.

Mes filles ici présentes vous offrent leurs tendres hommages et les jumelles déjà grandes admirent votre courage et vertu et prennent avec moi grande part à vos peines.

Je vous remercie pour votre intérêt à la grossesse de Beatrix, mais je ne la crois que de 4 mois ne sentant point son enfant.

Je dois finir pour aller à la messe, voir des audiences dont la source ne tarit jamais et retourner chez ma petite : mais je ne cesserai d'être avec le plus sincère attachement avec lequel je vous embrasse et suis pour la vie

Votre bien attachée soeur
MARIE THÉRÈSE.

Si les Genevois sont encore à Rome embrassez-les de ma part ainsi que la Duchesse de Chablais (1) et donnez-leur de nos nouvelles.

La Regina Maria Teresa a Carlo Emanuele IV.

Gênes, 22 Avril 1817.

Mon très cher frère,

J'ai reçu votre lettre du 19 de ce mois.... J'ai fait tout de suite votre commission au Roi et il me charge de vous embrasser tendrement et vous dire que la personne que vous lui nommez lui fut recommandée par Sa Sainteté pour être proposée par lui pour archevêque de Gênes, mais que pour les mêmes raisons que vous alléguez, il a crû ne pas devoir y

---

(1) La Principessa MARIA ANNA DI SAVOIA, nata il 17 Dicembre 1757, era figlia del Re Vittorio Amedeo III, ed aveva sposato nel 1775 il proprio zio Benedetto Maurizio, Duca del Chiablese, col quale venne a stabilirsi a Roma, dopo che il Piemonte fu occupato dai Francesi. Venuto a morte il Duca del Chiablese, nel 1808, la Duchessa si trattenne a Roma, dove aveva fatto considerevoli acquisti, e fra questi il tenimento di Tomarancia nell'Agro romano, ove era voce che ai tempi di Commodo esistesse un'insigne villa. Essa vi ordinò degli scavi, per mezzo dei quali vennero alla luce delle scolture di singolare pregio, ch'essa destinò poi, nel 1823, al Museo Vaticano, ove si conservano col titolo di Monumenti Amaranziani dal nome antico del luogo, *Amaranthus*. La Duchessa del Chiablese morì in Stupinigi l'11 Dicembre 1824 e fu sepolta a Superga.

àdhérer ; et moi je dois ajouter que j'ai entendu ici la même chose sur ce personnage qu'on ne verrait pas archevêque ici avec
plaisir. Quant à Mgr. de Brignole, si c'est celui qui fut ablégat
du Pape pour porter le bonnet de cardinal à Mgr. Solar, il est
un ange de coeur et de vertu, mais je ne sais s'il a de l'esprit
et du savoir autant qu'il en faut pour cette dignité, et si c'est
le frère du ministre on dit qu'il a toutes les qualités, mais
il n'a que la tonsure, et n'a jamais voulu se lier. Le Roi, du
reste, ne m'a nommé personne de tous ceux qu'il peut avoir
en vue et de mon côté je ne connais que le Grand Vicaire ca-
pitulaire Gonetti et n'oserais répondre que de lui seul.

Je suis bien charmée que vous fussiez en bonne santé et
que les Genèvois se soient fait généralement estimer et aimer.
Quant à leur voyage je sais seulement qu'ils doivent être à
Venise le 5 Mai et de là décider leur voyage à Modene (1)
qu'ils comptent faire par eau. Nous sommes tous en bonne
santé ici et mes filles Christine et Marianne ont passé très heureusement la petite vérole volante. Gênes est une bien belle
ville et nous allons y voir chaque jour ce qu'il y a de plus
beau et remarquable en églises et tableaux et vous n'avez
point d'idée combien la noblesse et le peuple y sont religieux
et le clergé en général édifiant.

Je vous embrasse et vous offrant les respects de mes filles
je serai toujours

Votre bien attachée soeur
MARIE THÉRÈSE.

Vittorio Emanuele I a Carlo Emanuele IV.

La Vigna, le 8 Juillet 1817.

Mon très cher frère,

Ne voulant pas vous fatiguer par de trop fréquentes lettres j'ai attendu d'être assuré que votre précieuse santé était
parfaitement rétablie pour vous en marquer la très grande
joie que nous en éprouvons tous et vous donner nos nouvelles

---

(1) Il Duca e la Duchessa del Genevese giunsero l'11 Maggio a
Modena e vi si trattennero fino all'8 Giugno. Da Modena si recarono a
Milano, donde partirono per Torino il 30 Giugno.

qui, grâce à Dieu, sont toutes bonnes. Genevois et sa femme
sont arrivés ici en parfaite santé : ils ont fait leur entrée à
Turin en grand gala, en cérimonie, comme d'usage : le monde était infini. Il y a eu le baise-main des hommes et des da-
mes d'abord, après le Te-Deum et la parade de la garnison et
ensuite l'illumination au théatre; mais comme je suis accou-
tumé de ne rester que peu de moments au théatre, et à plus
forte raison par une illumination, j'ai pris mes mesures que
cela ne durat que 50 minutes. Heureusement qu'il y avait
eu trois orages la veille qui avaient raffraichi le temps, autrement nous serions fondus comme des sorbets au soleil. Nous
sommes venus dormir à la Vigne et dans 5 heures nous sommes partis et retournés. Les petites ont joui du spectacle de
l'entrée à la Vigne d'où l'on voit une grande partie de la Rue
de Pô. A Modène on souffre beaucoup de la chaleur, cependant ma femme, Béatrix et tout le monde se porte bien, mais
il n'y a encore rien de nouveau en fait de couches (1). Béatrix est leste comme si elle n'était pas grosse et n'a jamais
rien souffert.

Mes filles se mettent à vos pieds et vous baisent les mains
et moi je vous embrasse du fond de mon coeur et suis, mon
très cher frère

Votre très affectionné frère
V. EMANUEL.

Carlo Emanuele IV a Vittorio Emanuele I.

Du Noviciat, le 2 Octobre 1817.

Mon très cher frère,

Je commence par vous faire mon sincère compliment sur
l'excellent choix des évêques (2) que vous avez fait; les

---

(1) La Regina Maria Teresa si era recata il 25 Giugno a Modena
per visitare la figlia, Principessa Beatrice, la quale, ai 14 di Luglio, dava
alla luce una principessina, cui fu posto il nome di Maria Teresa. Nei
tre giorni successivi vi furono grandi feste in Modena per celebrare il
lieto evento, nonchè la ricorrenza del ritorno dei Duchi dall'esilio : am-
nistia militare e largizioni d'indumenti e denaro a circa cinquecento famiglie bisognose.
(2) I sei Vescovi erano : Mons. Francesco Alciati, già canonico
della cattedrale di Vercelli, nominato Vescovo di Casale; Mons. Amedeo
Bruno di Samone, già canonico della Metropolitana di Torino, nomi-

quatre qui seront consacrés dimanche, trois par le Cardinal
Morozzo, et Prin par le Cardinal Pacca (1) on en a été on ne
peut plus contents; et quant au deux autres qui ne viennent
pas, j'ai rendu témoignage de Mons. Bigex (2) que je con_
nais et qui certainement n'est pas inférieur aux autres; quant
à l'Erémitain (3) je ne le connais pas du tout, mais j'en ai ouï
dire tout le bien possible. Certainement cette action que vous
avez faite vous attirera toutes les bénédictions du Ciel; voilà
assez pour cette matière. Il faut que j'entre dans une autre

---

nato Vescovo di Cuneo; Mons. Carlo Giuseppe Sappa de' Milanesi, che
era stato limosiniere di Vittorio Amedeo III, nominato Vescovo di Ac_
qui; Mons. Giuseppe Prin, già parroco di Fenestrelle, nominato Ve_
scovo di Susa; Mons. Francesco Maria Bigex, già Vicario Generale a
Chambéry, nominato Vescovo di Pinerolo e Mons. Colombano Chia_
verotti, monaco camaldolese dell'eremo di Lanzo, nominato Vescovo
d'Ivrea.

(1) Il Cardinale BARTOLOMEO PACCA, nato a Benevento, nel 1756.
Era Pro-Segretario di Stato quando fu arrestato nel 1809 con Papa
Pio VII e detenuto nel forte di Fenestrelle. Tornò a Roma nel 1819. In
ricordo dei conforti ricevuti durante la sua prigionia dal parroco Prin di
Fenestrelle, volle essere lui a consacrarlo Vescovo di Susa. Il Cardinale
Pacca fu poi Governatore di Roma, e nel 1817 promulgò il celebre
editto, che porta il suo nome, per impedire l'esodo degli oggetti d'arte.

(2) FRANCESCO MARIA BIGEX, eletto Vescovo di Pinerolo, era nato
in Savoia nel 1752. Fece gli studi a Evian, poi coi Barnabiti a Thonon
e li compì coi Sulpiziani a Parigi, sotto la direzione del celebre padre
Emery. Tornato in patria, fu Vicario generale di Mons. Paget, Vescovo
di Annecy nei tempi più difficili della rivoluzione, che colà fu assai violenta. Mentre il suo Vescovo era esule a Torino, e di qua nel 1801 per
la esecuzione del Concordato, faceva rinunzia alla diocesi, egli andò va-
gando per la Svizzera, stette qualche tempo in Losanna ed entrativi poi
i Francesi si raccolse in un piccolo luogo non lungi da Martigny, chiamato Lidde. Cessati i giorni del terrore, il Bigex fu nominato da Mons.
Vescovo di Chambéry, Vicario generale; tenne lo stesso ufficio con Monsignor De Salle, alla restaurazione fu prima proposto all'Arcivescovato di Aix, ma Vittorio Emanuele lo volle a Pinerolo. Ricevette la
consacrazione episcopale in Torino il 23 Novembre 1817 insieme al Chiaverotti. Sei anni dopo fu promosso all'Arcivescovato di Chambéry.

(3) Si allude a Mons. COLOMBANO CHIAVEROTTI DI MONTOLIVO, monaco camaldolese dell'eremo di Lanzo. Nacque a Torino il 5 Gennaio
1757. Dopo essersi addottorato in utroque jure si esercitò nella giuri-
sprudenza nell'ufficio dell'avvocato generale presso il Real Senato di Piemonte, donde si ritirò nell'eremo camaldolese di Lanzo. Visse in quella
solitudine per lunghi anni e pure quando nel 1802 fu soppresso l'ordine
e disertato di frati il pio recesso egli proseguì ad ufficiarvi la chiesa ed
esercitarsi in ogni opera di carità a vantaggio dei paesi vicini. Di là il
trasse Vittorio Emanuele, presentollo al Papa, che il fece Vescovo d'Ivrea
e il 23 novembre 1817 riceveva in Torino l'imposizione dalle mani dal
Cardinale Solaro, nella chiesa di S. Eusebio dei Padri dell'Oratorio
(CHIUSO, op. cit. Vol. III, pag. 49). Il 21 Dicembre 1818 fu trasferito
all'Arcivescovado di Torino. Morì il 6 Agosto 1831.

qui m'embarasse beaucoup. La Reine d'Étrurie (1) m'a dit avec un transport de joie que son fils devait épouser une de vos deux jumelles, mais comme le diable se met partout, elle m'a marqué quelques inquiétudes sur la délicatesse de ces deux enfants; elle m'a prié de m'informer si elles se sont fortifiées ou si elles sont toujours dans le même état, ajoutant qu'elle ne voulait point du tout paraître dans cette affaire; mais il faudrait que je fusse fou pour faire quelques pas à cet égard sans vous dire le pourquoi: ce que je vous prie c'est que personne ne sache que j'ai fait ce pas, ni que j'ai nommé la Reine d'Étrurie, et c'est toujours une terrible chose de traiter avec des femmes, pour raisonnables qu'elles soient: je vous prie de me donner quelques éclaircissements là-dessus pour que je puisse faire une réponse à cette bonne Reine, sans jamais dire à qui je me suis adressé, ni les pas que j'ai faits. Je vous prie de me pardonner ma sincérité, mais je ne savais où donner la tête. Je vous prie de comuniquer cette lettre à ma belle-soeur, puisque la chose intéresse tant l'un que l'autre.

Je vous donnerai des nouvelles du Pape qui, grâce à Dieu, sont beaucoup plus satisfaisantes et j'espère que le Bon Dieu nous le conservera et éloignera la scène épouvantable qu'il arriverait à la mort de ce Saint Pontife; quant à moi j'ai eu une attaque de scorbut qui m'a pris les pieds, les jambes et les bronches, de manière que outre d'être aveugle je mange avec une peine infinie et marche encore pire, mais Dieu soit loué de tout et j'accepte volontiers tout ce qu'il m'envoye.

Adieu, mon très cher frère, pardonnez-moi mon importunité; embrassez toute votre famille, et moi je vous em-brasse de tout mon coeur étant   Votre affectionné frère

C. EMANUEL.

---

(1) La REGINA D'ETRURIA era Maria Luisa figlia di Carlo IV re di Spagna e Vedova di Luigi I di Parma, pel quale nel 1801 era stato costituito il *Regno di Etruria*. Questo gli fu dato in cambio del ducato di Parma, il quale dopo la morte del di lui padre Ferdinando era stato annesso alla Repubblica francese. Nel 1803 il Regno di Etruria fu pure esso assorbito dall'Impero francese e nel 1809 fu assegnato ad Elisa Baciocchi sorella di Napoleone I la quale prese il titolo di Granduchessa di Toscana. Nel 1815 l'ex Regina d'Etruria ebbe il ducato di Lucca. Suo figlio Carlo Lodovico (che sposò, come vedremo, una delle figlie di Vittorio Emanuele I) vi regnò dal 1824 al 1847 e poscia cedette il ducato alla Toscana per tornare al trono di Parma resosi vacante per la morte di Maria Luisa, vedova di Napoleone I. Nel 1849 fu costretto ad abdicare.

Vittorio Emanuele I a Carlo Emanuele IV.

Stupinis, le 13 Octobre 1817.

Mon très cher frère,

J'ai reçu votre chère lettre qui m'a fait un plaisir infini, voyant que mes nominations d'évêques ont été agréées à Rome. Les deux qui n'ont pas pu aller à Rome, savoir Bigex et le Père Colomban, sont tous les deux excellents, le premier fait pour marcher aux grenadiers avec les Vaudois, qui sont devenus pires qu'auparavant, ayant acquis des biens partout; on travaille cependant à les restreindre dans leurs anciens confins; mais il faut un évêque comme Monseigneur Bigex, très savant et ferme. Le second est un saint qui a la vénération de tout le pays; il a toujours habité aux camaldules de Lans, y faisant un bien infini comme curé et tous ces peuples ont été dans un transport de joie de le voir évêque. Dans peu j'enverrai la proposition de 4 autres non moins bons de ceux qui sont déjà à Rome. Les moines et le religieuses commencent à se propager; mais plus de tous les capucins que les peuples appellent de toutes parts et qui quittent avec exemplarité les bonnes paroisses et les maisons où on les avait retirés pour se déchausser de nouveau et redevenir d'excellents capucins. Ils font déjà un bien infini et reçoivent beaucoup de la piété des fidèles, dont, grâce à Dieu, il y en a encore un grand nombre de bien bons chrétiens dans tous nos pays.

Je dois bien vous remercier pour l'intérêt que vous voulez bien prendre à mes chères filles dont je vous envoie ci joint une mesure (1) Elles sont, grâce à Dieu, toutes trois très robustes (1). La 3.e est toute ronde et mange beaucoup et des soupes et des choses très nourissantes. Les deux autres sont parfaitement bien faites et droites toutes les deux, très dégagées, faisant souvent jusqu'à 4 milles à pied de bon pas sans se fatiguer du tout, bien qu'elles grandissent beaucoup, ayant

---

(1) A quell'epoca, delle quattro figlie di Vittorio Emanuele, la sola maritata era Beatrice, che aveva sposato Francesco IV duca di Modena, suo zio, cioè fratello della Regina Maria Teresa. Le altre tre erano: Maria Teresa (poi Duchessa di Lucca), Maria Anna (che sposò l'Arciduca Ferdinando d'Austria e diventò imperatrice d'Austria) e Cristina (che fu prima moglie di Ferdinando II re di Napoli).

grandi de plus d'un pouce dans peu de semaines que nous avons été à la Vigne (1) : elles sont celles qui mangent le plus de tous ceux qui sont à table, n'ont jamais eu, malgré le froid de ces pays, ni rhumes, ni fièvre, ni aucune incommodité qu'une très bonne petite vairole volante à Gênes. Elles font notre consolation, sont dociles, au delà de toute expression, étudient très volontiers et aprennent très facilement, sont très bien instruites dans la Religion, pénétrées de ses verités et dévotes à l'Église.

Lorsqu'elles arrivèrent de Sardaigne et que la Reine d'Étrurie les vit elles étaient plus maigres qu'à présent, car elles sont maintenant longues sans être maigres. Béatrice était beaucoup plus maigre qu'elles à leur âge. Elles ont étudié l'histoire, moins ce qu'on doit leur cacher, savent bien le français et apprennent l'allemand ; le dessein, le clavecin et la danse vont très bien aussi. Thérèse est bien dégagée et forte, bien que l'autre le soit aussi. Marianne est déjà plus formée, bien qu'elles ne le soient complètement ni l'une ni l'autre. Marianne devient plus brune de cheveux et a les yeux plus vifs et est plus fine à ce qu'il paraît : elles ont toutes deux le coeur très bon et vivent d'un accord parfait. Je me flâte qu'elles n'oublieront rien pour faire le bonheur de ceux qui les possèderont comme elles sont pour nous d'une grande, ressource à présent.

La Princesse de Carignan ayant fait son entrée (2) je fus la voir le lendemain qu'elle avait déjà diné chez nous ; c'est une très bonne personne et je me flâte qu'elle fera le bonheur de son mari, comme j'espère que lui s'efforcera de

---

(1) I Torinesi chiamano tuttora *Vigne* le ville situate nelle colline che fiancheggiano la sponda destra del Po. La *Vigna* nella quale soggiornava la famiglia è quella ora conosciuta sotto il nome di *Villa della Regina* ed è sede dell'Istituto nazionale per le figlie dei militari.

(2) I Principi di Carignano, Carlo Alberto e Maria Teresa, partiti da Firenze il 6 Ottobre, transitarono il 7 per Modena dove un pranzo di Corte fu dato in loro onore. L'8 Maria Luigia offriva un sontuoso *déjeuner* a Parma agli sposi ; il 9 questi erano accolti festosamente a Voghera, il 10 a Asti e l'11 arrivavano alla Villa Reale del Valentino, donde fecero il loro solenne ingresso in Torino. Questo avvenimento diede luogo ad uno di quei vari incidenti di cerimoniale che furono una delle cause principali dei dissapori che sorsero poco tempo dopo tra Carlo Felice e Carlo Alberto. L'incidente al quale alludo fu segnalato dal Manno (Informazioni pag. 39) esagerato dal Costa de Beauregard (Op. cit. pag. 71 e seg.) e attenuato dal Perrero (Op. cit. pag. 121 e seg).

faire le sien. Ne voulant pas abuser de votre bonté à me to-
lérer pour si longtemps je me contenterai de dire que nous
nous portons, de même que les Genevois, très bien tous et que
nous prions bien de coeur pour que votre précieuse santé se
conserve, et vous embrassant de tout mon coeur et vous présentant les compliments de ma femme et enfants je suis, mon
très cher frère

Le très affectionné frère
V. EMANUEL.

Carlo Felice, Duca del Genevese, a Carlo Emanuele IV.

De Turin, le 14 Novembre 1817.

Sire et très cher frère,

C'est avec un bien grand déplaisir que j'ai appris par
le Cardinal Moros qu'elle avait de nouveau été incommodée de
ses jambes; mais en même temps j'ai aussi eu la consolation
de savoir qu'elle était mieux, ce qui me fait espérer qu'à l'heure
qu'il est sa santé sera entièrement rétablie.

Ma chère femme qui est, Dieu merci, parfaitement rétablie
de ses fièvres tierces se met à ses pieds. Nous avons ici depuis
un mois ma nièce, la Princesse de Carignan, qui est bien
bonne; son mari l'aime beaucoup, et j'espère que leur union
sera toujours heureuse; elle paraît déjà donner des espérances
de fécondité, quoiqu'elle ne veuille pas encore en convenir.

Du reste il n'y a rien de nouveau ici. La Cour est toujours
à Stupinis, quoiqu'il commence à faire bien froid. Nous nous
contentons à présent de leur faire des visites, mais nous n'y
restons plus à demeure.

Ne voulant pas le fatiguer davantage je finis en le priant
d'être persuadé des sentiments de l'attachement le plus tendre
et respectueux avec lesquels j'ai l'honneur d'être

Sire
de V. M.
Le très humble et très obéissant serviteur et très affectionné frère
CHARLES FÉLIX.

Mille choses à La Marmora.

La *Regina Maria Teresa* a *Carlo Emanuele IV*

Mon très cher frère,

J'ai vu hier matin les 4 évêques de Casal, Coni, Acqui e Suse qui marchent toujours ensemble et j'ai reçu par Mgr. Sappa votre chère lettre du 20 octobre qui m'a fait le plus grand plaisir y voyant votre rétablissement et la continuation de votre courage et gaieté, malgré vos souffrances ainsi que votre amitié pour moi et la justice que vous rendez à mon attachement pour vous me disant que je sois tranquille et que vous êtes entré en quartiers d'hiver. J'espère en Dieu qu'ils soient comme je le désire et que outre votre vertu (qui fait l'admiration de tout le monde) vous aurez aussi une compagnie agréable au Noviciat, où il doit y avoir de continuelles variations : mais il doit cependant se trouver une société de personnes d'esprit qui soient de quelque ressource pour vous amuser quelques fois ; quoique je suis sure que ce sera encore vous qui ferez rire les autres par ces certaines idées originales qui me faisaient tant rire aussi les premières années de mon mariage, que nous étions bien loin de prévoir nos malheurs suivants.

Nous sommes tous en bonne santé et à Stupinis avec nos enfants. Les Genevois sont à Turin, mais viennent ici pour la chasse du dain que nous courons en voiture, mes jumelles, eux et moi ; le Roi seul allant toujours à cheval. Les Carignan ont été ici cet après-midi, et l'épouse se plaint de maux d'estomac qui pourraient être bon signe ; elle est jolie et très solide pour son âge, et je crois que ce jeune couple sera toujours très heureux, leurs caractères, malgré une éducation bien différente, se convenant parfaitement.

Mes filles, qui ont beaucoup grandi, vous offrent leurs plus tendres respects : et Dieu merci, elles sont droites, saines et assez bien de figure et d'un caractère très solide et bon ; elles ne manquent pas d'esprit et ont toutes les qualités du coeur, et surtout toutes, Dieu merci, beaucoup de Religion, sans laquelle on ne peut être rien qui vaille dans ce monde et avec laquelle seule on peut être estimables. Mgr. Cavalchini (1) étant venu ici prendre congé pour Modène et Rome pour où il est parti tout de suite, j'envoie celle-ci à Tortone pour le cas qu'il y soit encore; autrement vous l'aurez par la poste, mais n'agréerez pas moins les assurances réitérées du sincère attachement avec le quel je vous embrasse et suis

Votre bien attachée soeur
MARIE THÉRÈSE.

Vittorio Emanuele I a Carlo Emanuele IV.

Stupinis, le 19 Novembre, 1817.

Mon très cher frère,

Je ne puis vous exprimer le plaisir que m'ont causé les bonnes nouvelles que je viens d'avoir de votre précieuse santé par nos évêques qui viennent d'arriver. Ils ont été pénétrés de vos bontés pour eux et de la manière dont ils ont été traités par le St. Père, et par toute la ville. Ç'a été une grande joie dans les pays de les voir arriver avec leurs habits d'évêque; j'espère pouvoir bientôt envoyer la nomination de 4 ou 5 d'autres que je me flâte seront aussi agréés du Pape et auront ici la confiance que les autres se sont attiré. Nous nous portons grâce à Dieu, tous très bien; mes filles grandissent à vue

---

(1) Il Cardinale FRANCESCO GUIDOBONO CAVALCHINI nacque in Tortona il 4 Dicembre 1755. Recatosi a Roma all'età di anni 13, sotto la direzione dello zio Cardinale Carlo Alberto Guidobono Cavalchini terminò i suoi studi nel Collegio Clementino, quindi nell'Accademia ecclesiastica. Nel 1779 Pio VI lo nominò cameriere segreto soprannumerario e nell'anno appresso prelato domestico. Nel 1784 lo promosse prelato di consulta ed assessore del governo e nel 1787 primo assessore criminale del Governo. Rimase in quella carica fino al 1791, anno in cui fu nominato chierico di camera. Nel 1801 Pio VII lo nominò Governatore di Roma e nel Concistoro del 14 Agosto 1805 lo creò Cardinale diacono riservato *in pectore*. Nell'anno seguente, occupata Roma dai Francesi, il Generale Miollis lo fece arrestare e rinchiudere nel forte di Fenestrelle dove scontò 3 mesi di carcere duro, dopo i quali fu relegato nei dipartimenti meridionali della Francia. Restaurato nel 1814 il Governo Pontificio egli riassunse la carica di governatore di Roma che tenne fino al 1818 epoca in cui Pio VII lo premiò colla Sacra Porpora col titolo diaconale di S. Maria in Aquino. Venne addetto a nove congregazioni cardinalizie, oltre la prefettura di quella del buon Governo alla quale lo nominò Leone XII nel 1825. Ma dovette due anni dopo rinunziare ad un così gravoso uffizio per le sue condizioni di salute che aggravatesi progressivamente lo condussero a morte il 5 Dicembre 1828. Fu sepolto in Roma nella chiesa di S.ta Maria in Aquino. Lasciò fama di uomo giusto, energico, benefico e pio.

d'oeil et nous avons un automne des plus agréables dont nous
profitons pour promener et moi aussi pour chasser depuis
les 11 heures jusqu'à 1 heure après midi ; savoir après les relations de la matinée, qui commencent à 8 et 1/2 et finissent
à 10 et 1/2 ou les 11, jusqu'à l'heure du diner qui est à une
heure après midi ; l'après-diner nous ressortons vers les 3 1/2
et à 6 1/2 je recommence d'autres relations ou affaires jusqu'à
9 que nous allons souper.

Monseigneur Cavalchini que j'ai eu hier plaisir de revoir
ici pourra vous donner de nos nouvelles.

J'ai le plus grand plaisir de le voir sur le point de devenir Cardinal car ce sera certes un des très bien pensants.

Ne voulant pas vous fatiguer par une plus longue lettre
je me bornerai à vous embrasser bien de bon coeur et suis,
mon très cher frère,

Le très affectionné frère
V. Emanuel.

Carlo Emanuele IV a Vittorio Emanuele I.

Du Noviciat, le 9 Décembre 1817.

Mon très cher frère,

J'ai reçu votre lettre que m'a porté Monseigneur Cavalchini, qui m'a fait grand plaisir puisqu'il m'a assuré du bon
état de santé de vous et de votre famille.

Quant à moi, quoique essentiellement elle soit meilleure,
elle a bien des hauts et bas, quant aux souffrances, mais peut-
être ce qui me les fait paraître grandes c'est la petitesse de
ma vertu et de ma patience.

Je suis bien charmé que vous profitiez encore de la campagne, quoiqu'à vous dire vrai, je ne comprends pas comment
vous puissiez tenir à la maison de Stupinis au 19 Novembre.

Je n'ai jamais plus vu la Reine d'Étrurie, qui à cette heure
est à Lucques (1), mais je lui ai fait dire par Guicciardini, son

---

(1) Maria Luisa di Borbone, infanta di Spagna, ex-regina d'Etruria,
Duchessa di Lucca aveva fatto il 7 dicembre il suo solenne ingresso in
Lucca. Alcuni giorni prima (22 Novembre) si era compiuta la consegna
da parte dell'Austriaco Conte di Saman allo spagnuolo ambasciatore
Baidasci, di Lucca e ducato passati in quel giorno sotto il governo

écuyer, les informations avantageuses et certaines que j'avais eu de vos deux jumelles, sans vous nommer, ni votre femme, mais je dois aussi écrire à la susdite et à Genevois et j'ai peu de temps parce qu'il faut que j'envoie ces trois lettres à Monseigneur Zen qui va nonce à Paris et qu'il m'a demandé des commissions pour vous autres. Adieu, mon cher frère, je vous embrasse bien tendrement étant

votre très affectionné frère
CHARLES EMANUEL.

---

dell'Ex-Regina d'Etruria. La funzione ufficiale ebbe luogo davanti al palazzo del governo in Lucca in presenza delle truppe austriache e delle ducali.

X.

Particolari sul matrimonio di Carlo Alberto a Firenze. — Suoi rapporti con Carlo Emanuele IV. — Vittorio Emanuele I si dimostra soddisfatto della condotta di Carlo Alberto. — Affettuosa accoglienza fatta alla Principessa di Carignano dalla Regina Maria Teresa e dalle giovani Principesse. — Vita intima famigliare dei Reali coi Principi di Carignano. — Visita del Granduca Michele di Russia a Torino.

Siccome le riferite lettere del 1817 fanno menzione dell'avvenuto matrimonio del Principe di Carignano, sarà bene che prima di procedere oltre nell'ordine cronologico, ci rifacciamo di qualche passo indietro per ritrovare Carlo Alberto al ritorno dal suo viaggio a Firenze e Roma. Egli aveva tutte le ragioni di esserne soddisfatto : a Firenze il Granduca di Toscana gli aveva accordato la mano della Principessa Maria Teresa; a Roma aveva avuto cordiale accoglienza dai due fratelli del Re. Dalla seguente lettera appare quali fossero i suoi sentimenti in quei giorni.

Carlo Alberto, Principe di Carignano, a Carlo Emanuele IV.

Sacra Real Maestà,

Il rimettermi ai piedi della S. R. M. V. non può soffrire indugio, giunto che sono di nuovo a Torino, troppo standomi a cuore il richiamarmi alla sua memoria ed il rioffrirle il tributo della somma e rispettosissima mia riconoscenza per le tante bontà ch'Ella degnossi aver per me durante il mio soggiorno in Roma, che rimarranno mai sempre impresse nell'animo mio.

In Firenze si conchiusero le promesse del mio matrimonio siccome degnossi S. M. il Re di permettermi. Essa degnossi pure anche d'innalzarmi al grado di Maggior Generale nelle Reggie sue truppe, per lo che tutto mi recai in Genova per baciargliene le mani in ringraziamento.

La grandissima bontà della M. V. mi assicura ch'Ella soffrirà volontieri ch'io le parli di queste mie consolazioni, che sono persuaso di dovere in gran parte riconoscere come le prove di quelle favorevoli disposizioni cui si piega il Dator d'ogni bene, anche per un riguardo particolare ai molti meriti ed alle valevoli preghiere della M. V. a pro' d'ogni individuo che ha la sorte di far parte della sua famiglia.

Come figlio spirituale di V. M., oso poi sperare inoltre ch'Ella sia per impetrarmi particolarmente la grazia di vivere degno di un sì distinto titolo e di andare acquistando e praticando le virtù che mi rendano grato al Sommo Signore nostro Celeste Padre, e mi assicurino la continuità dell'alta pregievolissima benevolenza della M. V., cui bacio riverentemente le mani nel riprotestarmi col massimo ossequio e gratitudine

Di V. S. R. M.

Umil.mo Ob.mo ed Osseq.mo Servitore e Nipote
CARLO DI SAVOIA.

Torino, li 18 Giugno 1817.

Carlo Emanuele IV a Carlo Alberto, Principe di Carignano.

Dal Noviziato di S. Andrea, il 12 Luglio 1817.

Carissimo Cugino mio,

Non posso dirvi il piacere grandissimo che mi ha fatto la vostra lettera vedendo che avete terminato felicemente il vostro viaggio.... So che dapertutto dove siete passato vi siete reso stimabile : potete credere quanto ne gioisco... ma per non tediarvi finisco abbracciandovi di tutto cuore, caro Alberto mio, e dicendomi

Vostro aff.mo cugino
C. EMANUELE.

Il 15 Settembre Carlo Alberto partiva da Torino diretto a Firenze per celebrarvi le desideratissime nozze e vi giungeva il 17, scendendo a Palazzo Vecchio. All'indomani visitava a Palazzo Pitti il Granduca venuto nella notte da Poggio a Caiano, dove il Principe di Carignano era convitato il 19. Restituitasi a Firenze il 20 tutta la famiglia Granducale, ai 29 ebbe luogo la stipulazione solenne del contratto nuziale, ed il 30 furono pomposamente celebrate le nozze principesche.

« Ai 30 di Settembre, scrive lo Zosi (1), sotto le maestose volte di Santa Maria del Fiore, compievasi il rito delle nozze, celebratesi con tutta la pompa solita a spiegarsi per tutti i principi reali in simili occasioni. Pier Francesco Morale, arcivescovo fiorentino, compieva solennemente la cerimonia e le celesti benedizioni invocava sull'avventurosa coppia, predestinata ad avere tanta e sì notevole parte nelle future vicende italiane. Diversi spettacoli furono fatti in Firenze per festeggiare dette nozze, alle quali la popolazione prese parte con indicibile trasporto; e nel giorno 6 Ottobre si posero gli sposi in viaggio alla volta di Torino.... Il padre, il fratello e la sorella accompagnarono la sposa fino al Conigliaio, in cima agli Apennini; là accadde quella commovente separazione che strappa la donna dal seno della famiglia, per divenire ornamento ed innesto in diversa progenia. »

E Carlo Alberto, all'indomani delle nozze, con delicata attenzione, rivolgeva li suo pensiero al vecchio Re, protestandogli riverenza figliale. Quella lettera però non giunse a destinazione, ma se ne ritrova il senso e l'intonazione nella seguente che il Principe dirigeva allo stesso Re in occasione delle successive feste natalizie :

Sire,

All'approssimarsi delle S. S. feste Natalizie, io mi prendo la libertà di nuovamente presentarmi allo sguardo di V. M. rassegnandole l'attestato della mia rispettosa devozione ed osò lusingarmi che questi miei sentimenti non le giungeranno discari; giacchè partono da un cuore che non cessa un istante di far voti per la conservazione, salute e prosperità della M. V.

---

(1) Zosi (*Storia civile della Toscana*) - Tom. IV, pag. 206.

Io non dubito punto che V. M. avrà ricevuto la lettera che io le scrissi all'indomani del mio matrimonio, mentre un'altra ne diressi a mia madre; ed osai anche in questa occorrenza riguardare V. M. come mio tenero Padre, tante sono le bontà, tanto l'affetto cui Vi piacque, o Sire, di sempre dimostrarmi.

Spero che il legame da me stretto avrà ottenuta l'approvazione di V. M. e che di conseguenza la mia sposa potrà trovare nell'animo della M. V. la stessa bontà ed i medesimi sentimenti, il che ambisce con tutta l'efficacia del pensiero mentre si unisce a me nei voti che formo per V. M.

Ardisco ancora di ripetere quì la stessa preghiera che osai indirizzare a V. M. nel mio soggiorno a Roma, vale a dire che in qualunque circostanza di malattia od altra potesse gradire a V. M. di avere presso di sè alcuna persona della famiglia, Voi non avete, o Sire, che a farmene un cenno, ch'io stesso partirò sollecitamente, stimandomi felicissimo di ottenere questo favore dalla M. V.

Il suo figlioccio si raccomanda caldamente alle preghiere di V. M. nelle quali tutto si confida: ed osa ugualmente pregarlo di fargli sapere di sue nuove per mezzo del carissimo Padre Mariano.

Io bacio rispettosamente la destra di V. M. e la prego di gradire i miei sentimenti di ossequio e di figliale riverenza coi quali sarò finchè vivo

Di Vostra Maestà Umil.mo ed obed.mo figlio

CARLO ALBERTO DI SAVOIA.

Torino, li 6 Xbre 1817.

« Senza essere regolarmente bella, la giovane principessa di Carignano era fresca e colorita; e i suoi lunghi capelli biondi la rendevano oltremodo incantevole. Il suo ritratto che vedesi tuttora nel palazzo reale di Torino ricorda perfettamente ciò che essa era all'epoca del suo matrimonio.

« Il giorno 11 Ottobre la buona popolazione torinese accorreva festante nella passeggiata del Valentino per salutare ed acclamare i giovani sposi che facevano il loro ingresso solenne nella capitale del Piemonte. Sembrava che quella moltitudine fosse presaga delle beneficenze, che da quella virtuosa principessa avrebbe in avvenire raccolte » (1).

Abbiamo già visto come pochi giorni dopo (13 Ottobre) Vittorio Emanuele scriveva a Carlo Emanuele : « La Princesse de Carignan ayant fait son entrée je fus la voir le lendemain qu'elle avait déjà diné chez nous; c'est une très bonne personne; je me flâte qu'elle fera le bonheur de son mari, comme j'espère que lui s'efforcera de faire le sien ».

La giovane coppia non tardò ad acquistarsi le simpatie dei Sovrani e delle Principesse loro figlie. Il Re, giustamente fiero di avere un *héritier de si bonne mine,* lo presentava compiacentemente come tale, mentre d'altra parte la Principessa di Carignano veniva trattata con affettuosa intimità dalla Regina e dalle Principesse. Come conciliare questo concorde benevolo contegno colla opinione generalmente diffusa per opera di scrittori dello stampo del Costa di Beauregard, che la Regina fosse la *fiera nemica* di Carlo Alberto, e che il Re fosse sotto la pantofola dell'Austriaca Donna? Se questa opinione fosse giustificata la Regina non avrebbe trattenuto il suo augusto e debole consorte dall'usare un così benevolo trattamento al Principe di Carignano? Perchè il lettore possa giudicarne, andrò spigolando ancora dall'epistolario Reale.

Il 29 Dicembre 1818 Vittorio Emanuele scriveva al fratello Carlo Emanuele :

« Nous avons eu le Granduc Michel (2) qui n'a que peu pu profiter de son séjour ici y ayant toujours eu le brouillard à ne rien pouvoir voir de la ville, ni des campagnes, outre que c'était dans la neuvaine de Noêl et que nous n'avons pas même pu lui faire voir le théâtre. Nous ne lui avons donné qu'un appartement et je lui ai fait voir la parade dans les trois places des régiments Chasseurs Gardes, soit Sardaigne deux bataillons, un de la Légion Royale légère, deux de Gênes et un des Chevaux-légers qui ont très bien paru; à peine il fut parti que le temps se remit au beau. Il est depuis

---

(1) L. Cappelletti - *Stòria di Carlo Alberto e del suo Regno* - Pag. 12.

(2) Il Granduca Michele Paulovitch, nato l'8 Febbraio 1798 era figlio dell'Imperatore Paolo I di Russia e della di lui seconda moglie Maria Federowna. Furono suoi fratelli gli czars Alessandro I e Nicola I. Sposò nel 1824 la Principessa Elena Paulowna, figlia del Principe Paolo di Wurtemberg. Fu gran maestro dell'artiglieria. Morì il 28 Agosto 1849.

longtemps d'un froid et égal à 2 ou 5 degrés sous la glace.
Le Granduc, accompagné du Prince Carignan, vit la cittadelle
d'Alexandrie et les Régiments des Gardes et Piémont Royal
qui y sont superbes. Il vit à Gênes les fortifications, le port de
la marine et la garnison des deux bataillons de Monferrat,
deux du Regiment de Marine outre l'Artillerie et brigades de
campagne et autres troupes qui se trouvent là. Il partit ensuite pour Plaisance et Milan et le Prince arriva ici ce matin très bien portant ».

Da un'altra lettera da Genova, in data 19 Marzo 1819:

« Je commencerai demain à voir manoeuvrer le Régiment
Monferrat, qui est superbe, samedi Saluces qui sera commandé par *le Prince de Carignan, qui s'applique beaucoup
maintenant à toutes les études qui peuvent être utiles à sa
place.* Lunedi prochain je verrai Alexandrie et jeudi suivant
le 2.e Régiment des cannoniers de marine : je verrai aussi le
contingent de la Légion Royale légère qui est ici et un de
Piémont Royal.

« La Princesse de Carignan est très contente de ce séjour;
*ma femme la conduit partout; elle passe les soirées avec mes
filles qui l'aiment infiniment :* c'est une excellente acquisition
que nous avons fait en famille. Soit le Prince que la Princesse dînent toujours avec nous et viennent au sermon et partout
avec nous ».

Da Genova, il 6 Marzo 1819:

« La Princesse de Carignan est arrivée heureusement ici
hier après diner; c'est une excellente personne *très liée et
bonne amie avec mes filles qui l'aiment beaucoup. Le Prince
s'applique très fort et a bonne volonté et du talent,* et vient
toujours avec moi à la promenade et dans les voyages militaires et autres où je ne suis pas avec ma famille ».

Da Genova, il 6 Maggio 1819:

« Le Prince et la Princesse de Carignan sont partis avant-
hier pour Turin. La Princesse passait toutes les soirées avec
mes filles et est avec elles comme une soeur et leur séparation
leur a couté réciproquement; elle a un excellent caractère ».

Non vorrei che si credesse che mi sono dilungato nello
spoglio di questo carteggio principesco per prender parte alle
polemiche partigiane che hanno gettato una luce falsa sul-
l'ambiente nel quale visse Carlo Alberto fino alla vigilia degli

avvenimenti nei quali egli si trovò improvvisamente nel 1821 ad essere impegnato senza essere preparato a sostenere la parte che la sua posizione gli imponeva. Sarebbe questa una discussione che esorbiterebbe dai limiti del presente lavoro; nè la mia parola avrebbe l'autorità necessaria per intervenire in così delicato dibattito. Ma poichè gli aspetti più caratteristici di quell'ambiente vengono lumeggiati dalle testimonianze scritte dai personaggi principali che quell'ambiente avevano creato, ho stimato pregio dell'opera di abbondare in citazioni perchè apparissero nella loro luce genuina i rapporti tra gli Ultimi Reali del Ramo primogenito di Casa Savoia ed il Principe Carlo Alberto di Carignano

XI.

Lettere dell'anno 1818. — La Contessa di Ternengo ed una questione di
cerimoniale. — Le feste di Carnevale a Corte. — Indisposizioni
nella famiglia Reale. — Terremoto in Piemonte ed in Liguria. —
Vittorio Emanuele I a Genova passa in rassegna le nuove navi della
Marina. — Provvedimenti di difesa contro i pirati tunisini. — Soggiorno dei Reali a Genova. — Fidanzamento della Principessa Teresa coll'Infante Don Luigi di Parma. — Il ristabilimento delle
Congregazioni religiose nel Ducato di Modena. — Le caccie a Stupinigi. — Nuove nomine di Vescovi in Piemonte. — Monsignor
Chiaverotti Arcivescovo di Torino. — Difficoltà per l'Arcivescovato
di Genova.

Carlo Emanuele IV alla Regina Maria Teresa.

Du Noviciat, le 15 Janvier, 1818.

Madame et très chère soeur,

C'est du plus sincère de mon coeur que je vous remercie
des souhaits que vous avez bien voulu faire pour moi et je
vous les rends de bien bon coeur ainsi qu'à vos trois filles.
Je dois vous faire deux recommandations, une qui regarde
l'amour du prochain, l'autre ma propre gourmandise. Commençant par la première, qui est beaucoup plus noble, c'est
qu'une personne m'a fait prier de vous recommander la Comtesse Ternengo, en général, parce que je ne sais pas ce qu'elle
veut : j'y joins sincèrement la mienne en reconnaissance des
services qu'elle a rendu à feu ma femme e feu ma tante. La seconde recommandation c'est que je sais qu'il y a au bureau des
affaires étrangères un paquet de chocolat pour moi et je vous
prie de faire en sorte que je le reçoive, non pas par la poste,
puisqu'il me couterait trop. Voilà l'avarice qui vient tenir
compagnie à la gourmandise. Misères humaines !....
Mais j'ai assez babillé ; je vous prie d'embrasser mon
frère et vos trois filles et d'être persuadée que mon amitié ne

cessera que lorsque je cesserai de vivre, quand il plaira au
Bon Dieu de m'appeller.

C. EMANUEL IV l'aveugle
et plus bas le digne et cher Thomas.

Carlo Emanuele IV a Monsignor Della Marmora.

Dal Noviziato, il 15 Gennaio 1818.

Carissimo e rispettabilissimo Monsignore mio,

Non gli posso spiegare il piacere che mi fece la sua buona memoria; mi pare ancora di ascoltare la sua Messa in Casale, in cui la sua fede e la sua carità gli fecero spargere
tante lacrime che a gran pena potè terminare il Santo Sacrifizio. Vorrei che la sua salute fosse migliore, ma in questo
genere bisogna prendere quel che Dio ci manda. Già saprà
che da due anni sono compiutamente cieco, oltre molti altri
incomodi, li quali però presentemente sono molto migliorati,
tolto la vista. Ma è pur vero che quando il Signore manda
le crisi, ci sostiene colla sua propria mano, e Le posso assicurare che non cambierei i miei malanni, dei quali sono con-
tentissimo, riconoscendo la volontà di Dio. Non per questo
voglio che mi creda, caro Monsignore mio, qualche cosa di
buono, ma creda che la misericordia di Dio mi porta in
braccio.

Mi permetta di assicurarla della amicizia e carità che ha il
fratello per me e lo raccomando alle sue orazioni, affinchè il
Signore gli renda tutto il bene che mi fa. Finisco raccoman-
dandomi alle orazioni sue, promettendogli di rendergliele,
non del mio, ma mettendola nel Sacro Cuore di Gesù.

C. EMANUELE.

La Regina Maria Teresa a Carlo Emanuele IV.

Turin, le 28 de l'an 1818.

Mon très cher frère,

Votre chère lettre du 15 que j'ai reçue avant-hier m'a fait
un plaisir extrème y voyant l'assurance de votre bonne santé

et de votre bon appétit et je l'ai tout de suite envoyée à Saint Marsan, à présent Ministre des Affaires Etrangères, pour soigner l'expédition de votre chocolat, mais il me fit dire qu'il l'avait déjà expédié par Gênes et qu'il espérait que vous l'auriez reçu le plus tôt possible, en ayant chargé le courrier ; et si c'est la manière la plus couteuse j'en suis fachée pour çette fois, mais c'était déjà fait et je la crois au moins la voie la plus sure.

J'ignore, comme vous, mon cher frère ce que désire la dame que vous me recommandez, à moins que ce soit (comme elle le voulait d'abord) le pas sur les femmes des Chevaliers de l'Ordre, disant qu'elle avait le titre d'Excellence par elle-même et non par son mari ; mais le Grand-maître des cérémonies, alors feu le Comte de Pamparà, décida qu'elle devait passer après toutes les autres. Sur cela donc il est impossible de la satisfaire, mais en général soyez bien sûr qu'à votre recommandation surtout je serai toujours bien aise de pouvoir faire quelque chose pour elle.

Nous sommes tous en bonne santé, la Duchesse étant remise d'une petite fluxion aux dents qu'elle eut dernièrement, et nous avons un hiver superbe et tout-à-fait doux. Mais vous serez bien étonné d'entendre que moi qui aimais tant le théatre et la danse (à laquelle vous pouvez bien croire que j'ai renoncé depuis que je suis ici) j'appelle à présent avec Saint François de Sales, le Carnaval *mon mauvais. temps.* Nous avons un opéra et des ballets médiocres où je vais pour un acte ou pour le ballet seul, et parfois tous les deux pour y conduire mes filles jumelles et me retrouver chez moi à 9 heures pour le coucher de Christine : ensuite le Roi m'ayant chargée d'arranger les bals, nous en avons donnés deux grands, pour tóute la Noblesse, dans la salle des Gardes et deux petits d'enfants dans l'intérieur des appartements, mais rester 4 heures à la même place par une chaleur à mourir est un terrible supplice !

Nous avons aussi donné un appartement avec concert dans la Galerie pour la veille de la naissance de la Duchesse : et il aurait très bien réussi s'il n'y eut pas fait un froid à geler car toutes les portes étant ouvertes il y avait un courant d'air à ne pas y tenir.

. . . .

Mes jumelles sont très grandes et bien faites et de bien bonnes enfants, seulement un peu trop timides dans le monde. Christine est superbe et très vive et vous ne sauriez croire ce qu'elle sait du cathéchisme et comme elle lit couremment pour 5 ans.

La Duchesse de Modène n'est pas enceinte, comme mon frère le croyait, mais elle se porte bien et sa fille s'est sevrée d'elle-même ne voulant plus absolument têter, quoiqu'elle n'ait que 6 mois et mangeant à merveille des soupes et de la bouillie à l'allemande. Le Roi se porte très bien et fait toujours deux tours de promenade sous les arcades.

Le Duc de Genevois est bien remis à présent et les jeunes époux Carignan sont très heureux et se conduisent très bien.

Je vous écris toutes ces nouvelles espérant qu'elles vous intéresseront; et vous assurant de toute ma reconnaissance pour votre amitié je vous offre les respects de mes filles et les tendres amitiés du Roi, mon mari, et suis, avec l'attachement le plus vrai

Votre affectionnée soeur
MARIE THÉRÈSE.

Carlo Emanuele IV alla Regina Maria Teresa.

Du Noviciat, le 21 Février 1818.

Madame et très chère soeur,

Vous ne sauriez croire le plaisir que m'a fait votre lettre et tous les détails que vous m'y faites m'ont ravi. Je vous plains, ma chère soeur, des intempéries du Carnaval où il n'y avait pas ce me semble la zône tempérée, n'y ayant que la torride ou les glaciales. Quant à moi, ma chère soeur, ma bonne santé continue et je sens un peu le poids de mon aveuglement qui me prive du plaisir de faire la connaissance de vos charmantes filles; je ne puis les imaginer que dans des petits berceaux et pleurant, et combien de chemin n'ont elles pas fait depuis lors! Mais Dieu me prive de ce plaisir; que son Saint Nom soit béni !

Je suis aussi très affligé de ne pouvoir pas faire la connaissance de la Princesse de Carignan, de qui j'ai entendu dire tout le bien possible....

Je voudrais bien savoir la première fois que vous m'écrivez si Madame Didier est encore en vie....

Je vous prie d'embrasser toute la Savoisienne maison et je finis en me disant

C. EMANUEL.

La Regina Maria Teresa a Carlo Emanuele IV.

Turin, le 9 Mars 1818.

Mon très cher frère;

Je me lève dans l'instant après avoir été trois jours au lit avec un peu de fièvre et un gros rhume que le Roi a aussi mais sans avoir eu la fièvre.

Thérèse l'eut 7 jours de suite assez forte. Marianne et Christine n'en eurent point, mais toutes une toux terrible, qui est cependant presque finie. Genevois et la Duchesse eurent aussi la toux sans fièvre, mais la Princesse de Carignan l'eut un jour et fut même saignée.

Votre chère lettre du 21 Février me fit grand plaisir pour vos bonnes nouvelles de santé et tout ce que vous me dites d'amical..

Madame Didier est morte l'an 1813 à 78 ans. Je dois finir par abattement, mais suis de coeur.

Votre bien attachée soeur
MARIE THÉRÈSE.

Vittorio Emanuele I a Carlo Emanuele IV.

Turin, le 6 Mars 1818.

Mon très cher frère;

Il y a bien longtemps que je ne vous ai plus donné de nos nouvelles; mais c'est que nous avons tous été bien enrhumés depuis la première semaine de carême, avec des

toux qui ressemblent à de coqueluches et qui reprennent
lorsqu'on se croit gueri.........

On ne nous a pas permis d'aller à l'église hier et je crains
que nous ne pourrons que peu assister aux fonctions de la
semaine sainte les derniers jours, ce qui afflige ma femme qui
n'a plus vues ces fonctions à Turin depuis son arrivée dans le
continent, étant à Gênes les années passées.

On n'a pas idée de la continuation du vent tantôt chaud,
tantôt froid de cette année. Ces jours passés, il est tombé une
prodigieuse quantité de neige sur le Moncenis qui a arrêté
les courriers; il y en a aussi sur les Alpes, qui parait des ma-
telas et même dans l'a plaine septentrionale du Piémont.

Nous avons eu le 23 Février une secousse de tremble-
ment de terre sur les 7 h. 1/2 qui avait été devancée par une
petite à 4 1/2 et suivies de 3 autres petites dans la nuit. Ici
elles n'ont pas fait de mal, mais à S. Remo assez et une mon-
tagne vers la Collardente a jeté de la fumée; ce nom de Collardente fait croire qu'elle aura jeté du feu anciennement. Cependant cela n'a plus eu de suite.

Le 31, si tout le monde se portera bien, nous irons à Gênes;
Genevòis y viendra peu de jours après. Nous y verrons une
frégate de 64, prête à mettre à la voile pour le côtes de Barbarie; une autre sera bientôt prête aussi. Nous avons déjà
en ce moment en état d'entrer en campagne au besoin la *Sainte
Thérèse* de 64, bientôt le *Commerce* de 64, le *Triton*, corvet-
te de 22, le *Zéphyr*, brick de 16, la gaulette *La Vigilante* de
5 gros canons et caronades, les demi-galères la *Béatrix*, la
Ligurie, l'*Aigle*, le *Falco* de 5 canons, le *Scoridori*, le *Lampo*,
le *Celere*, la *Veloce*, la *Carolina*, de 3 gros canons, et 2 petits,
le *Benevento* et la *Perniche*, l'a *Vestale*, de manière qu'étant
presque tous neufs et bien armés nos forces sont supérieures à
tout ce qu'Alger peut armer, s'il voulait encore faire quelque
algarade (1). Il serait bien à désirer que ces côtes de Barbarie

(1) In seguito all'aggregazione del Genovesato al Regno di Sardegna il Governo credette dare incremento alla città di Genova concen-
trando in quel porto le poche navi da guerra che formavano la marina
sarda. Da ciò derivò un pericolo per la Sardegna che trovandosi sprovvi-
sta di quella poca difesa delle sue acque, si trovò esposta alle scorrerie
dei piráti tunisini. Così fu che nell'estate del 1815 comparve una flotti-
glia di quei pirati che respinta una prima volta, tornò all'assalto nel
successivo Ottobre espugnando l'isola di S. Antioco, dove sbarcati fece-

pâr un concours de toutes les nations Européennes pussent être domptées et 'devénir peu à peu catholiques en y introdui- sant des missions et les y soutenant par des possessions des nations Européennes. Ils étaient de très bons catholiques an- ciennement : ils pourraient le devenir encore. Les naturels du pays ne sont pas mauvais, mais les gens levantins que le Grand Seigneur y envoit les tyranisent à l'excès, le Bey d'Alger en étant toujours un de *ceux-là*.

Nous attendons toujours vos chères nouvelles avec une impatience infinie et nous prions bien pour votre précieuse santé : vous embrassant de bien bon coeur je suis, mon très cher frère.

Le très affectionné frère

V. EMANUEL.

ro stragi e bottino e catturando le donne, risalirono le navi lasciando tutta l'isola sarda piena di lutti e temente di nuova invasione. Intanto Carlo Felice cui Vittorio Emanuele aveva affidato il Governo della Sardegna, scriveva rappresentando come necessario fosse frenare l'au- dacia dei ladri, i quali vedendo le loro prime scorrerie andare impunite, allettati dai fatti guadagni, non avrebbero fallito ripeterlo, con danno infinito degli abitatori delle isole soggette alla corona. Bordeggiava in quel tempo nelle acque del Mediterraneo Lord Exmouth che aveva in- carico dal governo inglese di porre a dovere quelle ribalde ciurme. Ve- nuto egli pertanto nel 1816 nelle acque africane con importante appa- rato di forze navali, faceva ben tosto intendere ragione alle potenze afri- cane colle quali ai 3 di Aprile stipulava un accordo che conteneva tra altre clausole l'obbligo della restituzione degli schiavi cristiani e la ces- sazione di quelle infame piraterie per l'avvenire, ma accortosi che molti sudditi sardi erano tuttora trattenuti nell'interno dalle turche signorie, irritato da questa infrazione alle fatte promesse, ricomparve dinanzi a Algeri e dato mano alle bombe ne fece così aspro governo che i poten- tati africani altamente atterriti ebbero ad accettare le nuove condizioni che all'inglese piacque stabilire. Fu dunque pattuito per la Sardegna che il Bey di Algeri avesse a liberare gli schiavi tutti senza retribuzione di sorta : che Tripoli lo stesso avesse ad eseguire mediante una regalia di 4 mila scudi di Spagna, da pagarsi al Re ad ogni nomina di un nuo- vo console : che finalmente i sudditi sardi potessero liberamente atten- dere alla pesca dei coralli nelle coste tunisine. Questo trattato segnato il 29 Aprile da Lord Exmouth, venne con gran soddisfazione ratificato dal governo sardo. In quel frattempo, volendo ad ogni costo porsi in corso di fare rispettare da sè la propria bandiera, che a causa dei nuovi acquisti liguri chiedeva protezione in tutti i mari di Levante, il Go- verno decretò la costruzione dei legni di cui è cenno nelle lettere di Vit- torio Emanuele, eccezion fatta del « Commercio » di cui fu fatto dono al Re dal commercio genovese.

Vittorio Emanuele I a Carlo Emanuele IV.

Gênes, le 3 Avril 1818.

Mon très cher frère,

Je m'empresse à mon arrivée à Gênes de vous faire savoir de nos nouvelles qui, grâce à Dieu, sont très bonnes.

Nous sommes arrivés à nuit du premier par le plus beau temps du monde. Hier j'ai eu les réceptions d'usage et l'exercice des chasseurs Niçards qui son partis ce matin pour les positions occupées par les Chasseurs gardes (Sardaigne), qui vont se rassembler tous ici.

Ce matin j'ai visité toute notre petite, mais très jolie flotte avec ma femme et le jumelles. Cet air a déjà fait améliorer tous nos rhumes.

Nous attendons ici la Duchesse de Chablais et l'Archiduc Ferdinand (1) outre notre frère et belle-soeur Genevois qui vont arriver dans la semaine et qui, je n'en doute pas, seront très contents de Gênes, où nous avons été reçus par une foule inouie avec des grandes fêtes, d'autant plus que toute douane interne avait été abolie et établie une tarife (sic) très avantageuse au commerce.

.   .   .   .

Toute ma famille me charge d'être l'interprête de ses sentiments auprès de vous et vous embrassant du fond de mon coeur je suis, mon très cher frère,

Le très affectionné frère
V. EMANUEL.

La Regina Maria Teresa a Carlo Emanuele IV.

Gênes, le 3 Avril 1818.

Mon très cher frère,

Connaissant votre amitié pour moi et toute ma famille, je m'empresse de vous dire qu'après avoir été un mois ma-

---

(1) L'Arciduca FERDINANDO D'AUSTRIA ESTE, nato il 25 Marzo 1781, morto il 5 Novembre 1850, era fratello della Regina Maria Teresa e di Francesco IV Duca di Modena. Dal 1805 era Generale e nel 1830 fu nominato feld Maresciallo.

lades, le Roi et moi nous sommes arrivés heureusement ici en
2 jours sans avoir du tout souffert du voyage et nos trois
filles non plus, le temps ayant été constamment superbe......
Toute la garnison était sous les armes et superbe et toute la
noblesse nous attendait à la porte du Palais Carrega que nous
louons cette année, moyennant quoi nous ^{y} avons acquis le
rez-de-chaussée et le premier étage et j'ai pu conduire avec
moi la Marquise de Saint Peire, et loger en bas la Marquise
de Saint Georges, pour laisser une chambre de plus à mes
filles qui à présent en ont 4 entre toutes au lieu de 3 qu'elles
avaient l'année dernière, ce qui était vraiment trop peu surtout
pour Christine.

Hier le Roi alla voir les Chasseurs Niçards commandés
par le Chevalier Radicati Brozolo (1) Colonel et mon premier
écuyer et ce matin nous allâmes tous voir la frégate que le
Roi fit construire et qui est vraiment superbe et porte 56
canons.

. . . .

Je vous présente ici les respects de mes filles et vous assure que je serai pour la vie avec le plus inviolable attachement

Votre bien affectionnée soeur

MARIE THÉRÈSE.

_____

(1) RADICATI DI BROZOLO CAV. PAOLO, DEI CONTI DI COCCONATO, nato
a Torino il 5 Febbraio 1768. Nominato Sottotenente nel Reggimento
Saluzzo il 18 Agosto 1784; Luogotenente nel 1791; Capitano nel 1793.
Riprese servizio nel 1814 col grado di Maggiore; Tenente colonnello nel
1815; Colonnello nel 1817. Aveva fatte le campagne del 1792-93-94-95-96
e 1815; non quelle del 1799-1800 per essere stato tenuto in ostaggio. Si
distinse nell'affare del colle di Braus il 20 Dicembre 1792. In quello di
Sospello nel Febbraio 1793 s'impadronì a viva forza delle alture dei
Cappuccini occupate dal nemico, prendendo varî cannoni d'artiglieria.
Sul finire di Febbraio, sorpreso il nemico al campo del Paradiso lo scon-
fisse, abbruciando le tende e prendendo fucili e munizioni. Combattè
ancora valorosamente nel Giugno dello stesso anno sulle alture del
Monegione. Nel Giugno 1795 si segnalò alla Spinarda; entrò ii primo
nella ridotta e fece con mano armata prigionieri un capitano e tre bassi
ufficiali. Li 17 Aprile 1796 si distinse al Bricchetto e salvò il Generale
di Bellegarde dal pericolo di cadere nelle mani dei nemici : prese poi
successivamente parte agli affari del Belvedere, Molinet, Bollena, Lantosca, Battifollo, Bagnasco, Ceva e Montaldo. Fu ferito di un colpo di
fuoco alla coscia sinistra a Lantosca in Settembre 1793, ed altra ferita ricevette al braccio destro nel Giugno 1795 all'affare della Spinarda.

8.

Vittorio Emanuele I a Carlo Emanuele IV.

Gênes, le 9 Mai 1818.

Mon très cher frère,

Tandis que nous avions arrangé un voyage à Modène, ma femme avec les jumelles par la Bouquête, Tortone, Broni et Reggio, et moi par Chiavari, La Spezia, Sarzana à Reggio, aussi voilà que la rougeaule attaque Beatrix, ce qui nous inquiéta d'abord, mais, grâce à Dieu, cette maladie étant heureusement finie notre voyage ne sera que retardé. Le 25 nous partirons : le 17 ma femme arrivera et moi le 1er Juin. Il faut espéres que la petite de Béatrix qu'on a séparée avant que l'expulsion eut lieu, ne déconcertera pas de nouveau le plan qui comble de joie les jumelles et nous aussi, moi étant très empressé de connaître ma petite-fille qu'on me dit très hardie et spirituelle et bien portante. La petite Christine que nous n'avons osé exposer par les chaleurs à un voyage un peu accéléré restera ici et ira à Albaro, où elle se divertira avec ses petites amîes les Carrega, qui sont du même âge, et où l'air est excellent. Pour moi je reviendrai par le même chemin au retour à Gênes pour prendre puis Christine et la conduire à la rencontre de sa mère et soeurs.

Nous avons eu le très grand plaisir d'avoir ici le cher Ferdinand, qui est un jeune homme de toutes qualités en commençant par beaucoup de religion, qui est la base de tout. Il est parti hier après diner, a été content de troupes que je lui ai fait parader, savoir les 2 bataillons des Grenadiers Gardes, 2 des Chasseurs Gardes (*olim* Sardaigne) qui sont tous Sardes, 2 d'Alexandrie, un de cannoniers de marine, 2 compagniés des Chasseurs de Nice et un détachemant du superbe Régiment de Piémont Royal, outre une batterie d'artillerie servie par un Régiment du Corps Royal d'Artillerie.

Il a vu aussi les fortifications qu'il a trouvé très fortes. La ville aussi lui a beaucoup plu, surtout le port et le port franc qui regorgent de vaisseaux et de marchandises.

J'attends toujours avec la plus grande impatience de vos chères nouvelles qui j'espère seront bonnes, et vous embras-

sant de tout mon coeur et vous présentant les compliments
de toute la famille je suis, mon très cher frère

Votre très affectionné frère

V. EMANUEL.

Carlo Emanuele IV a Vittorio Emanuele I.

De la maison professe du Gesù le 19 Mai 1818.

Mon très cher frère,

Vous serez étonné de me voir dans une autre maison,
mais en voici la raison : ma chambre au Noviciat de S. André
a deux fenêtres une au midi, l'autre au couchant, puisque ma
chambre fait angle de la maison : tout cela donne sur le jardin qui est on peut dire une forêt d'arbres qu'on appelle ici
agrumi; l'odeur de tout cela m'a fait si mal que j'ai été obligé de décamper.......

Je vous embrasse de tout mon coeur, je vous prie d'en
faire autant à votre chère femme et vos filles et de me croire
votre très affectionné frère

C. EMANUEL.

Carlo Emanuele IV a V. Emanuele I.

Du Noviciat de St. André, le 30 mai 1818.

Mon très cher frère,

Je suis revenu ici depuis huit jours : les fleurs qui m'a-
vaient fait si mal étant tombées.

On m'a lu le décret que vous avez porté pour l'établis-
sement des Jésuites à Turin; il est très beau et certainement
vous faites une chose très agréable à Dieu qu'il ne peut man-
quer de vous combler de ses plus douces bénédictions....

Adieu, mon très cher frère, je vous embrasse très tendrement ainsi que toute votre aimable famille, me disant votre
très affectionné frère

C. EMANUEL.

Carlo Felice, Duca del Genevese a Carlo Emanuele IV.

De Turin, le 13 Juin 1818.

Sire et très cher frère,

Je profite du départ de Mathieu Sorrentino, domestique de ma femme, qui va à Naples, pour me rappeler à son cher et précieux souvenir et lui donner de nos nouvelles qui sont bonnes, Dieu merci, étant arrivés de Gênes très heureusement le 3 de ce mois. J'ai trouvé cette ville très belle et qui a un peu de rapport avec Naples du côté de la mer, pas dans l'intérieur....... Il n'y a rien de nouveau ici.

La Princesse de Carignan avance heureusement dans sa grossesse; son mari va partir pour Dresde, où sa mère est très mal : il espère être de retour pour les couches de sa femme qu'il croit au mois de septembre ; pour moi il me parait que cela est très incertain, car il n'y a que deux mois qu'elle ne voit plus rien et il y en trois qu'elle sent l'enfant et à son ventre on la jugerait bien de 7 à 8 mois......

Ne voulant pas l'ennuyer davantage je finis en le priant d'être persuadé des sentiments du plus tendre attachement avec lequel j'ai l'honneur d'être

Sire, de V. M.

Le très humble et très obéissant serviteur
et très affectionné frère
CHARLES FÉLIX.

Mes amitiés à La Marmora.

Carlo Emanuele IV a Carlo Felice, Duca del Genevese.

De St. André le 25 Juin 1818

Mon très cher frère,

J'ai reçu ces jours passés une lettre qu'a apporté un homme qui sert votre femme; j'ai vu avec un extrème plaisir que vos santés sont bonnes. Grâce à Dieu je suis bien rétabli de mon incommodité qui a été assez pénible.; j'ai passé 22 nuits à ne dormir que trois quarts d'heure et quelque fois moins...

Le Roi d'Espagne est revenu de Naples et m'a déclaré qu'il veut y retourner.... Le dimanche 21 il y a eu la fonction

'du *possesso* du Sénateur; j'y ai partecipé en entendant le canon qu'on tirait pendant que je dormais l'après midi....
Je fais mon calcul que vous étiez le seul qui se trouvat à Turin pour le fête de la St. Jean. Adieu, mon cher frère, embrassez votre chère femme et croyez-moi tous les deux votre très affectionné frère

C. EMANUEL.

Vittorio Emanuele I a Carlo Emanuele IV.

Modène, le 16 Juin 1818.

Mon très cher frère,

C'est avec un sensible plaisir que je me trouve dans le cas de pouvoir vous annoncer l'heureuse conclusion du mariage de ma très chère fille Thérèse avec l'Infant D. Charles Louis (1) qui a eu lieu hier avant le diner. Les deux futurs époux sont à ce qui me parait faits pour se rendre réciproquement heureux; mêmes principes en fait de religion, d'une humeur douce, et bien pensants; ils sont tous les deux très contents et nous sommes par conséquent dans des transports de consolation. La chère Marianne est toute aussi contente par le bonheur de sa soeur et j'éspère en Dieu qu'il voudra lui procurer une égale félicité, qu'il me parait bien qu'elle mérite. Toute cette ville et même les étrangers qui y sont, en entendant cette nouvelle nous ont donné des marques d'un intérêt qui nous a pénétré. Les chers François et Ferdinand se sont attirés toute notre reconnaissance par tout ce qu'il ont fait en cette occasion. Nous voilà unis Modène, Lucques et nous, comme une seule famille, habitant si proches les uns des autres que nous pourrions nous voir même plus d'une fois l'année et nous visiter réciproquement en peu de jours, ce qui est une avantage bien cher à notre coeur. Nous nous portons tous, grâce à Dieu, très bien.

---

(1) CARLO LODOVICO DI BORBONE (22 Dicembre 1799 - 17 Marzo 1883), figlio di Luigi Re d'Etruria e di Maria Luisa, fu dal 27 Maggio 1803 al 10 Dicembre 1807 Re d'Etruria sotto la tutela e la reggenza di sua madre, poscia Duca di Lucca dal 13 Marzo 1824 al 5 Ottobre 1847, indi dal 18 Dicembre 1847 Duca di Parma (Piacenza e Guastalla): il 9 Aprile 1848 fuggì ed il 14 Agosto 1849 abdicò in favore del figlio Carlo III: visse per lo più a Parigi sotto il nome di Conte di Villafranca. Morì a Nizza.

J'espère que votre santé aussi sera bonne et qu'il plaira à Dieu de la conserver. Je vous embrasse bien de bon coeur et suis, mon très cher frère

Le très affectionné frère
V. EMANUEL.

P. S. — Si vous le jugerez convenable je vous prierais de vouloir bien en anticiper la participation verbale ou comme vous le jugerez à propos au St. Père et à la maison Colonna (1), ne pouvant encore le faire pour cette occasion, étant bien sûr qu'elle sera bien agréée.

Carlo Emanuele I.V a Vittorio Emanuele I.

Du Noviciat, le 9 Juillet 1818.

Mon très cher frère,

Connaissant votre amitié sincère pour moi, je commencerai pour vous dire qu'il a plu au Bon Dieu de me rendre la santé au corps, la tranquillité à l'âme et la gaité à mon esprit, laquelle est encore augmentée par les bonnes nouvelles que vous me donnez. Je ne puis mieux souhaiter à ma chère Thérèse que la réussite et le bonheur de Beatrix. Il me semble que l'époux que le ciel lui destine est doué d'excellentes qualités et a bien répondu aux soins que s'est donné pour lui sa digne mère et je fais aussi mes compliments à votre très chère femme et à toute la famille d'un si heureux événement.

Il ne faut pas que j'oublie, mon très cher frère, de vous dire qu'à l'occasion que je me suis cru proche de la mort, quoique je trottais toujours sur mes jambes, j'ai ajouté un codicille au testament que j'avais fait à Civitavecchia et qu'il subsiste toujours le même : ce papier est entre le mains de Barbaroux (2) qui a aussi un résumé du testament qui est

---

(1) La Casa di Savoia era imparentata colla famiglia Colonna pel matrimonio del Principe Filippo Colonna (che venne a morire appunto in quei giorni - 26 Giugno) colla Principessa Caterina di Savoia Carignano, sorella della Principessa di Lamballe; erano entrambe figlie del Principe Luigi di Carignano e di Cristina d'Assia-Rheinfeld-Rottemburg, sorella della prima moglie di Carlo Emanuele III.

(2) BARBAROUX Conte GIUSEPPE, nato a Cuneo (1772-1843), lasciò fama di intemerato ed erudito magistrato. Fu segretario di Gabinetto

entre les mains de Monseigneur Pacca et si vous voulez avoir connaissance de l'un et de l'autre vous pouvez vous adresser au susdit Barbaroux......

Adieu, mon très cher frère, je ne vous importune pas davantage et je vous embrasse ainsi que toute votre aimable famille étant

Votre affectionné frère
C. EMANUEL.

La Principessa Beatrice, Duchessa di Modena,

a Carlo Emanuele IV.

Carissimo Signor Zio,

Mi sono sempre di somma consolazione le sue carissime lettere, essendomi una prova della di Lei memoria e bontà; permetta però che Le dica che maggiore sarebbe stata questa, se nell'ultima graziosissima avessi trovato qualche notizia della sua salute, punto sul quale non mi fa parola e ch'è pure per me del maggiore interesse, oltre al dovere, essendole per vero sentimento del cuore ben rispettosamente e teneramente attaccata. Mendicandone per altro ora da un canto, ora dall'altro, di tanto in tanto ho la sorte di raccoglierne ed ultimamente n'ebbi per mezzo appunto del Padre cappuccino apportatore della di Lei lettera, il quale però non vidi, avendomi fatta tenere questa senza annunziarsi. So che mio Marito ha impegno di rimettere, quanto sarà possibile, in questi Stati gli ordini religiosi, onde non dubito che questo dei Cappuccini, che non ha poi l'ostacolo delle rendite dissipate, potrà risorgere anche prima di molti altri. Già vi sono i Zoccolanti, qui subito fuori di città, i Domenicani alla nostra parrocchia ed ultimamente si stabilirono i Benedettini. A Reggio poi i Gesuiti che fanno un bene infinito....

---

sotto Carlo Felice, indi Guardasigilli e Ministro di Grazia e Giustizia. Cooperò efficacemente alla compilazione del Codice Albertino, e vuolsi che non avendo potuto ottenere l'abolizione dei maggioraschi e fidecommessi, se ne accorasse al punto da suicidarsi in seguito a improvvisa encefalite.

Termino finalmente assicurandoLa nuovamente del rispetto ed attaccamento inalterabile col quale non cesserò di essere sempre

Carissimo Sig. Zio

La sua umil,ma ed obbed.ma serva e nipote

MARIA BEATRICE.

Modena, l'8 Ottobre 1818.

Vittorio Emanuele I a Carlo Emanuele IV.

Mon très cher frère,

C'est avec un très grand plaisir que j'ai reçu de bonnes nouvelles de votre précieuse santé. Nous nous portons, grâce à Dieu, tous très bien et nous avons un automne superbe qui me fait grand bien car je chasse plusieurs fois la semaine et ce mouvement me ravigote, soit à pied, y ayant de nouveau du gibier, soit à cheval : nous avons des cerfs enfermés : nous en élargissons un lorsqu'on veut chasser et lorsqu'il tient on le reprend et reconduit dans son enclos, où ils restent hardis comme auparavant.

Cette chasse plait beaucoup à toute la famille, inclusivement les Genevois : tous vont en carosse ou biroche hormis moi. Ce matin nous chasserons.

Vous aurez vu la nomination de plusieurs évêques et entr'autres la translation de celui d'Ivrée à Turin. C'est à son coeur défendant que je l'ai nommé. C'est un saint et savant évêque. Mais le plus grand embarras c'est pour Gênes : je vous dirai confidentiellement que je ne sais où donner de la tête. Le Vicaire Général n'est pas des plus propres.

J'avais des vues sur Monseigneur Franzoni (1), mais

(1) LUIGI FRANZONI nacque in Genova il 29 Marzo 1789 dal Marchese Domenico e Bettina Carrega; fu terzo fra quattro fratelli, dei quali uno fu Cardinale. Scoppiata la Rivoluzione Francese in Liguria andò a Roma, ove il Governo invasore gli offrì il grado di sottotenente nell'esercito, ch'egli ricusò; onde la voce sparsa ch'egli fosse stato militare. Tornato a Roma nel 1814 vesti l'abito talare. Fu poi nominato Vescovo di Fossano, donde, nel 1831, alla morte di Monsignor Chiaverotti, fu trasferito alla sede Arcivescovile di Torino. Sono note le peripezie degli ultimi anni del suo episcopato, la sua prima condanna e pri-

lui n'a pas envie de quitter sa place; on me dit être saint mais manque d'énergie. Le S. Père me parait désirer que je nomasse le Père Lambruschini (1). Beaucoup de monde pousse pour lui. Je ne le connais pas assez et je désirerais avoir là-dessus votre sentiment. Le diocèse de Gênes a nécessité d'un archevêque; ainsi faites-moi le plaisir de me donner votre sentiment sur celui-là ou sur quelqu'un autre qui soit à portée et ait les qualités pour couvrir cette importante place. Ne voulant pas vous fatiguer davantage et vous embrassant de tout mon coeur.... je suis, mon très cher frère,

le très affectionné frère
V. EMANUEL.

Stupinis, le 26 Octobre 1818.

Carlo Emanuele IV a Vittorio Emanuele I.

Dal Noviziato di S. Andrea, il 12 Xbre 1818.

Mon très cher frère,

J'ai reçu hier votre lettre. Je suis ravi que vos santés soient toutes bonnes... Je crois que Barbaroux vous aura donné les éclaircissements que vous désiriez sur le Père Lambruschini, mais je vous répéterai que le sujet en général est très bon et ici l'on s'en sert beaucoup; ce qu'on lui reproche c'est d'avoir un air un peu dédaigneux. Quant à Monseigneur Franzoni je le connais personnellement beaucoup davantage et je le connaissais déjà étant séculier; c'est un ange,

gionia nel forte di Fenestrelle per aver egli incitato il clero alla disobbedienza alla Legge sul foro ecclesiastico e la sua seconda cattura provocata dall'aver negato i conforti religiosi al morente ministro di Santa Rosa, reo di avere partecipato al Governo che aveva proposta la stessa legge sul foro ecclesiastico. Questa seconda condanna fu seguita da quella all'esilio. Monsignor Franzoni si recò a Lione, ove morì nel 1862 - Il BERSEZIO (*Regno di Vittorio Emanuele II*, Vol. 2°, pag. 386) lo descrive come uomo caparbio, superbo, poco intelligente, pieno di pregiudizii e delle arroganze delle due caste a cui apparteneva, aristocrazia e clero, non ricco di scienza, non di bontà, acre, bilioso, fanatico.

(1) LUIGI LAMBRUSCHINI, nato a Genova il 16 Maggio 1776. Barnabita, fu dal 30 Settembre 1831 Cardinale ed ebbe sotto Gregorio XVI la direzione degli affari politici, nel quale ufficio si segnalò perseguitando i liberali ed attirandosi l'odio delle popolazioni. Nel 1847 fu membro della Consulta di Stato e nel 1849 fu compagno di Pio IX a Gaeta. Scrisse opere ascetiche. Morì nel 1854.

tant par sa piété comme pour son exactitude pour ses devoirs
mais son naturel est d'une timidité et d'une délicatesse de
conscience que je crois aussi qu'il est très éloigné d'accepter
un évêché. Quant à d'autres je n'ai pas de connaissance particulière avec eux...

    Voilà ma petite gazette finie.... et je me dis

Votre très affectionné frère
C. EMANUEL.

Vittorio Emanuele I a Carlo Emanuele IV.

Turin, le 18 Xbre 1818.

Mon très cher frère,

L'approche des saintes fêtes et du renouvellement d'année me procurent l'occasion de vous bien assurer des voeux
que je ne cesse de former et des prières que j'adresse de bien
bon coeur au Bon Dieu pour qu'il lui plaise de vous accorder
toutes les bénédictions imaginables et que vous pouvez désirer.... Nous attendons ce soir le Grand Duc Michel, mais
nous ne savons le temps qu'il restera ici. Il a avec lui le célèbre La Harpe (1), genevois, qui a une philosophie très différente de la nôtre. On dit que lui est un bon garçon....

    Vous embrassant de bien bon coeur, je suis, mon très
cher frère,

Votre très affectionné frère
V. EMANUEL.

---

(1) Il colonnello FEDERICO CESARE LAHARPE, nato a Rolle nel territorio di Vaud (Svizzera) nel 1754, morto nel 1838, esercitò dapprima la
professione di avvocato nella sua città natale, ma abbandonò il suo
paese quando lo vide sottomesso dallo Stato di Berna. Nel 1782 si recò
a Pietroburgo, dove diventò precettore dei Granduchi Alessandro e Co-
stantino. Quand'ebbe terminata la loro educazione, lasciò la Russia col
titolo di colonnello (1795) e venne a stabilirsi a Ginevra. Nel 1798 prese
parte alla rivoluzione della Svizzera, fu nominato membro del Senato,
e poco dopo uno dei direttori della Repubblica elvetica; ma tratto in-
inganno dai propri colleghi egli si vide spogliato del potere da un colpo
di Stato che lo costrinse nuovamente ad espatriare. Aveva lavorato tutta
la sua vita a rendere il paese di Vaud indipendente dal cantone di Berna.
Vi riuscì nel 1814 mercè l'influenza che gli procurava la protezione del-
l'Imperatore Alessandro.

P. S. — Je viens de recevoir votre chère lettre du 12 qui m'a comblé de joie voyant que votre précieuse santé était bonne, et de reconnaissance pour les détails que vous avez bien voulu me faire sur les articles Evêques et Princes, qui m'ont très fort intéressé. Je vous prie de bien saluer La Marmora de ma part.

XII.

Lettere del 1819, ultimo anno di vita di Carlo Emanuele IV. — Morte delle due Regine di Spagna. — Falsa notizia della morte di Carlo Emanuele IV. — Commenti del pubblico romano. — Morte del Re di Spagna. —` Tragica morte in Roma della Contessa Casati di Milano. — Le funzioni della Settimana Santa a Roma con intervento di Sovrani e Principi. — Malattia della Regina Maria Teresa a Genova. — Apertura di nuove strade in Liguria. — La Duchessa di Modena dà felicemente alla luce un figlio maschio cui sono posti i nomi di Francesco Ferdinando Geminiano. — Ristabilita la Regina Maria Teresa la Corte si restituisce a Torino facendo sosta in Alessandria.

La Regina Maria Teresa a Carlo Emanuele IV.

Turin, le 11 de l'an 1819.

Mon très cher frère,

Venant de recevoir la triste nouvelle de la mort de la Reine d'Espagne (1); notre très chère cousine, et sachant qu'elle vous était personnellement connue et qu'elle a succombé à Rome, je ne veux pas laisser passer cette occasion de vous assurer de la part bien vive que je prends à tout ce qui peut vous toucher et surtout à la peine que vous éprouverez dans cette occasion douloureuse, cette perte se joignant à celle de la Reine Régnante d'Espagne (2) qui par l'âge, l'état, les

---

(1) Nella notte del '2 Gennaio era morta a Roma nel Palazzo Barberini la REGINA MARIA LUISA DI SPAGNA (nata da Filippo di Borbone in Parma il 9 Dicembre 1751, sposata a Carlo IV di Spagna il 4 Settembre 1765) assistita dalle figlie Maria Luisa Duchessa di Lucca e Maria Isabella Duchessa di Calabria.

(2) MARIA ISABELLA FRANCESCA DI PORTOGALLO era la seconda delle quattro mogli che ebbe Ferdinando VII Re di Spagna (dal 1816 al 1818); la prima era stata Maria Antonietta di Napoli (1801-1806); la terza fu Gioseffa di Sassonia e la quarta Maria Cristina di Napoli.

vertus rares de la défunte et tout ce que le Roi, son infortuné époux, toute sa famille et toute l'Espagne pouvaient se promettre d'une Reine qui réunissait toutes les qualités, mérite tous nos regrets : et je vous assure que cette catastrophe, aussi par l'amitié qu'elle voulait bien, sans me connaître, avoir pour moi et la protection que j'espérais de sa part pour le sort de la famille où ma fille Thérèse va entrer, m'a saisie et attristée d'une manière bien vive.

Je désire de tout mon coeur, mon très cher frère, que votre santé soit bonne... Veuillez bien, mon cher frère, me continuer votre chère amitié... et agréant les plus tendres et respectueux hommages de mes enfants..... me croire telle que je vous embrasse et serai toute ma vie

Votre bien attachée soeure
MARIE THÉRÈSE.

Carlo Emanuele IV alla Regina Maria Teresa.

Rome, le 22 Janvier 1819
jour de la mort de Louis XVI.

Madame et très chère soeur,

Vous avez bien raison de dire que ce fut une terrible catastrophe que la mort des deux Reines d'Espagne. Je vous plains bien pour les raisons que vous me dites de l'avoir si fort regrettée. Plut à Dieu que la jeune défunte fut remplacée par une qui vous fut encore plus chère. Quant à la pauvre vielle qui est morte ici, la chose est allée avec une si terrible précipitation que cela m'a fait une peine infinie. Le Roi Charles d'Espagne est malade à Naples, mais cela n'est pas dangereux. La Duchesse de Lucques est ici depuis deux jours, à demie malade aussi et je suis bien surpris pour la Duchesse de Calabre qui est à Naples.

Mais en voilà assez de tristesses : il faut conter une autre scène qui est plus risible. Vous savez, ma chère soeur, que je suis mort le 15 ou le 16 de ce mois, car je ne sais pas bien le jour, mais ce qui est certain que je crois qu'il y a peu d'individus dans Rome qui m'aient crû mort. Si vous me demandez le pourquoi, je ne le sais pas, car dans ces jours là je n'ai pas même eu le moindre mal. La chose augmenta d'une telle furie qu'on courait après mes gens dans les rues pour savoir ce qu'il en était.

On disait que je m'étais laissé à l'Eglise du Gesù, porté par la confrérie des Sacconi et dimanche j'ai été en carosse et non dans la bière.

A tout prendre la chose a été plutôt honorable pour moi, puisqu'on avait la bonté d'ajouter à la nouvelle de ma mort : quel dommage, c'était un brave homme ! La semaine précédente on avait déjà dit que la Duchesse de Chablais avait eu l'extrême onction. Ce que je puis vous assurer, ma chère soeur, c'est que malgré toutes ces morts ma santé est assez bonne.

La sépulture da la Reine d'Espagne a été plus que magnifique et les gens s'en sont fait un Carnaval, et quand je suis mort ceux-là disaient : quel dommage, nous n'avons pas même une sépulture, car il se fera porter de sa chambre dans l'église de St. André; et en cela ils avaient raison, car c'est bien comme cela que je veux que l'on fasse quand je mourrai tout de bon....... mais j'ai trop abusé de votre patience et je vous embrasse vous, votre mari, et toute votre famille, l'aveugle et radoteur

C. EMANUEL.

P. S. — Je viens de recevoir en ce moment la triste nouvelle de la mort du Roi d'Espagne. (1)

Carlo Emanuele IV alla Regina Maria Teresa.

Du Noviciat, le 20 Février 1819.

Madame et très chère soeur,

.... Je ne puis pas laisser de vous donner part d'un accident très fâcheux qui est arrivé dans la personne d'une dame mi-

---

(1) Alla distanza di pochi giorni dalla morte della sua reale consorte decedeva in 19 Gennaio in Napoli (dove era nato il 12 Novembre 1748) CARLO IV RE DI SPAGNA, abdicatario fin dal 1808. Salito al trono di Spagna nel 1788, fu Principe debole ed incapace; fu docile strumento in mano della Regina Maria Luisa e del di lei favorito Manuel Godoy, Principe della Pace. Nel 1808 abdicò dapprima in favore del figlio Ferdinando VII, ma tosto costrettovi da Napoleone, revocò la fatta abdicazione, rinnovandola a favore dello stesso Napoleone che passò la corona di Spagna sul capo del fratello Giuseppe.

lanaise qui sera de votre connaissance. Cette dame est la
Comtesse Casati, (1) ici depuis quelque temps avec son mari.
Il y a peu de temps qu'elle est venue chez moi ayant eu l'occasion de visiter les chapelles de S. Stanislas avec la Comtesse Durini (2), aussi milanaise et nous avons renouvellé tous
trois la connaissance ancienne. La Casati étant ces jours passés auprès de son feu, ses habits s'enflammèrent; elle fit ce
qu'on doit faire en pareille occasion qui est de se rouler par
terre, mais malheuresement ce fut sur un tapis qui prit feu
aussi; on l'a secourue, mais la chose était allée si avant qu'elle
en mourut deux jours après, munie de tous les sacrements.

Pardon, si je vous conte une chose si noire, mais je fais
réflexion que vous la recevrez le jour du *mementomo* ou peu
après.........

Adieu, je vous embrasse tous les deux et embrassez tous
vos enfants.

C. EMANUEL.

La Regina Maria Teresa a Carlo Emanuele IV.

Gênes, le 3 Mars 1819.

Mon très cher frère,

Venant d'arriver ici tous en bonne santé hier au soir quoique nous n'ayons eu beau temps que lundi que nous allâmes
dîner en Asti et coucher en Alexandrie; et hier d'abord de la
pluie, puis de la neige de Novi à Voltaggio et de là jusqu'à
Campo Marrone, où nous trouvâmes le Prince de Carignan
qui était parti de Turin jeudi passé pour venir à la rencontre
du Roi et ensuite faire la parade à la tête de son Régiment
à Gênes; mais un orage accompagné d'une pluie averse nous

---

(1) La Contessa MARGHERITA CASATI nata Gambarana che fu vittima dell'accidente riferito dal Re Carlo Emanuele IV, era moglie del
Conte Agostino Casati, (zio del Conte Gabrio Casati) morto poi nel 1820
a Roma e sepolto in S. Giovanni in Laterano. Uomo di principî assai
retrivi il Conte Agostino aveva emigrato a Roma in odio ai francesi al-
l'epoca della prima invasione repubblicana.
(2) La Contessa GIUSEPPINA DURINI nata CASATI era moglie del Conte Antonio Durini, notissimo a Milano per essere stato a lungo podestà.
Essa era nipote della Contessa Casati Gambarana e sorella dell'eroica
Contessa Teresa Confalonieri.

fit aller si lentement que nous arrivâmes ici à 7 heures qu'il était tout-à-fait nuit et ne vîmes plus que son régiment à lui qui fut le dernier à se retirer, toute la garnison étant trempée jusqu'aux os, comme le Prince lui-même et tous nos gens. Heureusement pour nous personne n'a rien souffert, mais nous mourons de froid dans une maison superbe, mais sans cheminées chez nous, et nous sommes encore en habits de voyage tous ici...

La mort de la Comtesse Casati m'a bien frappée et je l'ai bien contée à mes filles pour qu'elles prennent garde à elles...

Votre affectionné soeur
Marie Thérèse.

Vittorio Emanuele I a Carlo Emanuele IV.

Gênes le 6 Mars 1819.

Mon très cher frère,

A mon arrivée ici ayant été assiégé par les visites et présentations d'usage je n'ai pu vous donner signe de vie, mais ma chère femme l'a fait pour moi.

J'ai eu par plusieures personnes des nouvelles de vous, qui m'ont fait le plus grand plaisir, sachant que vous vous portiez bien et aviez très bon visage, ce qui m'a comblé de joie. Nous nous portons tous très bien à quelques rhumes près, que l'on ne peut éviter à cette saison. Moi je n'en pouvais plus à Turin à force d'être obsédé d'affaires et d'audiences, mais je me remets ici étant plus en repos. Je n'ai pu tâter du poulet et de la viande qu'à très petites doses que 5 ou 6 fois dans les trois mois que j'ai été à Turin, me nourissant que d'herbages, des oeufs, et des pâtes le reste, puisque je devais travailler, me levant de table.

Ici j'ai plus de repos; nous faisons les jours maigres à l'huile, mais mon estomac s'y accomode parfaitement. Le poisson et l'huile sont bons ici.

J'aurais beaucoup à voyager par les montagnes pour voir les nouveaux chemins qu'on fait pour éviter la Bouquette où un de nos carosses a toujours failli se précipiter dans tous les voyages, et pour ouvrir une comunication facile et courte par la Rivière de Levant avec Rome et Naples, sans que nos lettres soient ouvertes comme elles le sont par Milan et Parme. On évitera en outre plusieurs mauvaises rivières et les grandes poussières et chaleurs d'été et un tiers du chemin pour aller de Turin à Florence........

J'ai été voir ce matin une superbe frégate (Le Commerce) de 64, un brick et une gaulette qui vont entrer en commission ; deux sont déjà en Sardaigne que je n'ai pu voir. Je verrai sur le chantier une frégate de 32.

La Princesse de Carignan est arrivée heureusement ici hier après diner.......

Je vous embrasse de bien bon coeur et suis, mon très cher frère,

Le très affectionné frère
V. EMANUEL.

*La Principessa Maria Cristina, Duchessa del Genevese,
a Carlo Emanuele IV.*

Turin, ce 23 Mars 1819.

Votre Majesté,
      Cher frère,
Sire,

S'approchant les Saintes fêtes de Pâques et ayant l'excellente occasion du départ du Marquis Maresca, j'en profite bien satisfaite de pouvoir avoir l'occasion comme cela de souhaiter pour une telle solennité à V. M. tous les bonheurs possibles. J'espère qu'elle voudra me pardonner de ce que je l'importune péut-être trop souvent de mes lettres, mais je n'ai pas voulu laisser passer ces fêtes sans me rappeler à son gracieux souvenir, d'autant plus que je crois que Genevois difficilement pourra lui écrire à cette occasion en ayant plusieurs à écrire, et vous savez bien, cher frère, que l'écrire beaucoup le fatigue.

Il en est déplu, mais il me charge de faire ses excuses et de vouloir bien être son interprète auprès de vous : ainsi nous espérons que vous voudrez bien les agréer avec votre ordinaire bonté et amitié.

Veuillez bien le souhaiter de notre part au chevalier La Marmora.

Nos santés sont bonnes et heureusement nous en savons autant de toute la famille.

Ne voulant plus être importune; je finis en me disant de
coeur   de V. M. Mon très cher frère
    La très affectionnée et très attachée soeur et amie
        CHRISTINE DE BOURBON.
                        Duchesse de Genevois.

Carlo Felice, Duca del Genevese, a Carlo Emanuele IV.

                    De Turin, ce 31 Mars 1819.
        Sire et très cher frère,

Je profite du départ du Marquis de St. Georges pour Rome pour me rappeler à son cher souvenir et lui souhaiter tous les bonheurs que mon coeur lui désire bien sincèrement à l'occasion des Saintes Fêtes de Pâques. Nous partirons, s'il plaira à Dieu, le mercredi après les fêtes pour aller rejoindre la Cour à Gênes, où pour cette année notre séjour ne sera que d'un mois, puisque nous devons nous retrouver tous ici pour le 20, jour anniversaire de l'entrée du Roi, et après nous devons avoir la visite de notre beau-frère le Prince Antoine de Saxe (1); lequel après avoir souhaité pour l'espace de 38 ans de venir à Turin parait y avoir enfin réussi cette fois et je me fais une fête de le voir.

Je vous prie de vouloir bien être persuadé des sentiments de l'attachement le plus tendre et respectueux avec lequel j'ai l'honneur d'être
                        Sire, de V. M.
        Le très humble et très obéissant serviteur
                et très aff.nné frère
                CHARLES FÉLIX.
Mes amitiés à La Marmora.

_____

(1) Il Principe ANTONIO CLEMENTE, che fu poi re di Sassonia, aveva sposato nel 1781 la Principessa Maria Carolina, figlia di Vittorio Amedeo III, la quale mancò in Dresda l'anno appresso (28 Dicembre). Il Principe Antonio era nato nel 1755; salì sul trono nel 1827 e morì nel 1836; lasciò fama di Sovrano premuroso degli interessi del suo Paese, di cui curò la saggia amministrazione.

Vittorio Emanuele I a Carlo Emanuele IV

·Gênes, le 15 Avril 1819. _
Mon très cher frère,   /

Vous serez maintenant peut-être encore dans le grand monde (1). Rome parait en ce moment l'ancienne Rome au temps qu'on solennisait par de superbes triomphes et magnifiques les grandes victoires et conquètes de ses Empereurs. Nous, grâce à Dieu, nous sommes très tranquils ici, mais nous avons des voisins qui ne le sont pas autànt que nous et qui ont des mauvais desseins encore. Le Bon Dieu ne laissera cependant jamais aller les choses au délà de ce qu'il voudra permettre et j'ai grande confiance que notre tranquille situation ne changera plus.

, Nous nous portons tous très bien excepté ma chère femme qui est venue enrhumée comme tous nous autres de Turin par les bises de St. Jean; elle s'était remise, mais ayant voulu tourner ensuite de la Semaine Sainte où à la visite des églises elle avait repris quelque rhume, la nuit de la seconde fête de Pâque, une fièvre catarale quoique bénigne l'a attaquée. Elle a déjà eu trois fièvres et ce soir nous attendons la quatrième. La fièvre est petite; elle n'a ni mal de tête, ni d'au-tre incommodité que la toux et nous espérons qu'à la septième elle en sera délivrée. Elle avait fait tous les 4 derniers jours de la Semaine Sainte à l'huile comme c'était ordonné ici, sans

---

. (1) Il 2 Aprile avevano fatto il loro solenne ingresso in Roma l'Imperatore Francesco I d'Austria accompàgnato dalla sua quarta moglie l'Imperatrice Carolina Augusta di Baviera e dalla figlia Arciduchessa Carolina; furono ricevuti a Ponte Mòlle dal Cardinale Consalvi ed ospitati dal Papa Pio-VII al Quirinale. Il giorno 4 (Domenica delle Palme) il Pontefice benedisse le Palme nel palazzo stesso, dopo di che nella sala regia si svolse l'annuale processione, partecipandovi gli imperiali austriaci, la Duchessa di Lucca coi figli, l'Arciduca Giuseppe, il Granduca Michele di Russia, il Principe e la Principessa di Sassonia, ecc. Il giorno del Giovedì Santo, Pio VII celebrò solennemente le funzioni sacre e alla simbolica cena nella Loggia Vaticana parteciparono diciotto sovrani e principi diversi. Nella pubblicazione del Comandini: *L'Italia nei 100 anni del Secolo XIX* (dalla quale ho attinto queste ed altre notizie cronologiche) è riprodotta una stampa pubblicata in Roma in occasione della visita di Francesco I e raffigurante non solo il Pontefice e l'Imperatore d'Austria ma altresi gli altri due sovrani alleati Alessandro I di Russia e Federico Guglielmo III di Prussia, che erano essi pure aspettati in Roma, ma non vi si recarono.

en souffrir pas plus que tous les autres. J'includs ici le calendrier de Sardaigne que je viens de recevoir dans le moment et vous embrassant de tout mon coeur je suis, mon cher frère,

Le très affectionné frère

V. Emanuel.

P.S. - Ce soir nous attendons ici les Genevois, et dans trois ou quatre jours les Carignan repartiront pour Turin où nous ne serons que peu avant le 20 Mai, auquel temps il y aura une fête que la ville fait faire en remerciement à Dieu et à la Sainte Vierge pour notre retour et qui sera accompagnée aussi de quelque fête profane, comme feux d'artifices et courses de chevaux.

Le 16. — Hier au soir la fièvre est revenue encore, mais toujours moindre, cependant elle a pu dormir presque 3 heures de suite; du reste elle ne sent pas aucun mal et nous nous flattons qu'à la septième tout sera fini. Je la recommande comme tous nous autres à vos prières et à celles des bonnes âmes de votre connaissance.

Vittorio Emanuele I a Carlo Emanuele IV.

Gênes, le 22 Avril 1819.

Mon très cher frère,

Vous ayant donné les nouvelles du commencement de la maladie de ma très chère femme, je vous dirai que, grâce à Dieu, après que la cinquième et la septième nous avaient un peu alarmés, deux saignées qu'on lui a faites, la huitième et neuvième sont venues beaucoup moindres : les catars sont devenus meilleurs et la toux moins violente; la dixième n'est plus venue, mais elle ne sera sans fièvre que demain onzième jour de la maladie, suivant toutes les apparences. Les médecins lui ont fait appliquer des vescicatoires aux jambes pour la délivrer du reste des catars à la poitrine. J'ai été pénétré de l'intérêt que tout le monde y a pris ici; on a fait des prières dans toutes les églises, outre celles que j'ai fait faire dans quelques unes ici et à la *Consolà* à Turin, où je ne sais si vous en avez entendu parler, il s'est opéré par l'intercession de la Sainte Vierge bien des guérisons subites pendant la révolution et depuis mon retour.

N'ayant pas le temps d'écrire à la Chablais aujourd'hui je vous prie de lui faire parvenir ces bonnes nouvelles de ma chère femme comme aussi à la Duchesse de Lucques et à notre cher époux.

Du reste nous nous portons très bien.

Je vous embrasse de bien bon coeur et suis, mon très cher frère.

Le très affectionné frère
V. EMANUEL.

P.S. - Du 23 — Cette nuit a été derechef plus inquiète par un peu d'appréhension et de mouvement de pouls et on lui a appliqué des vescicatoires aux bras. On ne peut pas dire une reprise de fièvre effective. Elle est cependant d'une patience extrème dans ses souffrances : on l'a faite changer de lit et elle se trouve très contente dans le nouveau. C'est aujourd'hui 30 ans de notre mariage. Imaginez la différence de gaité que j'éprouve. Il y a 11 nuits que je passe partie levé, partie dans l'inquiétude : je ne dors guère plus de 2 à 3 heures par nuit et je ne puis à moins de travailler ou passer dans l'affliction toutes les journées : on prie partout de bon coeur.

Le 24 — L'après-midi d'hier les vescicatoires des jambes ayant bien opéré, ma chère femme s'est trouvé beaucoup mieux. L'irrégularité du pouls a disparu, la toux a diminué. La nuit a été bonne et elle aurait dormi mieux encore si les vescicatoires des bras ne lui eussent causé de fortes douleurs. Ce matin à peine il y reste ce qu'on appelle la *linea* de fièvre. On vient de visiter les vescicatoires des bras qui ont donné beaucoup de matière et qui j'espère finiront par la débarasser du catar.

Carlo Emanuele IV a Vittorio Emanuele I.

Du Macao, le 1 Mai 1819.

Mon très cher frère,

Vous ne sauriez croire la peine que j'ai éprouvé en apprenant la maladie de votre femme que je ne croyais rien au commencement, mais que j'ai vu depuis être quelque chose, et votre dernière lettre que j'ai reçu hier à midi a commencé à me calmer; j'espère que le Bon Dieu la rétablira bientôt et en parfaite santé, mais il faudra qu'elle ait bien de soin de sa convalescence, puisque ces maladies de poitrine doivent être extrèmement soignées. Je vous recommande, mon cher frère, de ne pas vous tuer dans les affaires et les soins de la malade; je sais bien qu'il est difficile de penser à soi dans ces moments et c'est pour cela que je vous rappelle que vous êtes mari, père et souverain. Quant à moi, mon cher frère, je suis tombé dans bien des maladies au moment que tous ces Princes sont arrivés : entre autres choses j'étais devenu à moitié stupide. Jugez ce qu'il m'en a couté pour accomplir tous les devoirs de civilité.

On a eu à Rome une Semaine Sainte beaucoup plus bruyante que dévote. Grâce à Dieu je l'ai passée au Noviciat aussi receuilli que me le permettait ma mauvaise santé, trop content que mes incommodités et le genre de vie que j'ai embrassé m'aient delivré de toute sorte de pompe religieuse et séculière.

Vous aurez la visite du Prince Antoine, sa femme et sa nièce qui ont donné beaucoup d'édification, surtout dans mon église de St. André où ils venaient presque toutes les matinées.

Je vous prie, mon très cher frère, de me faire savoir souvent des nouvelles de votre femme, mais sans vous donner la peine d'écrire vous-même, qui êtes trop occupé. Nous n'avons plus de Princes ici que la Duchesse de Lucques, qui partira le 10 de ce mois.

Adieu, mon cher frère, je vous embrasse tendrement; faites-en autant à la chère malade et à vos filles et je finis pour ne pas dérober un temps qui doit vous être bien précieux, en me disant

C. EMANUEL.

Vittorio Emanuele I a Carlo Emanuele IV.

Mon très cher frère,

Grâce à Dieu ma femme est en parfaite convalescence; mais voulant aller avec toutes les précautions imaginables nous ne partirons pour la Vigne qu'au commencement de

Juin, d'autant plus que j'ai du retarder un voyage dans la Rivière de Levant pour voir les nouveaux chemins que nous y faisons pour faire passer les courriers de Gênes à Sarzane, Pise et de là à Florence et Rome par une route qui raccourcit le tiers du chemin de Turin à Florence. On y établit une grande route de poste pour les courriers aussi qui sera superbe. Le 25 nous espérons voir lancer une belle frégate de 40, ce qui fait grand plaisir à Genevois qui n'a jamais vu ce spectacle..... Je vous embrasse de bien bon coeur et suis, mon très cher frère,

Le très affectionné frère
V. EMANUEL.

Gênes, le 15 Mai 1819.

Francesco IV, Duca di Modena, a Carlo Emanuele IV.

Maestà, mio carissimo Signor Zio,

Nel momento che sono pieno di consolazione pel felice parto della mia carissima moglie, che diede oggi alla luce alle ore 12 1/2 pomeridiane un figlio maschio sano e prosperoso, mi è ben grato l'adempire un dovere verso Vostra Maestà col parteciparle subito questo per me sì lieto avvenimento a cui so quanto interessamento Ella prende per sua bontà. A questo fine spedisco a Roma il maggiore Conte Quer che sarà l'apportatore di questa lettera colla quale ho il piacere di assicurarla che tanto la madre che la figlia stanno bene e regolarmente. Mia moglie si spicciò in un'ora, e vuole che le presenti i suoi rispetti. Oltre al raccomandar me e tutta la mia famiglia alla bontà di Vostra Maestà, ho tanta fiducia nelle sue orazioni, che oso raccomandarci tutti anche a queste.

Il neonato avrà nel Santo Battesimo i nomi di Francesco Ferdinando Geminiano (1), quest'ultimo come Santo Protettore di Modena: il primo perchè lo tiene al Battesimo S. M. l'Imperatore che delegò mio fratello Ferdinando a far le sue veci in questa funzione. In questa bella circostanza si tro-

_____

(1) Fu questi l'ultimo Duca di Modena che succedette al padre nel 1846, assumendo il titolo di Francesco V; non dissimile dal padre per la sua politica antiliberale, Francesco V fu tre volte cacciato dai suoi Stati nel 1848, nel 1849 e definitivamente nel 1859. Morì nel 1875.

va qui unita con noi mia madre e li miei due fratelli, e grazie a Dio abbiamo buone nuove da Genova e sappiamo la Regina ristabilita, onde godo di una çompita consolazione. Vedo anche dall'ultima lettera che Vostra Maestà ebbe la bontà di scrivermi che la sua preziosa salute è buona ed Ella mi dà sempre nuove prove della sua bontà, alla quale corrispondo almeno certo col più sincero e rispettoso attaccamento con cui sarò sempre

Di Vostra Maestà
mio carissimo Zio
Suo devot.mo ed ossequientissimo nipote
FRANCESCO.

Modena, il 1º Giugno 1819.

Carlo Emanuele IV a Vittorio Emanuele I.

Du Macao, 12 Juin 1819.

Mon très cher frère,

Je commence par vous faire mon plus sincère compliment sur la guérison de votre femme et l'heureuse délivrance de notre chère Béatrïx, événement doublement heureux puisque l'accouchement est allé à merveille et qu'elle a mis au monde un enfant mâle....

Je vous prie de faire mon sincère compliment à votre chère femme sur sa guérison et de me croire votre très affectionné frère

C. EMANUEL.

Vittorio Emanuele I a Carlo Emanuele IV.

Alexandrie, le 17 Juin 1819

Mon très cher frère,

Je m'empresse de vous donner des nouvelles de notre voyage, qui jusqu'ici sont, grâce à Dieu, bonnes. Nous sommes partis lundi par beau temps et arrivés ici à 9 et 1/2 du soir. Ma femme était très fatiguée, mais n'a pas souffert et nous nous sommes arrêtés ici pour la laisser reposer, d'autant plus qu'elle est dans des journées qu'elle doit reposer. Nous comptons de partir samedi, si cela sera faisable, pour la Vigne pour pouvoir aller à la *Consolà* le lendemain qui est le jour de la fête et où les moines viennent de reprendre l'habit.

J'ai vu hier les Gardes et Piémont qui ont manoeuvré supérieurement bien; ce matin je devais voir Piémont Royal qui est ce qu'on peut voir de beau, mais la pluie m'en a empêché.

Ces jours passés il y a eu 1800 hommes des contingents qui ont changé en marche à leur discrétion par le pays sans qu'il y ait eu un ordre ou une plainte et c'est ce qui arrive tous les 4 mois. L'excès du mal a produit un changement en bien inexprimable; il n'y a plus de châtiments dans les régiments et plus de désordres. Les églises sont remplies de soldats : on leur donne des exercices spirituels en carême auxquels ils sont très attentifs. Je crois que l'être des gens de levée y contribue beaucoup aussi.

Cet après-midi j'irai à la procession de l'Octave, mais je crains qu'on sera forcé par le temps de la faire dans l'église. Je viens de reçevoir une lettre de Genèvois qui me dit qu'il se porte très bien de même que sa femme, mais qu'il a beaucoup grêlé ces jours passés depuis Villar-de-basse à Moncalier, que tout a été emporté comme aussi à Sciolze, Bardassano et autres endroits, et ici à Moncastel aussi il fait bien foid.

Béatrix continue très heureusement à donner le lait à son petit. Grâce à Dieu nous nous portons tous bien. Ma femme et mes enfants me chargent d'être les interprètes (sic) de leurs sentiments. Je vous embrasse de bien bon coeur et suis, mon très cher frère,

Le très affectionné frère
V. Emanuel.

XIII.

Morte del Re Carlo Emanuele IV. — Lo spirito dell'esercito in Piemonte alla vigilia del Ventuno. — Illusioni del Re Vittorio Emanuele I. — Modernisti e confederati. — Responsabilità degli uomini di governo in generale e di Carlo Alberto in particolare. — I due memoriali di Carlo Alberto. — Giudizi del *Simple récit* e del MANNO sull'attitudine di Carlo Alberto nel Ventuno.

Il 9 Ottobre 1819 la morte poneva un termine alle tribolazioni del valetudinario Re Carlo Emanuele IV, ed il fedele Tommaso Della Marmora ne raccoglieva l'ultimo respiro.

Il carattere essenzialmente documentario di questa pubblicazione non mi consente uno studio speciale del periodo storico al quale si riferisce il carteggio principesco, che termina appunto alla vigilia dei gravissimi avvenimenti che si svolsero in Piemonte nel 1821. Non dubito però che questo materiale storico che ho presentato nella sua forma originale e *con tutte le sue imperfezioni di ortografia e di stile,* potrà giovare a rivelare nella loro genuina natura l'ambiente, le idee, i principî e le aspirazioni di quei tempi ed a dare ragione del contegno che i Principi di Casa Savoia ebbero a tenere nelle fortunose vicende che poco tempo appresso posero a repentaglio la loro Corona e la stessa indipendenza del loro Regno. Ma poichè i moti del Ventuno ebbero appunto origine da quell'esercito al quale il Re Vittorio Emanuele I dedicò le sue più sollecite cure, come a più riprese il lettore avrà potuto rilevare dalle di lui lettere, non si può a meno di osservare che il Re fosse ben male ragguagliato sullo spirito delle sue truppe. E' pertanto evidente che tra i personaggi che avevano la responsabilità del Governo, e più specialmente, tra coloro che occupavano le cariche più importanti dell'esercito, taluni per ignoranza, taluni altri per mala fede, mantennero il Sovrano in quella illusione che gli faceva ripetere con compiacimento nelle sue lettere : « *l'esprit des troupes est excellent* ! ». E nella ricerca di questa responsabilità si affaccia la figura del Principe di Carignano, la cui attitudine sempre incerta e talvolta equivoca, ha dato ragione a quelli che lo hanno accusato di avere l'*animus delinquendi* di coloro che organizzarono quella nuova specie di pronunciamento per il Re e contro il Re (1). Erano quelli i *modernisti* del tempo, che presero al momento dell'azione il nome di *confederati* e che a torto od a ragione facevano assegnamento sulla cooperazione, se non materiale, almeno morale di Carlo Alberto. E' pertanto ammissibile che questi non fosse edotto dello spirito di rivolta che serpeggiava nell'esercito e specialmente nel Corpo d'Artiglieria di cui era Gran Mastro ? E' ammissibile che egli potesse supporre che le nuove aspirazioni venissero prese in benevola considerazione da Vittorio Emanuele che nessuno meglio di lui doveva conoscere come refrattario a qualunque innovazione ? Il dilemma che sembra imporsi con cruda severità è sempre lo stesso. Fu ignoranza o malafede ?....

« Ci troviamo ora fortunatamente, scrive il Perrero (ed io la penso come lui) in tale condizione di cose che la Storia può oramai e deve con piena libertà di giudizio fare sentire intorno agli uomini ed alle cose del Ventuno tutta schietta quella verità, anche severa, cui in tempi andati il sospetto di adulare il Potere e la tema di gettare il sospetto sui principî liberali e l'insulto sui vinti consigliavano di dissimulare. Usando siffatta libertà ed assommando in brevi parole ßil concetto che sui documenti officiali di quell'epoca mi sono formato del carattere di .alcune principali circostanze di quel memorabile avvenimento, parmi che ne scenda naturale 'e diretta questa conclusione : che la Rivoluzione del Ventuno promossa dai più generosi spiriti del Piemonte in uno scopo e con dei propositi più nobili, non fu in fondo che la conse-

---

(1) Dans tout ce mouvement parmi les esprits honnêtes, mais étroits, les timides ne voyaient donc que la défense de leur pays ; les ambitieux une vaste carrière ouverte à leurs talens ; les militaires la gloire et l'avancement, et les royalistes une augmentation de puissance pour le Roi. C'est ainsi qu'un grand nombre de personnes bien pensantes, mais abusées, se trouvèrent tout à coup et involontairement en révolte ouverte contre leur Souverain légitime. (REVEL - *Mémoires sur la Guerre des Alpes - Notice Biographique* - XXXIX).

guenza di una serie di equivoci, più o meno di buona fede, che non potevano che condurla alla deplorevole fine a cui purtroppo ebbe a riuscire ». (1).

Equivoco fu per il Re Vittorio Emanuele l'assegnamènto che faceva sull'*esprit excellent* dell'esercito; equivoca la supposizione di Carlo Alberto che il Re potesse spontaneamente accogliere la riforma che gli si voleva imporre colla forza; equivoco, quello dei capi rivoltosi che credevano da una parte potere contare sulla cooperazione di Carlo Alberto e dall'altra sull'entusiasmo delle popolazioni, che a quanto scrive lo stesso Santa Rosa « *s'échauffaient lentement et n'éprouvaient. alors que le sentiment de la surprise et du désir* » (2) e sopra ogni altro l'equivoco più grossolano e madornale ed al quale ho già accennato, la voluta dimenticanza dell'esistenza del vero erede del trono nella persona del meno italiano dei Principi e del più deficiente dei figli di Vittorio Amedeo III, cioè di Carlo Felice, Duca del Genevese.

Tra i documenti che videro la luce nelle pubblicazioni scomparse......... o soppresse dell'Oderici e del Manno, due hanno una capitale importanza, non soltanto perchè sono un'emanazione diretta di colui che degli avvenimenti del Ventuno fu il protagonista, (se pure con tale nome si possa indicare colui che avrebbe dovuto assumere tutta la responsabilità o in favore o contro la rivoluzione, mentre di fatto riuscì spiacente a Dio ed a' nemici suî) ma sopratutto perchè quegli stessi documenti che dovrebbero essere la di lui autodifesa, contengono i più convincenti elementi di accusa contro di lui : voglio parlare del *Rapport et détails de la Révolution qui eut lieu en Piémont dans le mois de Mars 1821* e l'altra Relazione scritta dallo stesso Carlo Alberto nel 1838 ed intitolata *Ad Majorem Dei Gloriam.*

Le conclusioni che si possono trarre da quei due documenti si trovano riassunte in uno scritto che non dovrebbe essere sospetto di ostilità per Carlo Alberto perchè notoriamente ispirato da lui, (ed ho già avuto occasione di citarne alcune frasi identiche ad altre che figurano nella Relazione sumento-

(1) PERRERO - Op. cit. - Pag. 191.
(2) *Révolution Piémontaise* (del SANTAROSA), 84 al 109.

vata); intendo dire del *Simple Récit*, là dove il suo autore scrive di Carlo Alberto nei seguenti termini:

« Au lieu de témoigner hautement son mépris aux novateurs et de les traiter avec cette réserve qui éloigne la confiance : de refuser l'entrée de sa Cour à plusieurs étrangers qui n'étaient recommandables ni par leurs noms, ni par leurs talens, ni par leurs caractères, au lieu de n'acceuillir qu'avec froideur les jeunes gens du pays auxquels des considérations particulières lui empêchaient de refuser absolument l'accès auprès de sa personne, de rechercher pour le service de sa Cour des gens capables de guider sa jeune expérience, de déraciner, de disperser, d'anéantir les moindres traces des idées nouvelles dans le corps qu'il commandait, de l'enthousiasmer en sens contraire, et de s'en faire ainsi un appui vigoureux contre toute espèce d'agression et de violence; au lieu de tout cela, le Prince voulut louvoyer entre les partis et l'un et l'autre se méfièrent de lui; il crut pouvoir maîtriser et il fut entrainé : il voulut se populariser, on outragea sa dignité. Entouré de gens qui ne méritaient point son estime, il se vit obligé d'être en garde contre presque tous les individus de sa maison, depuis les valets de pied jusqu'aux premiers écuyers. Il ferma les yeux sur les opinions condannables qu'affectaient quelques officiers de l'artillerie et bientôt il dut se méfier du régiment tout entier et se croire heureux de pouvoir empêcher une partie des crimes dont ce corps devait être l'instrument!... » (1).

Tra queste accuse di debolezza, d'indecisione, d'inconseguenza formulate da un amico suo e quelle più sanguinose di tradimento scagliategli dai suoi nemici, io non ravviso una differenza tale da attenuare la gravissima responsabilità che incombe su Carlo Alberto per la rivoluzione del Ventuno, e per quanto io sia d'accordo col Manno nel non prestar fede alla Cronistoria del Cantù dove asserisce che alla sera del 6 Marzo Carlo Alberto assentì alla congiura e « *dell'assenso si rogò atto regolare che esiste* » (2), pure non posso associarmi a lui nel ritenere che la mancanza di un documento comprovante l'esistenza di quest'atto regolare, basti dal « *net-*

(1) *Simple récit* - Pag. 46.
(2) CANTÙ - *Cronistoria* - Pag. 180.

142

tarne la fama calunniata » del Principe di Carignano e dia ragione a dovergliene « *tributare un vero atto di ossequio alla sua magnanima e venerata memoria* » (1). Equità vuole però che la condotta di Carlo Alberto nel Ventuno sia giudicata sulla giustificazione che ne ha dato egli stesso nelle due mentovate Relazioni, la prima delle quali fu scritta a Firenze « quando s'avvide che le speranze di un prossimo ritorno in patria andavansi dileguando, e cominciava ad angustiarsi per i suoi diritti pericolanti a Verona; allora mandò in giro alle cinque grandi potenze, e comunicò al Papa e al Granduca e fece girare in paese questa sua doppia difesa ». (2) Credo pertanto di fare opera utile alla Storia iniziando colla medesima e coll'altra intitolata A. M. D. G., la seconda serie di documenti della presente raccolta.

Avverto il lettore che riprodurrò entrambi i documenti secondo il testo che ne fu pubblicato nelle *Informazioni sul Ventuno in Piemonte* del Manno. Dall'opera stessa nonchè dal *Dizionarietto dei compromessi* che vi fa seguito trarrò pure le note illustrative, alle quali aggiungerò soltanto qualche raffronto coll'opera già citata del Conte Genova di Revel : *Mémoires sur la Guerre des Alpes.*

---

(1) MANNO - *Informazioni....* Pag. 84.
(2) MANNO - *Informazioni...* Pag. 57.

XIV.

Memoriale redatto da Carlo Alberto nel 1821.

PARTE PRIMA.

RAPPORT ET DÉTAILS DE LA RÉVOLUTION QUI EUT LIEU EN PIÉ-
MONT DANS LE MOIS DE MARS 1821. (1)

Le projet de la Révolution qui vient d'avoir lieu en Piémont ne fut point formé dans notre pays et les malheureux
événements qui se succédèrent démontrent très clairement
que les jeunes gens qui se sont mis à la tête des révoltés, ou
qui coopérèrent au soulèvement, furent séduits et corrompus :
et étaient guidés dans presque toutes leurs actions par des
directeurs étrangers à notre nation.

En effet depuis près de deux ans que cette conjuration se
trouvait assez publiquement, nos jeunes gens les plus à la
mode et les plus riches, ceux qui ont paru maintenant des
meneurs secondaires, changèrent les sentiments dont ils faisaient profession auparavant par gradation et d'une manière
très visible, ne cachant point qu'ils étaient encouragés dans
leur manière de penser par le Duc de Dalberg (2), le Comte

_____

(1) Alle note che figurano nell'opera del Manno non ho aggiunte alcune altre che sono controsegnate con un asterisco.

(2) EMERICO GIUSEPPE, Barone, poi Duca di DALBERG, pari di Francia, ministro di Stato, marito di una Brignole e così in relazione di pa-
rentela fra noi, dove divenne ambasciatore di Luigi XVIII ai 27 Settembre 1816.

Ma ai tempi dei rivolgimenti più non risiedeva presso questa Corte, essendo stato surrogato addì 24 Settembre 1826 dal Marchese de la

Bardaxy (1) et le Comte de..... (2) chez lesquels ils se réunissaient souvent en sociétés assez nombreuses où intervenaient tous les étrangers qui passaient et qui marquaient par leurs idées libérales, et leur nombre augmentait de plus en plus.

Nos Messieurs commencèrent aussi à voyager (3), tous se rendirent à Paris et plusieurs en Angleterre. Leurs courses devinrent très fréquentes en ces derniers temps, quelques uns d'entre eux (en comptant dans leur nombre d'autres personnes des différents Etats d'Italie et qui dans le séjour qu'ils avaient fait à Turin paraissaient intimément liés avec eux) avaient presque fixé leur séjour à Paris et à Londres et tenaient une correspondance très suivie et non ignorée du public. Un parti libéral commenca à se former; depuis près d'un an ces jeunes gens affectaient en public des sentiments tout-à-fait subversifs du Gouvernement sans que jamais la police les fit punir ou même reprendre, non seulement sur leurs paroles, mais même sur leurs actions. Ils s'enhardirent; ils crurent en imposer; il devient du ton d'être libéral: la correspondance avec Milan devient on ne peut plus suivie; ce n'était plus qu'un aller et venir des personnes les plus suspectes: dans les derniers temps, même quelques Milanais observés par la police arrivaient clandestinement et étaient logés chez le chevalier Bardaxy.

Trois clubs, à ce que je parvins à savoir, se formèrent à

Tour du Pin Gouvernet. « Depuis la restauration l'hôtel de l'Ambassadeur di F.... avait toujours été le point de réunion des personnes opposées au Gouvernemant du Roi. Peu à peu cet hôtel devint le rendez-vous des malveillants et en 1819 enfin le club des conspirés. On y prêchait ouvertement les maximes de la *Minerve* et du *Nain jaune* (*Simple recit.* 9).

(1) Don Eusebio di Bardaxy y Azara tenne il carattere pubblico di ambasciatore del Cattolico alla Corte di Savoia dal 2 Marzo 1817 agli 11 Febbraio 1821 lorquando le *Cortes* soppressero, con pretesto di economia l'ambasciata Spagnuola a Torino lasciandovi una legazione. « Le Chevalier Bardaxi cachait quelques fois chez lui les mauvais sujets dénoncés à la police et leur fournissait le moyen de séjourner à Turin. Les caves et les salons de cet ambassadeur étaient des chaires publiques d'insurrection. (*Simple récit*, 9. 36).

(2) Il personaggio che quì il principe non vuol designare è il Conte di Sciboltsdors, inviato straordinario dal Re di Baviera a Torino, dal 4 Aprile 1817. Forse ei non taceva il nome perchè, mentre gli altri due diplomatici non dimoravano più fra noi, costui durava in carica che ritenne fino al 1824.

(3) Quelques uns...... nommément MMrs. de Collegno et de Baldissero firent le voyage de Naples dans l'hiver 1819 ils y furent reçus au nombre des initiés. *Simple récit* - 7).

Turin, dont un seul était composé d'étudiants, mais ils étaient tous trois nombreux. Le chevalier de Castion (1) et l'Avocat Vismara (2) dont la résidence était ordinairement à Milan, paraissaient être de ceux d'après les instigations desquels ces sociétés agissaient. Je parvins à savoir qu'à Genève existait un club, composé en partie de Piémontais, de ces personnes perdues en réputation et d'étrangers, dont le but était d'organiser la révolution chez nous. À Genève s'arrêtaient tous les voyageurs suspects qui allaient où venaient de Paris : de là on envoyait les proclamations plus incendiaires. Du club de Genève nos meneurs paraissaient recevoir les ordres que les directeurs étrangers envoyaient des différents pays. À Genève enfin, et c'est une chose qui se disait assez publiquement, on avait envoyé une somme de 1.800.000 livres pour faciliter le projet libéral en Piémont, mais cette somme fut infiniment aumentée, car dans les derniers temps il est inouï tout ce que les conjurés ont dépensé, surtout parmi la troupe. Je cherchais à m'informer d'où venait cet argent et il m'est revenu qu'il était fourni par des banquiers de Paris, d'Angleterre et d'Amérique, qu'une très petite partie est due aux 48 milions que Napoléon avait laissé dans ces différents pays à la disposition des agents de sa famille. Les libéraux cherchèrent assez visiblement à augmenter leurs prosélytes; ils faisaient des comptes les plus absurdes sur leurs forces, sur leurs partisans, sur leurs projets même. Ils mettaient en ridicule le plus qu'ils pouvaient le gouvernement et la Cour (3)

---

(1) Intendasi del cavaliere VERASIS ASINARI dei conti di CASTIGLIONE e COSTIGLIOLE « surnommé *le féroce* » dice l'autore del *Simple récit* (Pag. 116).

(2) Novarese, destinato capo politico di Novara. Fu preso e condannato dall'Austria.

(3) Notissime le facezie che alcuni belli umori fecero al Principe di Carignano, per burlarsene. Famosa e crudele quella concertata allora quando ei venne consolato dalla nascita del suo primogenito che fu Vittorio Emanuele II. Il 14 Marzo 1819 i Cappuccini del Monte entrarono processionalmente nel palazzo Carignano dicendo che venivano per associare al sepolcro il cadavere del nato morto principino. Nell'invito erasi falsato la firma del Conte di Valperga, maggiordomo della Casa. E, subito dopo, avvisato l'Intendente del Principe che facesse ritirare in dogana certe balle di velluti neri per tendere a gramaglia le sale del palazzo.

Meno lugubri e più spiritose le burlette al povero conte Lodi, ingenuo ministro di polizia. Un occhialaro domanda di parlargli e fa vedere l'invito scritto di portargli la sua merce : — Badate, disse il Lodi, che

cherchant à persuader qu'ils étaient unis de sentiment à toute
l'Italie, qui voulait devenir indépendante; que la Constitution était une chose absoluement secondaire et qui ne devait
être qu'un appui indispensable pour la réussite de leurs projets que divers gouvernements soutiendraient.

Les Révolutions d'Espagne, de Portugal et de Naples
surtout, firent sur notre pays l'effet le plus malheureux, en
donnant à notre troupe et surtout à nos officiers, déjà assez
indisciplinés, un exemple fatal. Dès lors ils ne firent plus
aucun mystère de leurs desseins sans que nous en vissions
un seul puni, ni sans que la police eut fait arrêter aucune des
personnes de la seconde société qui presque toute entière se li-
vrait à sa manière de penser, de la façon la plus indécente.
Un mois à peu près avant nos malheureux événements quelques jeunes gens qui affectaient des idées libérales, tels que le
Marquis Carail, le fils du Conte Balbo, le Chevalier de Collegno (1) et divers autres appartenants presque tous à nos diffé-

---

io non vi ho richiesto per occhiali, mi pare che siansi burlati di voi. —
Temo Eccellenza, che la burla non sia piuttosto per lei!

(1) Dal *Dizionarietto dei Compromessi* che fa seguito alle « *Infor-
formazioni sul Ventuno* » - PROVANA DI COLLEGNO (Cav. GIACINTO), nato
in Torino il 4 Giugno 1794 dal Conte Giuseppe e da Anna Maria Morand
di St. Sulpice. Aveva servito in Francia, s'era distinto nella fazione di
Grenoble ed ora era Maggiore nell'Artiglieria ed aveva la croce di Milite nell'Ordine di Savoia (4 Aprile 1816) ed in Corte di Casa Carignano
l'ufficio di scudiere del Principe.
I fratelli suoi: il Conte Giuseppe, Vicario di Torino (10 Settembre
1821) ed il Cavaliere Luigi, primo uffiziale per l'estero (11 Gennaio 1815)
erano avversissimi alle novità. Egli invece fu dei più caldi e degli in-
formati nei segreti delle sette alle quali fu iniziato a Napoli. (Cond. cont.
a morte. *S. R. del 14 Luglio 1821*).
S'illustrò nell'esilio con una nobile e fiera vita, condotta prima nei
campi poi fra gli studi. Della *Presa di Navarino*, dove combattè (come
anche nella Spagna e Portogallo) lasciò bellissime descrizioni e molti
saggi di sua scienza geologica. Aveva ottenuto grazie parziali (3 Novembre 1834) e fu compreso nell'indulto del 1842.
Dopo lo Statuto fu nominato Senatore del Regno e tenente generale,
poi ministro della guerra a Milano e Ministro del Re a Parigi. L'Accademia di Torino lo ascrisse fra i soci residenti (4 Febbraio 1849). Morì
a Baveno il 29 Settembre 1856, non lasciando figli dalla moglie Margherita dei Marchesi Trotti, gentildonna milanese. Ne scrissero Massimo
d'Azeglio ed Alberto La Marmora.
Nel 1849, il Senato lo mandò, insieme al Cibrario, in Oporto a
farvi omaggio a Carlo Alberto. L'amicizia fra lui ed il suo Principe era
stata riannodata sino dal 1847. E ritengo un'invenzione la voce sparsasi
di violenze usate dal Collegno al Principe di Carignano (*Cronistoria*:
II, 233). Nel 1841 aveva scritto a Gino Capponi (*Scritti inediti* - Fi-

rentes Cours, et qui depuis près d'une année ne s'étaient plus présentés chez moi, commencèrent à me faire des visites assez assidues, mais faisant des discours généraux, me disant que le voeu de la nation c'était pour une constitution, que ce serait un bonheur et une gloire de l'acquérir même par une guerre; propos qu'ils tenaient publiquement. Je leur répondis que ma conduite aurait toujours eu pour base mes devoirs et mon attachement à la personne du Roi. Je ne pouvais chasser de chez moi des personnes de la Cour du Roi, les fils de nos premiers Ministres (1), me montrer plus sévère que le Ministre de sa police (2), mais je veillais avec le plus grand soin sur le Corps d'artillerie qui était sous mes ordres, depuis peu de mois seulement et dont on m'avait averti en me le confiant, du mauvais esprit dont il était animé. Je parlais aussi au Ministre de la Guerre lui disant qu'il fallait veiller avec plus de soin sur la troupe, que la police ne faisait pas son devoir, mais mes paroles étaient inutiles.

Peu de jours avant que la révolution éclatât le Marquis de Carail, le Comte Balbo et quelques autres du même parti reçu-

---

renze, 1877 : II, 38) : « A un Piemontese che mi chiedeva nel 31 in Firenze se io vedrei mai più Carlo Alberto, io rispondevo che lo vedrei quando passasse il Ticino, o quando avesse data una Costituzione ».

(1) Accenna a Carlo di Caraglio ed a Cesare Balbo. Erano Ministri allora il San Marzano per l'Estero, Prospero Balbo per l'Interno : alle Finanze il Marchese Brignole, alla Guerra e Marina il Saluzzo e per la Polizia l'inetto conte Lodi.

*(2) Il Conte di Revel non esita a comprendere il nome del Principe stesso.... se non fra i confederati.... almeno fra gli illusi. « Le grand moteur des révolutionnaires fut de répandre le bruit que Victor Emanuel s'était engagé envers la Cour de Vienne à ne consentir à aucune constitution dans les états, mais que paraître l'y forcer c'était servir le Roi selon ses véritables intentions qu'il était contraint de dissimuler, que c'était d'après ces ordres que le mouvement s'organisait. Des corps avaient été livrés par la faiblesse des chefs, les anciens soldats obéissaient à l'impulsion de la discipline et suivaient leurs officiers ignorant s'ils étaient rebelles ou royalistes. L'idée de seconder les intentions du Roi et délivrer l'Italie des étrangers séduisait les esprits. La masse était trompée. Comment ne l'aurait-elle pas été en voyant à la tête du mouvement l'héritier éventuel du trône, les fils de deux ministres puissans, St. Marsan et Balbo, des grands seigneurs tels que le Prince de legno, Villamarina et autres, des grands seigneurs tels que le Prince de la Cisterne, le marquis de Prié. On le savait, ils restaient libres d'agir ! Caraïl restait auprès du Roi, Collegno du Prince, Santa Rosa au Ministère de la Guerre. Quand l'erreur fut connu la Révolution finit comme un orage ; mais l'ouragan laissa de funestes traces (REVEL - Op. cit. XLII).

rent des grades militaires, des distinctions (1). Le Ministre de
la Guerre fit non seulement appeler quelques officiers pour les
raisonner, mais tous au sortir de chez lui riaient de ce qu'il
leur avait dit, et quelques uns, entre autres le Comte Lisi (2) se
vantaient qu'ayant voulu donner au Ministre leurs démissions
il les avait refusées. Dans la ville même le gouvernement ne
fit prendre aucune disposition, il reduisit le soin à faire battre quelques patrouilles de cavalerie, mais aucun officier de
confiance ne fut mis dans la citadelle, aucune ronde d'officiers
ne se faisait. Enfin l'artillerie seule manoeuvrait tous les jours
tandis que les autres Régiments ne faisaient absolument plus
rien depuis plus de deux mois. Les Régiments en garnison
près de la Capitale, tels que les chevaux-légers du Roi et ceux
de Piémont restèrent presque sans officiers : tous étaient à Turin ainsi que grand nombre de bas officiers, sans qu'on s'in-
gérât de leur conduite, sans que le grand nombre des divers
officiers des autres Régiments, qui étaient toujours sur les
grands chemins donassent aucun soupçon.

Les malintentionnés augmentaient visiblement. Je me
crus obligé de représenter à S. M. le Roi que la police ne se
faisait point avec assez de soins. Je parlais aussi à plusieurs
personnes de la Cour, mais inutilement.

Dans les deux ou trois premiers jours du mois, la police
sachant qu'un voyageur apportait des lettres suspectes que le
Prince de la Cisterne (3) écrivait de Paris à ses correspondants

---

(1) CARAGLIO, BALBO, il Conte DI SAN MICHELE e parecchi altri erano stati recentemente promossi a grado superiore. ANSALDI, REGIS ed
altri fregiati della Croce Mauriziana.

(2) MOFFA DI LISIO (conte GUGLIELMO) figlio del Maggiore Generale
Conte Corrado e di Adelaide Duchi della Cassa, sorella della Marchesa
Alfieri; nato in Torino; Capitano nei Cavalleggeri del Re, Maggiore
(28 Marzo 1821). Cond. cont. morte. (S. R. Del 19 Luglio 1821). Liberato in parte dagli effetti della condanna l'11 Dicembre 1832 ed amni-
stiato nel 1842.
Fu Ministro del Re Carlo Alberto nel 1848, Luglio-15 Agosto). Morì
celibe in Torino, di 86 anni, il 23 Dicembre 1877, lasciando una memoria
ria molto rispettata, per la sua austera onestà e per la inesauribile sua
beneficenza (Dal Dizionarietto dei compromessi).

(3) DAL POZZO DELLA CISTERNA (Principe EMANUELE), nato in Torino il 16 Gennaio 1784, dal Principe Giuseppe Alfonso (+ 31 Marzo
1819) e da Carlotta Teodora Balbis di Sambuy (+ 19 Novembre 1817).
Servì la Principessa Paolina Borghese di poco casta e savia memoria,
siccome scudiere. In questi moti fu de' capi, in apparenza, ma incon-
scio delle segrete mene delle vendite centrali. Imprigionato prima che

elle le fit arrêter. On lui trouva grand nombre de proclamations incendiaires et trois lettres, une pour sa soeur (1), une pour le Marquis de Prié (2) et l'autre pour le chevalier de Perron (3). On fit arrêter ces deux derniers et on mit le scellé sur leurs pa- piers. Mais la police s'y prit si maladroitement que dans la nuit le Marquis de Carail entra dans leurs chambres et enleva tout ce qu'il pouvait y avoir de suspect. Les deux lettres étaient remplies de très mauvais principes, mais ne spécifiaient rien. Dans celle du Marquis de Prié il disait seulement qu'on de- vait faire tout le possible pour me mettre dans le parti, mais ne pas trop se fier de moi. Il parlait aussi de Gifflenga (4) di-

scoppiassero, fu subito tolto dal carcere (14 Marzo) e nominato Mag- giore nella Guardia Nazionale (20 Marzo). Cond. cont. morte. (*S. R. Del 10 Agosto 1821*) e la sua effigie fu appesa al patibolo il 14 Agosto. I beni confiscati gettàrono all'erario nel 1822, lire 112.934,26. Ebbe grazia in parte (11 Dicembre 1832) e licenza di ritornare per poco negli Stati: poi fu ammesso all'indulto del 1842. Quindi nominato Senatore del Re- gno, fra i primi. Dalla moglie Lodovica Carolina Ghislaine De Merode sorella della Principessa di Monaco, ebbe la Principessa Vittoria che cinse la corona ducale di Savoia, e la regia di Spagna, e lasciò tanta eredità di affetto e di compianto. (Dal *Dizionarietto dei compromessi*).

(1) BARBARA DAL POZZO, morta nubile a Torino il 24 Giugno 1828 e sepolta nel suo Castello di Reano. Lasciò le sostanze sue al Conte di Osasco ed al provicario canonico Peyron, quali fiduciari verso il fra- tello, cui non era lecito, quale proscritto, acquistare per eredità.

(2) TURINETTI DI PRIERO (Marchese SIMONE ERCOLE EPITETTO FLAVIANO DEMETRIO,) nato a Torino (10 Febbraio 1789) dal Marchese Giovanni Antonio e da Polissena Gamba della Perosa. Cond. cont. a morte (*S. R. del 10 Agosto 1821*). I beni confiscatigli rendettero nel 1823 L. 49.445.60. Nel 1833 il Re permise ai suoi di visitarlo in Bruxelles: nell'anno se- guente fu graziato in parte (15 Luglio 1834) quindi compreso nell'indulto del 1842. Vivono (1879) i suoi figli avuti da Francesca Gabriella Teresa Luisa Giuseppa Maria Lidia Solaro del Borgo sposata nel 1809. (Dal *Dizionarietto dei compromessi*).

(3) PERRONE DI SAN MARTINO (Conte ETTORE) dal Conte Carlo Fran- cesco Giuseppe e da Paola Argentero di Bersezio, nato il 12 Gennaio 1789, nominato Luogotenente-Colonnello dei Cacciatori d'Ivrea (20 Mar- zo 1821). Cond. cont. a morte (*S. R. 10 Agosto 1821*), graziato in parte (11 Dicembre 1832) e poi coll'indulto generale. In Francia, dove sposò Fanny de la Tour Maubourg, ottenne la grande naturalizzazione. Dopo il 1848 ebbe il grado di Tenente Generale e presiedette il Consi- glio dei Ministri. E' l'eroe della sventurata battaglia di Novara, e perì di ferita il 26 Marzo 1849. (Dal *Dizionarietto dei compromessi*).

(4) ALESSANDRO DE REGE Conte DI GIFFLENGA, nacque in Vercelli il 17 Ottobre 1774, vi morì il 14 Dicembre 1842; era un provato e colto veterano degli eserciti napoleonici. Alla caduta dell'Impero offrì i suoi servigi al Re; dopo circa un anno furono accettati e combattè a Greno- ble. N'ebbe la ben rara distinzione della commenda del nuovo ordine di Savoia, grado di Luogotenente Generale e l'ufficio di Ispettore della Ca- valleria. Per non essersi egli immischiato in queste rivolte del Ventuno

sant que c'était une personne précieuse à employer mais de qui il fallait se beaucoup méfier : étant capable de faire deux figures ; il ajoutait puis qu'il serait arrivé lui-même quelques jours après de Paris, et qu'il aurait apporté des renseignements beaucoup plus positifs. Dans la suite il fut arrêté et conduit à Fenestrelle. Au lieu de faire arrêter de suite toutes les personnes compromises par les papiers, on mit le plus de lenteur qu'on put dans cette affaire ; ils ne furent apportés à Turin que trois jours après et on les remit au substitut du procureur fiscal général, pour faire le procès. Les personnes compromises et qui avaient beaucoup d'argent à leur disposition eurent le temps de connaître ce qu'ils désiraient, et se crûrent dans la nécessité de hâter la révolution. (1)

Le 2 ou 3 environ (2) vinrent chez moi Carail, Collegno, Sainte Rose e Lisi me demandant le secret sur une chose très importante qu'ils avaient à ma confier, me disant ensuite après avoir faite une longue dissertation sur le idées libérales, qu'ils appartenaient à des sociétés qui depuis longtemps travaillaient pour l'indépendance de l'Italie, que tous leurs plans étaient à leur fin, que j'avais montré toujours un grand attachement pour mon pays et que je ne pouvais avoir d'autre but que celui de la gloire, et qu'ils espéraient que je me serais mis de leur côté pour obtenir du Roi une légère concession qui n'aurait été qu'une acheminement à la gloire future. Je leur répondis que je ne pouvais avoir autre manière d'agir

---

provò fieri assalti ed accuse di tradimento dai liberali : e fu tenuto in sospetto dai regii che senza pronunciare una condanna lo costrinsero a tenersi fuori paese, quindi nella Villa sua di Tronzano, in cortese esilio : non essendo stato riammesso alla pienezza dei suoi onori che per ordine abbastanza sospirato di Carlo Alberto nel 1839. Ma fra le recriminazioni degli uni e le diffidenze degli altri, il vero può stare e sta fra i due. In queste congiure, nè s'immischiò, nè s'adoperò, nè promise di farlo. Col cuore non se ne stava forse lontano. Ma come quei che ragionava con mente acutissima, che valevasi di lunga e provata esperienza, usato agli affari, conoscitore di mondo e di persone, ben s'avvide che nè i caporioni, nè i mezzi, nè i tempi, nè gli umori che serpeggiavano avrebbero conceduto che le novità riuscissero. La chiave degli eventi stava in mano ai napoletani, e di quei soldati da lui ben conosciuti, non si fidava punto. Epperciò nè favorì, nè consigliò i ribelli, anzi dalle sale del palazzo Carignano, dove confortava lealmente il Principe al viaggio di Nizza quando scortò i Sovrani sino al suo spontaneo costituirsi in Novara, sempre compì con precisione, anzi con zelo, gli obblighi suoi di soldato e di suddito.

(1) V. *Simple récit* - 40.
(2) Il 6 Marzo, secondo il *Simple récit* - 41.

que celle que la religion et l'honneur me prescrivaient, et que rien au monde ne m'aurait fait départir de mes devoirs. Je cherchais à les raisonner et à leur prouver la folie de leur entreprise, mais ils me dirent que ce que je leur aurais dit, quant à eux était inutile, puisqu'ils étaient liés par les serments les plus forts. Je leur dis alors que si je ne pouvais les empêcher de faire ce qu'ils désiraient, je me serais au moins mis contre eux avec mon artillerie. Alors ils me répondirent que c'était aussi inutile puisque tous les Régiments de la garnison étaient à leurs ordres et que même je n'aurais pas pu disposer de mon Corps. Pour me le prouver ils me firent voir une liste où je vis que la plus part des officiers étaient fédérés (1). Alors je leur dis que puisqu'un tel malheur m'arrivait je me serais rendu de ma personne auprès du Roi. Ils partirent en me disant qu'ils comptaient sur le secret, qu'ils espéraient que je changerais d'opinion et que la révolution aurait éclaté le jour que le Roi se serait rendu à Moncalier, dans la soirée du même jour.

Je fis appeler le Ministre de la Guerre, je lui dis que je savais à n'en pouvoir douter qu'une conjuration était établie et qu'on devait prendre les mesures les plus énergiques pour en empêcher son effet; qu'il y avait un Ministre de la police, un Ministre de la Guerre, qu'il était impossible qu'ils ne pussent pas savoir ce que tout le monde savait, et que moi je ne pouvais pas faire l'espion. Le Ministre me montra un très grand chagrin de tout ce qui se passait, me pria de faire moi-même mon possible pour y remédier, il finit pour me dire que si je ne m'y opposais point il aurait fait arrêter Collegno, qui était major d'artillerie légère et mon écuyer. Je lui dis que ce qui m'aurait fait le plus de peine c'est qu'on crut que je voulus protéger les personnes de ma Cour, qui pourraient se trouver coupables. Le Ministre partit, mais il ne fit point arrêter le major. Ne sachant presque plus comment faire pour empêcher ce fatal événement je résolus d'enlever toute l'artillerie aux conjurés, ne pouvant douter qu'ils ne comptassent beaucoup sur elle. Je passais presque tous ces derniers jours dans l'Arsenal et nos casernes, parlant et raisonnant les officiers et même les sergents; je parvins à me rendre extrême-

(1) C f. *Simple récit* - 45.

ment maître de l'artillerie légère et avoir la parole de presque
tous les officiers de l'artillerie à pied, qu'ils n'auraient fait aucun mouvement sans mon ordre et que si on eut attenté à la
personne du Roi ils se seraient faits tuer pour le défendre. Sachant que le Général Gifflenga a une grande influence sur l'armée et le connaissant particulièrement, je le fis appeler pour
lui confier ce que l'on m'avait dit et les mesures que je venais
de prendre. Je lui fis même parler à deux capitaines de l'Artillerie légère désirant qu'il s'aidat à prévenir les désordres
qui devaient avoir lieu.

Le mercredi 7 le Roi partit pour Moncalier. Sachant qu'il
désirait faire la route à cheval, le matin avant diner je lui demandais la permission de l'accompagner, car quoique le complot ne dût éclater que dans la nuit, je craignais de le
laisser dans ce jour entouré seulement de personnes âgées ou
de son écuyer Carail. Aussitôt après diner je me rendis à Turin, je rassemblais presque tous les officiers de mon Corps,
et leur ayant de nouveau fait redonner leur parole, j'en
envoie deux comme en leur nom aux conjurés: qu'ils se re-
tiraient de leur parti et qu'ils s'étaient mis à ma disposition.

Les révoltés m'envoyèrent ausitôt une députation. Je ne
vis que St. Marsan et Collegno qui me dirent que je les per-
drais, que je me déshonorerais aux yeux de l'Europe en em-
pêchant une action si louable; mais je les congédiais en leur
disant que j'avais fait mon devoir et que je les sauvais eux-
mêmes. Ils envoyèrent des autres ordres partout, et j'eus ainsi
le bonheur d'empêcher le premier complot.

Deux personnes vinrent de nouveau pour me parler dans
les deux jours suivants tels que le chevalier de S. Marsan (1) et
le capitaine Radice (2). Mais je me montrai de plus en plus in-

---

(1) Il Cav. BRITANNIO ASINARI DI S. MARZANO, fratello quartogeni-
to del Marchese di Caraglio. Era Tenente nello Stato Maggiore Generale
e Scudiero del Principe.

(2) RADICE EVASIO di Filippo, da Vercelli: Capitano d'Artiglieria e
professore nell'Accademia militare. Cond. cont. a morte (*S. R. del 19
Luglio 1821*). Nell'esilio insegnò a Dublino. La polizia Sarda lo desi-
gnava nel 1830 come carbonaro pericoloso e mandato dalle sette a scor-
rere l'Italia con nome e passaporti supposti. Graziato in parte nel 1840,
lo fu per intero nel 1842.

Dopo lo Statuto ebbe il riposo da Maggiore (16 Maggio 1848) e fu
più volte deputato di opinioni rischiose ma sempre austere. Notavanlo
in Torino anche per certa coccarda che portava sempre appicciata ad
un lungo cappello a tuba. (Dal *Dizionarietto dei compromessi*).

disposé contre eux, et redoublai de soins dans mes quartiers que je n'abbandonnai presque pas d'un moment. Ne pouvant plus disposer d'une seule compagnie d'artillerie et étant sûrs de m'avoir contre eux, les conjurés, à ce que Gifflenga m'envoya dire par le Comte Balbo, lui avaient envoyé une espèce de députation composée de Carail et de Sainte Rose pour lui narrer le cas et lui demander un conseil qui fut de renoncer à une entreprise si folle, ce dont ils lui donnèrent leur parole d'honneur au nom des fédérés.

Hors de moi d'avoir fait échouer la conjuration, je fis appeler le Ministre de la Guerre pour le mettre au fait de tout ce qui avait dû se passer, le priant de tout conter au Roi ajoutant que puisque la police et les autres personnes qui auraient du découvrir cette trame n'avaient su le faire, j'espérai que S. M. le Roi, en donnant des ordres pour que son service fut mieux fait à l'avenir, voudrait bien ne plus faire attention au passé en grâce de ce que j'avais fait pour son service. Le Ministre de la Guerre s'empressa d'aller à Moncalier pour donner cette bonne nouvelle au Roi m'assurant qu'il n'aurait sûrement pas fait des difficultés à accorder la grâce que je lui demandai. Le lendemain matin vers neuf heures le Gouverneur de la Ville (1) et le Ministre de la Guerre (2) vinrent en hâte chez moi pour me dire que le Colonel des chevaux-

---

*(1) Governatore di Torino e comandante Generale di quella Divisione era il Cav. IGNAZIO THAON DI REVEL, Conte di Pralungo (Vedi Nota 1, Pag. 35). Egli deve essere stato sbalordito dalla profonda incoscienza di cui dava prova il Principe, il quale (a quanto narra lo stesso REVEL - Op. cit., pag. XLIII) rispondit avec sang froid : « C'est une méprise : il faut que le contre-ordre ne soit pas arrivé. Si c'était la révolution la citadelle eut déjà été prise hier ! » Il solo fatto di ammettere di aver partecipato a trattative coi rivoltosi non è forse la più esplicita, per quanto ingenua confessione della compromissione morale, se non materiale, del Principe di Carignano? Come ho già osservato egli si accusa più che non si giustifica.

*(2) SALUZZO DI MENUSIGLIO Conte ALESSANDRO, figlio del Conte Giuseppe Angelo, fondatore dell'Accademia militare. Nato in Torino il 12 Ottobre 1775. Membro del Corpo legislativo sotto l'Impero francese. Tutore nel 1813 del Principe di Carignano. Segretario del Consiglio Supremo di Reggenza del Piemonte nel 1814. Fu Ministro della Guerra dal 17 Novembre 1820 al 12 Marzo 1821. Andò poi Ministro a Pietroburgo. Presiedette l'Accademia delle scienze ed il Congresso degli scienziati tenutosi a Torino. Autore della *Histoire militaire du Piémont*. Ebbe la Collana dell'Annunziata, con tre fratelli. Esempio unico. Sedette nel Senato del Regno e morì il 10 Agosto 1851.

légers de Piémont (1) en garnison à Fossan, qui est à plus de douze lieues de Turin, aurait dit qu'il marcherait sur la Capitale pour secourir le Roi qu'on devait avoir attaqué à Moncalier quoiqu'il n'eut avec lui qu'un seul escadron de son Régiment, qui était tout entier de garnison en Savoje.

Ces deux Messieurs étaient hors d'eux, surtout le Gouverneur. Je fis de mon mieux pour les rassurer disant que ce n'était seulement qu'un malentendu, puisque le Ministre de la Guerre savait qu'ils avaient juré de ne rien entreprendre. Le Gouverneur m'ajouta que le Général Gifflenga était allé à leur rencontre assurant qu'il les aurait fait retourner en arrière.

Le Ministre de la Guerre me pria avec instance d'accompagner le Gouverneur qui désirait faire le tour des Quartiers. Quoique je fusse malade, je me levai aussitôt, les assurant qu'en quelque état que je pusse être ils m'auraient toujours trouvé prêt à faire tout ce qu'ils m'auraient demandé pour le service du Roi.

Nous nous rendîmes d'abord à l'Arsenal, où je fis prendre les armes à l'Artillerie, je fis préparer une batterie et donner les ordres pour qu'on ne laissat approcher ni entrer aucun particulier dans nos casermes. Nous allâmes depuis dans celle du Régiment des Gardes et du Régiment d'Aoste. Le Gouverneur ne parlait à aucun officier, je les rassemblai et leur raccomandai la fidélité qu'ils devaient au Roi, leur disant qu'il n'y avait qu'un seul Dieu qui voyait nos actions et que l'honneur ne permettait de suivre que la ligne droite de nos devoirs. Tous me donnaient les marques les plus évidentes de leur zèle.

Je quittai alors le Gouverneur pour rejoindre le Général Gifflenga, et aller au devant des chevaux-légers; mais il était déjà de retour à Moncalier, le Colonel n'étant point parti. J'y

---

(1) MOROZZO DI MAGLIANO E DI SAN MICHELE (Conte CAIO VITTORIO) del fu Conte Pietro Amedeo e di Giovanna Maria Filippone da Torino; Colonnello dei cavalleggeri di Piemonte, Cavaliere Mauriziano; cond. cont. morte. (S. R. del 19 Luglio 1821). Si rifugiò in Francia dove morì a Bourges il 18 Novembre 1838. Lasciò un figlio naturale, dello stesso nome del padre legittimato da Carlo Alberto nel 1840; fu tenente nei Carabinieri e morì nel 1849 di ferite toccate il 25 Marzo sotto le mura di Casale. (Dal Dizionarietto dei compromessi).

trouvais le Ministre de la Guerre qui me dit ce que S. M. le Roi me confirma, qu'à condition que d'ici à l'avenir les con-jurés ne fissent plus rien, il ne penserait plus au passé et S. M. eut encore la bonté de m'accorder la grâce du Colonel.

Trois ou quatre heures après, étant de retour à Turin, j'appris que la garnison d'Alexandrie s'était révoltée et s'é-tait emparée de la Citadelle. S. M. se rendit aussitôt à Turin avec son Auguste Famille. Peu après son arrivée l'on apprit que le Régiment des chevaux-légers du Roi (1) de garnison à Pignerol avait aussi défectionné et prenait la route d'Ale-xandrie.

Rentré chez moi depuis peu de moments on m'avertit que le Comte Balbo fils avait quelque chose d'importance à me communiquer, c'était pour me dire que son père et d'autres ministres croyaient que pour apaiser les esprits et empêcher que la révolution eut d'autres suites, il fallait qu'on fit au Roi la proposition de proclamer la Constitution de France ou quelque autre de ce genre et qu'il n'y avait que moi qui put le faire. Je répondis que je n'allais pas au conseil de S. M. et que si d'ailleurs les Ministres avaient à me dire quelque chose, ils pourraient venir chez moi. Balbo sortit en disant qu'il allait leur faire cette réponse et un moment après il vint me dire que le Comte de Saluces, le Comte Vallaise (2) et son père pensaient de même et que les deux derniers seraient venus me parler. Je dis alors à ces Messieurs que s'ils croyaient pour la sureté du Roi et pour éviter des plus grands malheurs je pusse et dusse faire cette proposition à S. M., je ne l'aurai faite qu'en présence du Conseil et eux m'appuyant, ne vou-lant point prendre une telle chose sur moi. Dans la soirée S. M. me fit dire de me rendre en toute hâte à son Conseil.

Tout le monde y était indécis, on ne prenait aucune ré-solution. Le Comte Balbo me pressa de donner mon avis. Je dis alors à S. M. que l'on avait laissé aller les choses jusqu'à un point qu'il paraissait nécessaire de faire la promesse de quelques concessions pour calmer le esprits. Le Comte Balbo

---

(1) Colonnello di questo reggimento era CARLO GABRIELE BALBO BERTONE DI SAMBUY. Egli rimase fedele. Ma aveva per capitani i Conti BIANCO, BARONIS E LISIO; tenente il Marchese GHINI; cornetta di GAM-BOLÒ, tutti ribellatisi.

(2) Vedi nota 3 Pag. 77.

et le Comte Vallaise soutinrent beaucoup cette proposition. Le Comte de Saluces et le Marquis Brignole ne dirent rien et les autres membres du Conseil qui étaient le Comte de Roburent, (1) le Comte Lodi, (2) le Comte Revel, et le Comte de la Val (3) opinèrent en sens contraire. S. M. déclara qu'elle n'aurait fait aucune concession et le Conseil se termina sans qu'on eut rien décidé.

Dans la même soirée le Gouverneur m'ayant fait dire q'il désirait que la garnison d'artillerie qui était à la citadelle fut augmentée, je donnais l'ordre au chevalier Omodei (4) un de mes aides de camp et qui est officier d'artillerie d'y faire passer 80 hommes de plus et de dire au Colonel d'y envoyer des officiers surs. Le lendemain nous apprîmes que le Marquis de Carail, colonel des Dragons de la Reine, le Comte de Sainte Rose employé au Ministère de la Guerre, le Capitaine Radice

---

(1) CLEMENTE GIOACCHINO CORDERO, Conte di ROBURENT, secondogenito del Marchese di Pamparato. Era Luogotenente Generale, Collare della Nunziata (20 Giugno 1812), intimo amico, favorito e grande scudiero del Re Vittorio Emanuele I. Col Re Carlo Felice conservò il grado di grande scudiere e la direzione delle RR. Mandrie (22 Agosto 1822) cosa che in una storia grave fece tanto ridere l'austero Brofferio. Quindi, morto il Marchese di Roddi, gli succedette nella carica di Gran mastro della casa (20 Marzo 1826). Morì celibe di 72 anni l'11 Marzo 1827.

(2) CARLO LODI Conte di CAPRIGLIO, Maggior Generale di Cavalleria, Gran Croce Mauriziana, inetto ministro di polizia, già presidente del buon Governo (11 Gennaio 1851). Dopo questi movimenti, non solo non preveduti da lui, ma neppure sospettati fu messo a riposo (18 Dicembre 1821). La Regina Maria Teresa nel partirsene dalla Reggia dopo l'abdicazione, veduto il povero Lodi: — Confessate, gli disse, che abbiamo pagato ben cara una polizia che ci servì così male. « M.r de Lodi que l'on accusait d'avoir trop d'esprit s'est pleinement justifié » Simple récit, 30. Il Cibrario dubita di tanta incredibile imperizia (Re Carlo Alberto - Milano - 1865, n. 21) e pensa che ripugnasse a procedimenti di rigore perchè vi partecipavano molti de' gran nomi dell'aristocrazia.

(3) GIOVANNI PICCONO Conte DELLA VALLE, aiutante generale dell'esercito, direttore generale delle Poste e primo ufficiale nel Ministero dell'Estero (27 Dicembre 1817).

(4) FRANCESCO OMODEI, nato a Cilavegna (Lomellina) dal dottore Annibale che fu direttore degli Annali universali di medicina. Fu un colto ed erudito colonnello d'artiglieria, socio dell'Accademia delle Scienze di Torino e professore all'Accademia militare. Morì il 16 Marzo 1837. In Luglio 1835 fu tolto dalla direzione dell'arsenale e messo a disposizione del Ministero sotto scusa di alcune esigenze di servizio, ma specialmente perchè il Ministro Villamarina lo dipinse al Re quale sospetto di amare le idee liberali.

et le lieutenant Rossi de l'artillerie (1) s'étaient sauvés dans la nuit à Alexandrie. Je passais une partie de la matinée à l'Arsenal et ayant su qu'on avait envoyé le capitaine Enrico (2) dans la Citadelle , je demandais la permission au Roi d'y faire passer le Colonel Des Geneys (3) disant que ne pouvant avoir les soldats sous mes propres yeux je désirai que le commandement fût donné à cet officier de qui je me fiais entièrement. S. M. me l'ayant accordé je lui donnai l'ordre de changer tous les officiers qu'il aurait cru suspects, lui disant surtout que je ne me fiai pas d'Enrico; mais il me jura qu'il en répondait.

La fermentation augmente beaucoup en ville; pendant toute la journée le Conseil du Roi fu presque permanent mais on n'y prit aucune mesure. Dans la soirée seulement on propose de m'envoyer à Alexandrie pour parler aux rebelles et chercher de les faire rentrer dans le devoir. Ayant seulement demandé et obtenu que le Comte Gifflenga m'accompagnat, je me rendis chez moi pour me préparer au départ.

Le Général m'ayant dit qu'il avait encore à faire quelques observations au Ministre de la Guerre, le Comte de Saluces vint quelque temps après me dire que s'il ne me faisait point de la peine, le Roi aimait mieux que je n'allasse plus à Alexandrie (4).

(1) ROSSI (GIUSEPPE IGNAZIO) del fu Vittorio Amedeo da Grugliasco, Tenente d'artiglieria, nominato Capitano (3 Aprile 1821): Cond. cont. a morte (S. R. del 19 Luglio 1821); graziato in parte (3 Novembre 1834) e compreso nell'indulto del 1842; pensionato come Capitano (16 Maggio 1848). (Dal Dizionarietto dei compromessi).

(2) ENRICO (GIAMBATTISTA) di Antonio da Torino; Capitano d'artiglieria. Cond. cont. a morte (S. R. del 6 Settembre 1821). Ricorse al Re e fu ammesso all'indulto del 1842 R. Reg. al Sen. - 4 Maggio 1842). (Dal Dizionarietto dei compromessi).

(3) GIUSEPPE AGNES DES GENEYS dei Baroni di MATHIE, fratello del Barone Giorgio Andrea, Ammiraglio, Cavaliere dell'Annunziata e del Merito, morto l'8 Gennaio 1839, e del cavaliere Matteo, Ministro della Guerra che morì per colpo apopletico il primo Luglio 1831 mentre stava in relazione col Re.

*(4) Secondo il Conte di Revel (Op. cit., XLIII) le cose avrebbero proceduto diversamente. « Les rapports venus d'Alexandrie étaient que les troupes étaient consternées et que s'il se fut présenté quelqu'un qui offrit l'impunité et des passeports avec de l'argent à ceux qui voudraient s'en aller on obtiendrait la rémission de cette fortresse. Le Roi proposa au Prince de Carignan d'y aller dans cette vue, il y consentit en demandant de conduire avec lui le Général Gifflenga. Le Roi consentit et le Prince sortit pour aller se disposer à ce voyage mais il revint bientôt disant qu'il ne pourrait se charger de cette mission par la crainte

Le 13 au matin de retour de mes quartiers, un capitaine d'artillerie m'annonça que deux compagnies de la Légion royale venaient de se révolter et étaient dehors de la Porte Neuve. Je cours en avertir le Roi, son Conseil était rassemblé. Tous les ministres furent extrèmement déconcertés de cette facheuse nouvelle. Le Gouverneur envoya son fils (1) pour reconnaître l'état des choses, mais celui-ci n'étant pas sorti des

---

qu'il avait qu'on ne le retint forcément. Le Général Gifflenga se refusait pour le même motif. »

Il Conte di Revel aggiunge poi il seguente racconto che pure per la sua eccezionale gravità merita di essere riferito :

« Le jour auparavant le Prince fit demander à Revel la permission d'aller inspecter la citadelle. Étonné de cette domande Revel se rendit chez le Prince et lui déclara qu'il avait l'ordre de ne laisser entrer qui que ce fut dans la citadelle. »

Le Prince répondit : « Me soupçonnez-vous ? je vous donne ma parole que je n'ai aucune mauvaise intention ». La calme d'un Prince envers un particulier qui lui témoignait tant de défiance n'était rien moins que rassurant. Revel lui dit alors : « Si vous voulez aller à la citadelle, je vous suivrai, Monseigneur, et je vous demande d'être percé avant que d'avoir la douleur de voir la citadelle perdue pour le Roi. » Le Prince parut étonné de ce langage et Revel se jetant à ses genoux et prenant sa main le conjura de revenir sur ses pas. Il lui exposa la honte et les conséquences de sa conduite, lui représenta la situation : qu'il n'avait que quelques années à attendre et qu'il serait en possession légitime et tranquille de la monarchie.

Le Prince se plaignit du Duc de Genevois; il avait désiré partager les honneurs de la Princesse son épouse en ayant le titre d'Altesse Royale, le Duc, sans l'aveu du quel le Roi ne voulut pas lui accorder cette demande, s'y était réfusé avec rudesse par une lettre dans laquelle il lui disait entre autres que tant qu'il vivrait il serait lui le seul Prince de Savoie qui porterait le titre d'A. R.

On ne peut douter que le ressentiment contre le Duc de Genevois n'ait contribué à pousser le Prince dans ces menées funestes qui des vinrent criminelles.

Revel lui parla avec l'effusion d'un vieux serviteur passionément attaché à la gloire de ses Princes et à la prosperité de leurs sujets. Il lui représenta la témerité de vouloir attaquer l'Autriche, la nullité des Milanais, l'attitude des grandes puissances, les maux qu'il allait attirer sur lui et sur sa patrie, qu'il pourrait encore sauver les personnes qui s'étaient déclarées en demandant au Roi leur pardon.

Le Prince observa entre autres choses qu'ayant été élevé en particulier il ne lui couterait pas, s'il ne réussissait pas, d'aller en Amérique et de laisser ses droits à son cousin (cette pensée, non de périr s'il échouait, mais de s'en aller, prouve l'indécision de son esprit).

À la fin le Prince feignit d'être persuadé, embrassa Revel à plusieurs reprises et lui laissa l'espoir qu'il s'arrêterait au bord de l'abime et qu'il ne voudrait se perdre et compromettre la belle succession de la monarchie. »

Di questo incidente fra il Principe di Carignano ed il Conte di Revel, la relazione del Principe non fa menzione.

(1) Il Conte FEDERICO DI REVEL, Tenente nei granatieri guardie, morto di 23 anni il 15 Febbraio 1824, mentre era fidanzato.

portes, rapporta qu'il n'y avait rien. Le Conseil continua alors
et je rentrai chez moi.

Vers une heure après midi le Comte de Saluces vint m'a-
vertir que S. M. s'était déterminée à partir de Turin avec les
troupes pour se rendre à Alexandrie et déterminer les rebelles
à l'obéissance. Je me levai pour envoyer des ordres à l'artillerie lorsque nous entendîmes un coup de canon suivi de deux
autres.

Le Comte de Saint Georges vint aussitôt nous annoncer
que c'était le signal que la Citadelle donnait de son insurrection et de la demande qu'elle faisait de la Constitution
Espagnole.

J'envoyai l'ordre à l'Artillerie de se rendre sur la place
devant le palais de S. M. pour le protéger en cas de besoin
et attendre les ordres ultérieures.

J'accompagnai le Comte de Salùces, j'allais au palais de
S. M. où je trouvais toutes les personnes qui l'entouraient
dans le plus grand abattement. On venait de recevoir la certitude de la révolte des deux compagnies de la Légion et on
ne prenait aucun parti. Je proposai d'envoyer un officier reconnaître à la Cittadelle l'état des choses. Le Marquis de Lamarmora (1) mon aide de camp s'y rendit. Le peuple l'entoura
le jeta à bas du cheval et le retint comme prisonnier voulant le
forcer à crier: *Vive la Constitution!* Nous apprîmes dans le
même temps par le Gouverneur de la Citadelle que les révoltés avaient chassé le Colonel Des Geneys et qu'il avait été tué
par un sergent du Régiment aux Gardes, (2) que la plupart des

---

(1) Vedi note 1-2, pag. 17.

(2) RITTATORE DAMIANO di Filippo, da Monasterolo (Saluzzo), ser-
gente brigata granatieri guardie; milite di Savoia (6 Giugno 1816) in
cambio della Legione d'onore; uccisore del Des Geneys; nominato Tenente (2 Aprile 1821), Cond. cont. a morte coll'inasprimento del taglio
della mano destra. (*D. R. del 6 Settembre 1821*). - Il Beolchi lo fa morire sotto Atene (6 Maggio 1827) dopo aver militato nella Spagna. E'
però curioso vedere siccome Carlo Alberto fosse male informato dalla
sua polizia su questi esuli. Infatti leggo in uno scritto del Re (1838):
« Lorsque dans l'année 1821 une partie de la garnison qui était dans la
citadelle de Turin s'insurgea le lieutenant colonel Des Geneys s'empressa
de s'opposer aux desseins des rebelles, mais à peine eut-il parlé qu'il
fut lâchement assassiné par le sergent Rittatore, qui lui porta un coup
de pointe. Ce dernier ayant été obligé de se réfugier en Espagne avec
une grande partie des officiers qui avaient défectionné, se battit en duel
dans la même année à Barcelonne pour des intérêts pecuniaires avec le

officiers avaient été renvoyés et qu'un capitaine du Régiment d'Aoste s'était declaré Commandant. (1) Le Conseil de S. M. décida d'envoyer quelqu'un parlementer avec la citadelle et chercher à faire rentrer les factieux dans le devoir. Personne n'y voulait aller; on m'envoya avec le Général Gifflenga. Au moment d'arriver sur les glacis, un officier de Piémont Royal m'avertit qu'on s'était rapproché un peu plus près, on avait faite une décharge sur lui et que son ordonnance avait été tuée.

J'allais jusqu'au bord du fossé. Les troupes révoltées composées de quatre compagnies du Régiment d'Aoste, de trois des Gardes et de 86 hommes d'artillerie restaient sous les armes derrière le parapet poussant des hurlements affreux et ne voulurent jamais envoyer un officier ni même un bas-officier sur le parapet pour parlementer.

Une foule immense de peuple à la tête duquel étaient plusieurs bourgeois de la ville et quelques officiers à demi-paye, nous entouraient en faisant des cris si forts que nous ne pouvions nous entendre, même entre nous. Nous eûmes assez de peine à nous dégager d'au milieu d'eux: plusieurs voulant nous retenir et quoique dans l'intérieur de la ville nous eussions pris le galop ils nous suivirent jusque sur la place Château ayant à leur tête le fils du banquier Muschietti (2) qui portait un étendard tricolore (3).

---

capitaine Pacchiarotti qui le tua sur la place d'un coup de pointe dans la poitrine. Dans l'année 1823 le même capitaine fut tué par une balle qui lui tramperça la poitrine dans un engagement des troupes révolutionnaires espagnoles contre une des divisions françaises qui étaient sous les ordres du Maréchal Moncey. Dieu infliga à Rittatore la même mort qu'il avait donné au malheureux Colonel. Avec la grande différence pourtant que celui-ci mourut en accomplissant son devoir tandis que lui fut enlevé par une mort subite, au milieu même de ses crimes ».

(1) Credo che dovesse dire che il comando fu assunto da un uffiziale di artiglieria, cioè da Luigi Gambini, Capitano, condannato a morte con sentenza del 6 Settembre 1821 eseguita in effige il dì 11.

(2) MUSCHIETTI (PIETRO), del banchiere Lodovico, da Torino. Cond. cont. a morte (*S. R. del 6 Settembre 1821*). Al padre pel dolore diè volta al cervello. Egli vagò misero e bisognoso e morì al Messico, trucidato dai ladri. (Dal *Dizionarietto dei compromessi*).

(3) Questa bandiera tricolore portava il nero, il rosso e l'azzurro, emblema della setta dei carbonari, come il fumo n'era il simbolo, cosa che fè scappare irriverenti risa al Marchese Roberto d'Azeglio, quando fu iniziato. In Alessandria invece la Giunta fè svolazzare il verde, bianco e rosso, colori del regno italico. Lo stendardo portato dal Muschietti

Sur la place étaient les Régiments des Gardes, d'Aoste, le Corps d'Artillerie et les Gardes du Corps qui tous à mon retour firent des cris de *Vive le Roi* qui indiquait très clairement le bon esprit dont ils étaient animés; même les officiers du Régiment de Piémont cavalerie ne pouvant retenir leurs soldats qui chargèrent aux cris de *Vive le Roi* sur les factieux qui s'étaient présentés avec un drapeau tricolore en emportèrent deux personnes. À notre retour le Conseil de S. M. délibéra sur ce qu'on devait faire. Plusieurs personnes furent d'avis que S. M. devait monter à cheval pour se présenter à la troupe. Le Roi demanda ses chevaux; mais au moment que nous sortions, le Gouverneur et le Ministre de la Guerre représentèrent à S. M. qu'elle se serait exposée inutilement. Alors le Gouverneur dit qu'il fallait s'informer de l'esprit des corps. Le premier je dis que je répondais entièrement de l'artillerie légère, que quant à l'artillerie à pied je pouvais assurer qu'ils se seraient fait tuer pour défendre la personne du Roi; mais que je ne pouvais pas en répondre pour agir. Le Colonel du Régiment aux Gardes (1) assura qu'il répondait entièrement de son régiment, celui du Régiment d'Aoste (2) dit que les officiers avaient déclaré de ne point vouloir faire la guerre civile, mais qu'ils auraient défendu la personne du Roi. Le Colonel de Piémont cavalerie (3) assura qu'il répondait entièrement de son régiment. Ces reponses qui ne devaient donner que de l'espoir firent croire au Gouverneur et au Ministre de la Guerre que tout était perdu et depuis ce moment ils ne firent plus que jeter de l'alarme (4): S. M. dit que plutôt d'accepter la

---

fu lavorato in segreto da due sorelle dell'Avvocato Rivoira. Svoltata la via di Santa Teresa il Muschietti lo consegnò al Conte Giambattista Michelini di San Martino.

(1) Il Cav. VIALARDI DI VERRONE.

(2) Il Cavaliere Mauriziano e di Savoia, GIAMBATTISTA CIRAVEGNA, fatto poi segno a violenti invettive dall'autore del *Simple réctt*, che lo qualificò come il solo fra gli ufficiali non venuti di Francia che avesse tradito (pag. 4).

(3) FELICE CACHERANO, cavaliere di BRICHERASIO, poi Tenente generale (1832).

* (4) Su questo punto il Revel scrive: « La citadelle menaçait la ville d'un bombardement. Il ne fallait pas beaucoup de perspicacité pour voir que le Prince influait sur le mouvement. Il avait déclaré qu'il répondait que l'artillerie aurait défendu la personne du Roi, mais non qu'elle eut tiré sur le peuple. Pour se tirer d'une telle position il fallait une énergie extraordinaire, et l'état où l'on était réduit prouvait qu'elle n'exi-

Constitution Espagnole il aurait abdiqué. J'employais tous les
moyens possibles pour le dissuader d'une telle idée. Il nous
dit alors qu'il passerait chez la Reine pour la consulter et il
entra quelques moments après avec son auguste épouse dans
l'appartement où nous étions.

S. M. la Reine me dit devant tous ces Messieurs qu'elle
s'étonnait que moi qui peu de jours auparavant je disais au
Roi que la Constitution d'Espagne c'était le plus grand des
malheurs pour un pays et qu'un souverain ne doit jamais s'a-
baisser, j'eusse parlé la veille de la Constitution de France.
Je répondis alors à S. M. que telle était encore ma manière
de penser, que ce que j'avais dit était pour prévenir le mal
que les employés du gouvernement avaient laissé aller à un
point bien difficile à remédier.

Dans ce moment on donna une fausse alarme, je courus
sur la place : à mon retour on nous fait entrer dans la chambre de S. M. la Reine. Le Roi parla nouvellement de Constitution, mais le Gouverneur prit alors la parole et dit au Roi :
Sire, écoutez la voix d'un de vos meilleurs serviteurs, d'un
vieux militaire : le mal est irrémédiable, je connais l'esprit
du moment, il n'y a rien qui puisse nous sauver. Le Gouverneur en disant ces paroles avait les larmes aux yeux, ainsi que
le Ministre de la Guerre. Nous restâmes dans l'antichambre
de S. M. tout le reste du jour.

Vers le soir le Roi nous rappela pour nous annoncer qu'il
voulait renoncer et me faire Régent. Je fis tout mon possible
pour le dissuader d'un tel dessein, qui serait la ruine de notre
pays et que je n'accepterais jamais d'être Régent. Les Ministres me pressent d'accepter ; je leur dis que j'étais depuis deux
ans brouillé avec le duc de Génevois et que si j'acceptais
la Régence cela n'aurait eu que des suites funestes.

Le Roi nous congédia. Vers les onze heures le Gouverneur et le Ministre de la Guerre me dirent qu'ils venaient d'a-
voir la relation que les soldats du Régiment d'Aoste se ré-
voltaient et qu'il fallait que quelqu'un allât à leur quartier
pour leur parler, enfin ils me firent entendre que j'aurais du

stait pas ». (REVEL - Op. cit., XLVI). Tra le assicurazioni e le restrizioni
del Principe e l'allarme del Revel queste erano certamente più giustificate.

y aller. Je m'y rendis accompagné d'un seul aide de camp, et je trouvais le quartier dans la plus grande tranquillité. A mon retour je trouvais deux officiers qui venaient à ma rencontre pour me dire de me rendre de suite chez le Roi, qui entouré de son Conseil, auquel on avait ajouté le Général Gifflenga, m'annonça qu'il était résolu d'abdiquer et de me faire Régent. De nouveau je voulus m'y refuser, mais les Ministres de S. M. me rapportèrent que c'était le dernier ordre que le Roi me donnait et que je devais à mon pays d'accepter pour éviter les plus grands maux. J'ai cru de devoir obéir au Roi demandant pourtant que S. M. la Reine fut présente à la renonciation et à la firmation de l'acte d'abdication. A peine que S. M. l'eut signé, les Ministres et divers autres personnes de la Cour me firent les plus grandes recommandations pour que j'eusse soin de la sureté du Roi et de son Auguste famille dont le départ fut fixé à l'aube du jour.

Désolé de la renonciation du Roi et n'ayant devant les yeux que ces vieux militaires couverts de larmes qui me montraient tous de si grandes craintes pour la sureté du Roi je me figurais que je ne comprenais pas l'état des choses et qu'elles devaient être cent fois pire de ce que je croyais.

La renonciation à la Couronne fut donc faite par la crainte des attentats qu'on pourrait commettre contre son auguste personne et par la demande qu'on faisait de la Constitution espagnole que S. M. ne voulait point accorder et que les conseillers croyaient ne pouvoir plus être évitée.

A peine que S. M. se fut-elle retirée, tous les Ministres me déclarèrent, qui ni leur délicatesse, ni leur honneur, ni les convenances ne leur permettaient plus de continuer dans l'exercice de leurs charges et qu'ils s'en démettaient dès le moment. Le Comte Balbo seul voulut bien m'écrire la lettre que j'envoyais au duc de Genevois pour lui annoncer que le Roi lui avait cédé la Couronne et me fit aussi la première proclamation qui parut en mon nom pour annoncer l'abdication, car j'étais si affligé que je ne pouvais dans ce moment presque rien faire par moi-même.

Les Ministres me quittèrent en me recommandant de nommer le lendemain matin un autre Ministère. Le Comte de Revel déclara que diverses circostances ne lui permettaient

plus de conserver le commandement de la ville et qu'il se re-
tirait, le Général de Venanson (1) qui commandait la divi-
sion de Turin et du quel je ne saurais faire assez d'éloges
pour la manière franche et loyale avec laquelle il se conduisit
dans ces derniers jours, me demanda aussi de se pouvoir retirer, au moins pour quelques jours, allégnant des raisons mal-
heureusement trop justes. Je fis appeler le Général Gifflenga
lui disant que sachant l'influence qu'il avait sur la troupe,
je comptais sur ses bons conseils et sur le zèle qu'il aurait
employé pour maintenir l'ordre et faire rentrer tout dans la
tranquillité. Il me dit qu'étant dans un moment violent de
fermentation il fallait pour concilier les esprits et maintenir
le bon ordre, nommer le colonel du Régiment d'Aoste Général (2), et lui donner le commandement de la Ville. Le Général
ayant parlé avec le Comte Roburent, celui-ci vint me dire
un moment après que S. M. désirait que le Comte Gifflenga
l'escortât jusqu'à Coni, ce qui me mit dans un grand embaras.

Le Roi partit à trois heures du matin ayant trouvé tous
les salons, les escaliers et jusqu'à la cour remplie de gentils-
hommes, d'officiers et de gardes du corps qui tous voulaient
encore lui baiser la main. S. M. fut escortée par le Régiment
entier de Chevaux-légers de Savoje, qui étaient arrivés dans
la soirée. J'eus moi-même l'honneur d'accompagner LL. MM.
jusqu'à deux milles loin de Turin.

---

(1) CARLO GIUSEPPE TRINCHIERI, conte di Venanzone, nizzardo, già
Generale ai servizi russi, poscia Governatore di Novara e di Genova.
Pensionato nel 1831 si ritirò a vita quasi selvaggia e misantropica nella
sua villa di S. Carlo sulla collina di Nizza. In questi moti aveva aiutato
a reprimere il tumulto degli studenti, e trattenuto per alcun tempo nel
dovere il presidio della cittadella.

(2) Il succitato Cav. Ciravegna.

XV.

Memoriale redatto da Carlo Alberto nel 1821.

PARTE SECONDA.

DÉTAILS SUR MA RÉGENCE.

L'on vient de voir les raisons qui firent abdiquer le Roi. La faiblesse de bien de personnes, des Ministres et des premiers généraux qui étaient à Turin, de se retirer, de s'éloigner : la mauvaise volonté et la perfidie de plusieurs : de sorte que si au lieu de 22 ans j'en eus 30 et que je fus doué de tout le talent et l'expérience possibles, je doute qu'abandonné de tout le monde je pusse faire grand chose de bon. Le fait est qu'étant arrivé à 7 heures à Turin je me rendis au palais de S. M. où je convoquai aussitôt les premiers secrétaires de tous les Ministères (1) espérant de pouvoir faire faire par eux le travail ; mais tous refusèrent de continuer alléguant des maladies et l'impossibilité dans laquelle ils étaient de diriger en

---

(1) Erano primi ufficiali, o come ora si direbbero segretari generali dei vari Ministeri, il Conte della Valle che si ritirò a Ginevra poi a Modena, per l'Interno il Senatore Melchiorre Mangiardi, il quale controfirmò il proclama del 13 Marzo 1821 promettente la Costituzione Spagnuola, per la Sardegna Giuseppe Manno, il quale, segretario privato ad un tempo del Duca di Genova, ricevette ordini da Modena dal suo Principe di continuare nel suo ufficio; al Dicastero della guerra e della Marina ne compieva le veci Santorre di Santa Rosa; in Finanza il Cavaliere Giacomo Fulcheri, morto il 2 Ottobre di quell'anno, e per la Polizia il Marchese Antonio del Carretto di Lesegno, che fu poi in quell'anno (27 Dicembre) trasferito alla Direzione dell'azienda delle Finanze.

chef. J'employai toute la matinée à faire des nominations de toutes les personnes les plus recommandables qui toutes refusèrent d'accepter. Je sortis à deux heures n'ayant pu décider que le chevalier Villamarina (1) à se charger du Ministère de la guerre; encore fut-il malade les cinq ou six premiers jours.

Je trouvai à mon arrivée chez moi le chevalier de Castion et l'Avocat Vismara qui m'attendaient et qui employèrent tous les raisonnements dont ils étaient capables pour m'induire à accorder aux révoltés la Constitution Espagnole. Le chevalier de Castion disait qu'il arrivait d'Alexandrie où les fédérés avaient juré de mourir plutôt que de renoncer à leurs desseins. J'eus beau leur représenter que je ne pouvais rien changer à l'état des choses alors existantes. Ils ne voulurent point me comprendre. M. Vismara m'ayant dit que j'aurais perdu l'affection de tout le monde, je leur répondis en les congédiant que je tenais peu à l'affection, mais beaucoup à l'estime.

Une heure après cet entretien vers les trois heures la place se couvrit d'une foule de personnes qui augmenta tellement que toutes les rues adiacentes de notre palais se trouvèrent encombrées. Les séditieux poussèrent des hurlements effroyables demandant la Constitution Espagnole. La garde fut obligée de se retrancher au dedans de la porte, plusieurs personnes de ma maison furent renversées. Le Comte de Tournafort fut foulé aux pieds, le marquis de Sinsan (2) fut retiré avec peine des mains des factieux, mais ils ne seraient pourtant point entrés si malgré les marques de dévouement que je reçus de la plupart des personnes de ma Cour il ne se fut trou-

(1) DON EMANUELE PES, che dopo avere rinunziato ad un fratello la contea del CAMPO, succedette ad altro fratello, don Francesco nel Marchesato di VILLAMARINA. Morì improvvisamente il 5 Febbraio 1852 dopo essere vissuto assai tempo nella difficile confidenza di Carlo Alberto e colla credenza del volgo che favorisce efficacemente la parte e le speranze liberali. NICOMEDE BIANCHI nelle *Curiosità e ricerche di Storia Subalpina* (Torino, 1874, I. 142-164) aveva cominciato a pubblicare certe *Memorie di un veterano piemontese* disposte da lui sulla traccia lasciata dal Villamarina. Ma s'arrestano appunto al Ventuno. Peccato perchè quivi il Bianchi ci assicura che da quelle carte narrerebbe le vicende del Ventuno con documenti inediti pei quali non pochi fatti sarebbero rettificati ed altri narrati storicamente per la prima volta.

Il Villamarina era allora maggior generale ed ispettore della fanteria (29 Novembre 1820) e tenne la reggenza del ministero della guerra per cinque giorni a cominciare dal 16 Marzo 1821.

(2) Il Marchese ENRICO DELLA CHIESA DI CINZANO E RODDI.

vées aussi de celles qui me trahirent et introduisirent plusieurs chefs des rebelles qui voulaient me haranguer sans comprendre aucune raison. Mais je les renvoyais leur disant que ce n'était point avec des personnes de leur espèce que j'aurais pu traiter mais avec le Corps de la Ville et les chefs des Corps.

Un moment après arriva une députation de la Ville, les Syndics à la tête (1), les principaux officiers qui se trouvaient dans la garnison ainsi qu'une quantité de chefs des fédérés. Alors je fis appeler plusieurs des anciens ministres du Roi, tels que le Comte Vallaise et le Comte de Revel pour être témoins des excès et des propos que tenaient ces espèces de députations. Il m'aidèrent ainsi que diverses personnes très recommandables, à les raisonner, mais inutilement. Enfin il était déjà huit heures du soir, la Citadelle menaçait de tirer sur la Ville, la populace et une infinité de bandits qu'on avait fait venir de tous les endroits, faisaient croire qu'ils se seraient livrés aux plus grands désordres. Les Seigneurs de la Ville redoublant leurs instances, je leur dis après cinq heures de refus que je déclarais devant eux tous rassemblés que je ne pouvais rien changer aux lois fondamentales de l'Etat, que l'on devait attendre les ordres du nouveau Roi, que tous ce que j'aurais fait aurait été nul de fait, mais que pour éviter un massacre et tous les désordres dont nous étions menacés, après qu'ils m'auraient signé la déclaration de la première protestation que je fis, j'aurais permis qu'on proclamât la Constitution Espagnole en attendant les ordres du nouveau Roi. Un moment avant de signer je voulus de nouveau leur prouver que ce qu'ils demandaient était contre l'intention des Souverains alliés, mais ils paraissaient tous fous (2).

Vers minuit de la même soirée le Colonel du Régiment d'Aoste, qui comandait alors la Ville vint m'avertir que les

(1) Erano sindaci del Corpo decurionale torinese per la prima classe il Marchese Coardi di Carpeneto e per la seconda il Cavaliere Gaetano Calliani; portò la parola il decurione avvocato Giovanni Baldassare Galvagno padre di Giovanni Filippo che fu ministro.

*(2) Revel qui avait résigné le gouvernement de Turin fut appelé comme les autres au Conseil. Ferme dans ses convictions pendant que la populace demandait à grands cris sous les fenêtres du Palais Carignan la Constitution, il déclara que le Régent n'avait pas l'autorité de proclamer la Constitution, refusa de mettre son nom au bas de la déclaration qui en disait nécessaire la promulgation et se retira tout seul à pied traversant la foule qui le respecta. (REVEL Op. cit., Nota 2).

168

soldats étaient révoltés, qu'ils s'en retournaient chez eux. En effet les deux Régiments des Gardes et d'Aoste forts chacun de 1200 à 1300 hommes, étaient réduits à 300 ou 400 chacun.

L'abdication du Roi avait jeté toutes les personnes bien pensantes et la troupe surtout dans la plus grande consternation.

Dans les quatre ou cinq premiers jours on n'avait tiré aucun parti des Régiments, on ne savait plus ce qu'on se faisait.

Le lendemain 15 je cherchai encore à faire un ministère qui put avoir la confiance du public, mais inutilement. Personne ne voulut se prêter aux circostances. Il fallut mettre en place les personnes qui désiraient y être, celles que le parti mettait en avant. On parlait souvent du Prince de la Cisterne et de l'Avocat Vismara. Mais je m'opposai toujours à leur avancement. Le nouveau Ministère forma mon soidisant conseil (1) ainsi que la Junte (2). J'allais le premier jour à leur in-

___

(1) All'Interno il Cavaliere Ferdinando Dal Pozzo; alla Guerra per due giorni il Colonnello del Genio Enrico Bussolino, buon poeta in vernacolo (*l'Armita d'Cavouret*); per altri cinque il Villamarina e dal 21 Marzo al 10 Aprile il Santa Rosa; alle Finanze l'avvocato Antonmaria de Gubernatis; la Polizia annessa agli Affari Interni fu diretta per nove giorni (14-23 Marzo) dal Conte Beltramo Amedeo Cristiani. Il Portafogli degli Esteri rifiutato dal Marchese di Breme venne retto da Ludovico Sauli d'Igliano.

(2) La Giunta d'Alessandria proclamatasi da sè il 10 Marzo era composta così : Ansaldi (cav. Guglielmo) Presidente - Appiani Giovanni - Baronis (cav. Luigi) - Bianco (conte Angelo Francesco) - Dossena (avv. Giovanni) - Palma (cav. Isidoro) - Rattazzi (medico Urbano) - Luzzi (cav. Fortunato) *Segretario generale*.
E qui seguono i nomi di tutti i nominati in più riprese alla Giunta di Torino : Agosti (cav.) avvocato dei poveri in Alessandria (14 Marzo) - Arborio Sartirana di Breme (marchese) (14 Marzo) - Balbi (cav. Emanuele) (20 Marzo) - runo (avv. Agostino) (14 Marzo) - Caissotti di Robione (conte) (16 Marzo) - Chevillard (cav.) (16 Marzo) - Costa (Giuseppe Maurizio) già Presidente della Corte d'Appello (14 Marzo) - Falletti di Barolo (marchese Tancredi) (14 Marzo) - Figini (avvocato) (20 Marzo) - Fravega (Giuseppe) banchiere (16 Marzo) - Garau (G.) Senatore (14 Marzo) - Giovanelli (avv. Giacomo) 20 Marzo) - Jans (Consigliere di Stato) (14 Marzo) - Leonardi (conte) (20 Marzo) - Lupi di Moirano (conte) (20 Marzo) - Magenta (Pio) (14 Marzo) - Manca di Vallombrosa (duca) (16 Marzo) - Marentini (canonico) (14 Marzo) - Migliore (avv. Spirito) (16 Marzo) - Morozzo (cardinale) *ricusò* (16 Marzo) - Nigra (Felice) banchiere (16 Marzo) - D'Oncieux (marchese) (14 Marzo) - Pareto (marchese Agostino) (14 Marzo) - Pozzo (Emanuele Dal) Principe della Cisterna (14 Marzo) - Rebogliati (avv.) (20 Marzo) - Rocci (avv. Stefano) (15 Marzo) - Richeri (cav. Nicola) comandante di Novi (15 Marzo) - Serra d'Albugnano (conte) (14 Marzo) - Serra (marchese Girolamo) (14 Marzo) -

stallation mais plus depuis, ne voulant prendre aucune part dans un tel gouvernement. Ils faisaient toutes les nominations et tous les actes entre eux.

Le 16 on m'avertit que les révoltés, surtout ceux de la Citadelle voulaient changer la cocarde et mettre celle tricolore, mais je leur fis savoir que je m'y serais opposé en employant toutes les manières qui eussent été en mon pouvoir.

Le 17 arriva une députation d'Alexandrie; les révoltés dirent qu'ils ne se fiaient point à moi, refusèrent de dissoudre leur Junte et firent des demandes toutes plus extravagantes les unes que les autres. Je n'en accordai aucune, je ne leur donnai aucun grade, je refusai de leur envoyer un enfort de troupes et ne permis pas non plus qu'ils pussent faire des approvisionements. Ils avaient envoyé des détachements de leurs troupes sur la frontière, je les fis rappeler tous craignant qu'ils ne finissent par gâter l'esprit des autres corps ou qu'ils commissent quelques actes d'hostilité. Je ne laissai prendre aucune disposition à l'arsenal pour mettre l'artillerie en état de marche, et je ne permis aucun achat de chevaux.

Alors j'écrivis aux gouverneurs de Gênes (1), de Savoie (2) et de Novare (3) pour leur dire que tout s'était fait était nul, que nous devions attendre les ordres du nouveau Roi et qu'en attendant ils eussent soin de maintenir la plus grande discipline parmi les troupes pour être à même de faire éxécuter les ordres que nous leur donnerions.

Comme les séditieux dépensaient des sommes considéra-

Spinola (marchese Massimiliano) (20 Marzo) - Vacca (avvocato) sostituto avvocato generale (20 Marzo).

(1) Il barone ed ammiraglio DES GENEYS che per poco non rimase vittima dei furori dei scellerati e della plebaglia.

(2) Il conte LUIGI GABALEONE DI ANDEZENO E DI SALMOUR, maggior generale.

(3) VITTORIO EMANUELE SALLIER conte DE LA TOUR, barone di Bourdeaux, comandò in capo a Novara, e per alcuni giorni tenne la luogotenenza generale del Regno. Il suo proclama 22 Aprile 1821 quando annunciò che il conte di Revel lo surrogherebbe nella suprema rappresentanza del Re è un modello di rassegnazione, ma pieno di dignità e di buona creanza. Fu poi Ministro per l'Estero dei Re Carlo Felice e Carlo Alberto: quindi Maresciallo di Savoia e Governatore di Torino. Uomo di varia cultura, di profonda esperienza, di acuto ingegno, quando il Re nel 1847 concedette la *riforma*, gli diede consiglio di andare subito allo *Statuto*, che ormai era inevitabile. Anche nel Senato del Regno fu ascoltato con deferenza ed ossequio.

bles pour gagner les soldats, je jugeais prudent d'éloigner les Régiments, et les dirigeais sur Novare dont le Gouverneur (le Comte de la Tour) m'inspirait une confiance sans bornes. Le Général Gifflenga en arrivant de Coni me fit dire qu'il était malade; il vint cependant encore deux fois chez moi pour me persuader d'accepter le Général Bellotti (1) qu'il me présenta.

Désirant que le commandement de la Citadelle fut entre les mains d'une personne sure, j'y envoyais le Général Staglieno (2), qui à force de raisonnements et en promettant qu'il y aurait été inspecter les troupes parvint à faire enlever le drapeau de la révolte arboré sur le rempart. Le 19 au soir un attroupement très nombreux se forma sur la place devant mon palais et demanda à grand cris l'expulsion du Baron de Binder (3). On m'envoya en même temps une députation à laquelle je répondis qu'il ne m'auraient jamais déterminé à faire une chose que je ne devais pas faire et qu'ils eussent à se retirer. J'appris à mon grand déplaisir que ces perturbateurs (au moment qu'ils étaient venus devant mon palais) s'étaient aussi présentés devant la maison du Ministre d'Autriche, mais je ne pouvais être responsable de ce désordre, car j'avais offert plusieurs fois au Baron de Binder de faire placer une garde d'honneur à la porte qu'il avait toujours refusée.

Le Général d'Oncieux (4) qui jouissait d'une très grande influence en Savoie, était arrivé à Turin après l'injonction de la Junte; je le fis repartir aussitôt en lui donnant les plus précises instructions pour qu'au premier signal le Gouverneur de Savoie put faire exécuter les ordres du Roi.

Enfin le 21 le Comte Costa qui était allé à Modène pour porter au Duc de Genevois la relation de tout ce qui s'était passé, revint de sa mission, m'apportant pour toute réponse

(1) Generale del Regno d'Italia si ritirò coi Regi a Novara.

(2) PAOLO FRANCESCO STAGLIENO, maggior generale che in seguito fu Governatore del forte di Bard. Conosciuto qual distinto scrittore e praticante di enologia.

(3) Il barone di BINDER rappresentava l'Austria a Torino col carattere di inviato straordinario e ministro plenipotenziario. Soggiornò dal 10 Ottobre 1820 all'11 Novembre 1823.

(4) Il marchese GIAMBATTISTA D'ONCIEUX DE LA BATIE, già comandante generale dei Carabinieri.

la première proclamation de S. A. R. avec l'ordre verbal de me mettre à la tête des troupes fidèles. Je convoquai aussitôt les anciens ministres du Roi et tous les nouveaux pour leur communiquer les ordres que je venais de recevoir. Je leur dis que S. A. R. paraissait ne point connaître ma Régence, j'allais me démettre à l'instant même de toute autorité que S. M. m'avait confiée. Tous s'opposèrent ouvertement à cette détermination, ils me présentèrent que mon départ ne pouvait produire que l'anarchie et me firent les plus fortes instances pour que je continuasse mes fonctions jusqu'à ce qu'une députation qu'on avait envoyée à Modène rapportât la nomination d'une autre Régence, ou de la personne qui devait commander à ma place.

Je ne me refusai point à l'envoi de cette députation, elle était composée du Cardinal Morozzo (1) et du Comte de Bagnasco, mais en même temps je donnai l'ordre aux chevaux-légers de Savoie qui étaient à Savillan de se rendre à Turin et j'envoyais un de mes aides de camp à Gênes pour faire connaître au Gouverneur la réponse que je venais de recevoir de Modène et la résolution dans laquelle j'étais de partir après peu de jours. Je lui recommandais de se tenir tout prêt pour pouvoir au premier signal faire la contre-révolution ; et à peine mon aide de camp était il reparti de Gênes que le comte Des Geneys recut de la part même du Dūc de Genevois sa proclamation et l'ordre de remettre les choses sur l'ancien pied. Le Gouverneur voulut exécuter cet ordre tout de suite et *c'est ce qui determina* l'insubordination de Gênes.

J'envoyais aussi un aide de camp à Novare pour annoncer au Général La Tour qu'incessamment je me rendrais auprès de lui. Dans ces derniers jours plusieurs milanais vinrent me faire des comtes les plus absurdes sur leur pays et me demander service, mais je refusais à tous.

Le 22 tous les chefs des conjurés d'Alexandrie arrivèrent à Turin et se présentèrent chez moi. Je refusai de les voir. Dans la journée du 22 je fis appeler les officiers supérieurs des chevaux-légers de Savoie, de l'Artillerie, du Régiment de Piémont Cavalerie. Après leur avoir adressé un discours sur l'hon-

---

(1) Vedi nota 1, Pag. 48.

neur et sur le devoir qu'il nous impose, je leur montrai la proclamation du Duc, et j'obtins d'eux la promesse qu'ils m'auraient suivi partout.

Notre départ fut fixé à minuit, mais quelque secret que
nous eussions pu tenir, les séditieux s'en doutèrent et formèrent la résolution d'employer tous les moyens possibles pour
m'empêcher de partir.

Plusieurs particuliers m'avertirent que si je sortais je
serais assassiné. L'archevêque (1) même m'écrivit qu'on
était résolu de me tuer à mon départ. Accompagné du Comte
Costa et du Marquis de La Marmora je traversai, le pistolet à
la main, tous les rassemblements qui s'étaient formés autour
de mon palais et je me mis à la tête des chevaux-légers. A
deux milles de Turin, nous trouvâmes le Régiment de Piémont Cavalerie que le Comte de Tournafort était allé chercher.
Le colonel d'État-major (Birnstiel) et divers autres officiers se
réunirent à moi. Nous allâmes jusqu'à Rondissone où nous
fûmes rejoints par une batterie d'artillerie à pied. J'y appris
par un lettre du Comte de La Tour qu'à force d'argent les
séditieux étaient parvenus à faire révolter les dragons de la
Reine et que ceux-ci s'étaient dirigés du côte d'Alexandrie
avec un seul officier. Nous bivouaquâmes pour n'être pas surpris en cas d'attaque. Le lendemain 24 toute l'artillerie qui
était à Turin partit sous les ordres du Général Capel (2) pour
me rejoindre; notre seconde étape fut à Verceil, c'est là que le
Général Robert m'apporta une lettre du Duc de Genevois que
le Comte de La Tour m'envoyait et par laquelle S. A. R.
m'ordonnait de me rendre à Novare sous les ordres du Gouverneur. Je m'y rendis aussitôt. Tant que je fus chargé du commandement de l'armée, c'est à dire jusqu'à mon arrivée à
Novare, j'eus le bonheur de conserver fidèles au Roi et prêts
à exécuter ses ordres tous les corps de l'Artillerie, de la Brigade des Gardes, celle de Piémont, celle d'Aoste, celle de
Coni, d'un bataillon de la Légion légère, le Régiment de Piémont Cavalerie, les Chevaux-légers de Savoie, ceux de Pié-

---

(1) Vedi nota 3, Pag. 89.
(2) Il vasallo LUIGI SEVERINO CAPEL dei Signori di Dalto, Priacco e
Villanova, maggior generale e direttore del materiale d'artiglieria (1820),
poi tenente generale comandante di quel corpo (1837).

mont et les Gardes (1) des corps tous réunis à Novare; à
Gênes les brigades de Monferrat et de Saluces et de la Reine,
un bataillon de la légère et deux Régiments de Marine; en
Savoie deux régiments d'infanterie, à Nice et à Turin la brigade de Savoie.

Enfin lorsque je quittais le commandement, les séditieux
n'avaient qu'un seul Régiment d'infanterie et trois régiments
de Cavalerie sans officiers. Mon arrivée à Novare les décou-
ragea, autant qu'elle encouragea les bons. Plusieurs chefs des
révoltés firent sentir que si on donnait quelque somme d'argent, ils se seraient retirés de leur entreprise et si les ordres du
Duc nous eussent permis de marcher sur Turin dans les premiers jours il n'y a aucun doute que nous n'eussions tout
fini entre nous.

Je restai six jour à Novare sous les ordres du Comte de
La Tour passant continuellement des revues et exercitant de
toutes les manières les officiers et les soldats aux sentiments de
l'honneur et de la fidelité.

Après quoi ayant reçu une lettre du Duc par laquelle
S. A. R., m'ordonnait de me rendre en Toscane, je donnai
en quittant l'armée alors la dernière preuve des sentiments de
fidélité et de loyauté dont j'ai toujours été animé.

---

(1) Comandati dal Cavaliere Giuseppe Ippolito Gerbaix de Sonnaz,
generale ottuagenario, capitano della prima campagna di questa guardia
che era di savoiardi e s'intitolava di Gentiluomini arcieri. Di lui scrive
l'autore del *Simple récit* (pag. 43) narrando l'arrivo di Carlo Alberto a
Novara : « Les gardes du corps le suivirent de près. Le comte de Sonnaz
était à leur tête. Ce respectable vieillard, agé de 78 ans conduisait une
brillante jeunesse et brulait comme elle de combattre pour son Souverain.
Je veux mourir pour la cause de mon Roi, disait-il au comte de la Tour,
en l'abordant, nous voulons tous servir comme le dernier des soldats et
nous réclamons les commissions les plus périlleuses. » Ebbe in Ottobre
di quell'anno la collana dell'Annunziata e morì il 14 Aprile 1827.

XVI.

La seconda giustificazione di Carlo Alberto, conosciuta sotto il nome di *Relazione ad Majorem Dei Gloriam* è un complemento della precedente. In essa è il RE che tenta una difesa della sua condotta come PRINCIPE e svolge nuove argomentazioni critiche per fare concordare le tendenze di queste nel Ventuno colla politica dei primi anni del suo regno. E' quindi di somma importanza per la critica storica che questo documento sia conservato nella sua integrità, o per dir meglio dire quale fu pubblcato nelle irreperibili opere dell'Oderici e del Manno (1).

AD MAJOREM DEI GLORIAM.

Voici dix huit ans que les événements de l'année 1821 se sont passés depuis lors je dois croire que les passions s'étant amorties la verité a du se faire jour au milieu des calomnies de toutes sortes qui furent enfantées par l'esprit de parti, par les intérêts privés et par les amours propres froissés; je dois espérer qu'un jugement suivant l'esprit du Seigneur aura remplacé les opinions erronées. S'il n'en est pas ainsi je ne cherche point à me disculper; je ne pourrais le faire sans dire du mal de plusieurs, sans relever des faiblesses; je persévérerai constamment dans l'attitude impassible, que j'ai prise; mon

---

(1) Rinnovo l'avvertenza che le note non controsegnate da asterisco sono riprodotte dalle *Informazioni sul Ventuno* del Manno.

coeur ne contient aucune espèce de rancune contre personne au monde ; ma bouche à moins d'y être forcée par mon devoir ne prononcera jamais le moindre blâme ; puissai-je n'avoir toujours que des éloges à faire de ceux qui se déchaînèrent le plus violemment contre moi. Bénissant la main de Dieu dans les événements de ma vie tel qu'il lui plait de mes les envoyer les peu de mots qui suivent n'ont pour but que de retracer quelques faits purement personnels dont le lecteur tirera les conséquences qu'il croira.

Je fus accusé de carbonarisme ; j'avoue qu'il eut été plus prudent à moi d'avoir la bouche constamment fermée sur les événements qui se passaient sous mes yeux ; de ne point blâmer les lettres patentes qui se donnaient, les formes judiciaires et administratives qui nous régissaient ; mais ces sentiments de ma jeunesse sont ceux qui se sont toujours plus consolidés et épurés en mon coeur et que depuis mon avènement au trône je fais tous mes efforts pour diriger au plus grand bien de notre patrie en y établissant un gouvernement fort basé sur des lois justes et égales pour tous devant Dieu ; en mettant l'autorité royale à l'abri de graves erreurs, d'injustices, en lui faisant renoncer irrévocablement à s'immiscer dans les faits uniquement du ressort des tribunaux, en montant une administration à l'abri des intrigues, des vues personnelles, dans un esprit de progrès raisonné mais constamment progressif, en facilitant, en encourageant tous les genres d'industries, en honorant et récompensant le mérite dans quelque classe il puisse se trouver ; en formant une armée qui puisse être à même de soutenir l'honneur et l'indépendance avec gloire ; en mettant dans l'administration des finances une règle, une économie, une intégrité, et une severité telles que nous puissions être à même d'entreprendre des grandes choses et en même temps de soulager le peuple ; en montant les choses de façon qu'il y ait chez nous une liberté pleine et entière à moins que l'on ne veuille faire le mal.

Voici six faits qui répondent au reproche de carbonarisme (1) :

---

*(1) Non è qui il luogo d'intervenire nel dibattito se Carlo Alberto fosse o no ascritto alla Setta dei Carbonari : fino ad oggi però la prova documentaria dell'accusa di carbonarismo non fu prodotta : per parte

1.° Les *carbonari* et autres sectaires de cette espèce s'engagent par les serments les plus terribles à la destruction de l'Autel et du Trône; ils ont la haine des princes, ils s'obligent par les mêmes serments à les poignarder toutes les fois qu'on le leur commande pour arriver à leur fins, qui est la république. Comment donc alors supposer qu'ils eussent pu confier leurs secrets à un prince destiné à monter sur un trône? Ou qu'un jeune prince, et qui avait déjà un fils, eut pu s'affiilier à eux, embrasser leurs maximes et partager leurs désirs? (1).

2.° Les procès politiques faits à Turin et à Milan, n'ont pu malgré toutes les investigations dirigées contre moi, rien produire (2).

3.° On sait que peu avant nos troubles, des nombreuses mystifications libérales furent dirigées contre diverses personnes; mon fils ainé venait de naître depuis peu; on fit arriver presque jusque sous mes fenètres les capucins chantant processionellement le *De profundis* pour la Princesse de Carignan qui venait de mourir; on sait aussi qui dirigeait ces my-

---

mia fino a prova contraria presterò fede alle dichiarazioni di Carlo Alberto, pur non tenendo buone alcune sue giustificazioni. E pertanto deplorevole che taluni scrittori tentino di gabellare come fatto assodato ciò che non può essere che una loro opinione. Ho già detto che per giustificare le colpe e gli errori di Carlo Alberto, non è necessario di ascrivere quelle e questi a spirito settario; mentre invece di una animosità preconcetta fanno prova quegli scrittori che come il Rinieri (*I Costituti del Conte Confalonieri e il Principe di Carignano*) non esitano 'ad affermare come verità storica, una opinione ancora discutibilissima. Non è quindi da stupire se da una penna così poco imparziale si giunga quasi alla conclusione stravagante che fosse proprio l'Austria e Metternich che assicurarono sul capo di Carlo Alberto la corona di Sardegna!

*(1) Il ragionamento non sarebbe da sè solo dei più convincenti; Carlo Alberto che aveva già dimenticato non solo i suoi doveri verso il Re, sperava evidentemente che la Rivoluzione non tenesse conto dell'esistenza del prossimiore al trono, che era il Duca del Genevese e sopprimesse almeno moralmente il legittimo erede del trono; è forse strano che nella sua leggerezza abbia potuto fare assegnamento sulla Rivoluzione contro gli stessi principii più o meno fantastici dei Carbonari?

*(2) Le pubblicazioni del Luzio (*Antonio Salvotti e i processi del Ventuno*), del Rinieri (*Le Costituzioni del Conte Confalonieri e il Principe di Carignano*) e altre ancora se non hanno provata fondata l'accusa di carbonarismo, hanno dimostrato la complicità di Carlo Alberto coll'elemento rivoluzionario.

stifications; certes ce n'était ni une preuve d'affection, ni une marque de complicité que l'on me donnait (1).

4.° Lors de la rébellion des étudiants qui précéda de peu l'insurrection, je me portais de suite au Palais du Roi pour lui offrir mes services (2).

5.° Du moment que la révolte éclata je fus presque continuellement auprès de lui m'employant de mon mieux pour son service; ce fut moi qui le prévins du rassemblement armé de S. Salvario; ce fut moi que l'on envoya partout où il y eut du danger à courir; c'est ainsi qu'au milieu de la nuit je fis le tour des casernes pour surveiller ce qui s'y passait, pour rappeler et ranimer les sentiments de fidélité et de dévouement. Ce fut ainsi que lors de l'insurrection de la Citadelle on m'y envoya pour chercher de faire rentrer les troupes dans le devoir. En m'en approchant un capitaine de Piémont royal me prévint qu'on venait de tuer un de ses soldats; je ne m'en avançais pas moins au milieu de la foule jusque contre la porte, mais elle resta fermée. La garnison était sur les remparts en état de défense et me reçut aux cris de *Vive la Constitution*, auxquels je répondis par celui de *Vive le Roi*: on voulut saisir la bride de mon cheval, mais je me dégageai. Le refus de l'entrée, cette réception et l'assassinat du Colonel Des Geneys, que j'avais fait entrer dans cette place au moment gnies de notre corps qui s'y trouvaient, ne sont certes point des preuves que les révolutionnaires me regardaient comme leur complice (3).

6.° Lorsque l'abdication eut lieu, de quels moyens se sont servis les conspirateurs contre moi ? Des mêmes absolument que contre le Roi; c'est à dire l'insurrection du peuple, des hurlements de la révolte menaçant les plus grands désa-

---

*(1) Quèsti scherzi di cattivo genere non provano niente nè pro, nè contro l'affermazione di Carlo Alberto, ma furono evidentemente degli espedienti per intimorirlo e scuoterlo dalle sue incertezze.

*(2) Ma non è meno vero che Carlo Alberto sentì pure il bisogno di recarsi a confortare i feriti all'ospedale quasi in segno di protesta contro le repressioni avvenute.

*(3) Sarebbe questa tutto al più una prova negativa, poichè è conseguenza naturale dei moti turbolenti che a un dato momento è la massa che s'impone ai capi.

stres. Or mon salon fut alors encombré de personnes de tous les partis; une députation des Seigneurs de la Ville s'y trouvait me suppliant d'accéder aux désirs des révoltés pour sauver la capitale; qui peut dire d'avoir entendu en ces moments sinistres un seul des révoltés me rappeler des serments, ou seulement des engagements?

Je fus accusé d'avoir conspiré. Cela n'eut pu être à moins que mu par un sentiment plus noble et plus élevé que celui des *Carbonari* (1); j'avoue qu'il eut été plus prudent à moi de me taire, malgré ma grande jeunesse, lorsque j'entendais parler de guerre, du désir d'augmenter les États du Roi, de contribuer à l'indépendance italienne; d'obtenir au prix de notre sang une force et une étendue de territoire qui put consolider le bonheur de notre pays, mais ces élans de l'âme d'un jeune soldat ne peuvent pas encore être désavoués par mes cheveux gris. Certes en ce moment, je ne voudrais aucun fait contraire aux maximes de notre Sainte Religion; mais je le sens, jusqu'à mon dernier soupir, mon coeur battra au nom de patrie et d'indépendance de l'étranger. Si j'eus pu désirer pourtant que notre bon Roi Victor Emanuel nous eut ordonné de marcher aux frontières, qu'il m'eut mis à même de donner de grand coeur ma vie pour lui acquérir quelque gloire, les choses changèrent absolument d'aspect au moment de son abdication. Tous les prestiges les plus séduisants disparurent, un voíle lugubre couvrit tout le pays, toutes les âmes élevées se sentirent glacées, et moi si jeune, abandonné en ce moment par tous les hommes de poids qui dirigeaient l'administration qui crurent justement devoir se retirer, je me trouvais seul pour ainsi dire devant une Révolution de *Carbonari*. Je devais sauver la Famille Royale, la capitale; j'étais responsable devant Dieu et les hommes de l'Indépendance nationale qui pouvait être grâvement compromise par la moindre fausse démarche envers l'étranger... (2).

Notre nouveau Roi se trouvait dans les mains de la puissance que le parti révolutionnaire eut voulu porter l'armée à

---

*(1) Non è forse questa la confessione più esplicita di complicità? essa si riassume in termini meno oscuri nella formola seguente: dato che abbia cospirato il mio scopo fu diverso da quello dei carbonari...

(2) Non tralascio nulla, ma i puntini sono nella edizione Odoriciana.

attaquer : et les Souverains des puissances du Nord se trouvaient près de l'Italie réunis en Congrès. A la tête de l'Etat je dus voir que nous n'avions absolument rien de ce qui était indispensable pour entreprendre une campagne ; que si même notre bon Roi Victor Emanuel eut été à notre tête, que nous spensable pour entreprendre une campagne ; que si même notre bon Roi Victor Emanuel eut été à notre tête, que nous n'aurions pu, dans l'état que nous étions, que sacrifier notre pays et que les transports politiques des provinces italiennes qui nous entourent se seraient réduits en grande partie en vains discours emportés par les vents. J'aimais profondément le roi Victor Emanuel ; je devais fidélité à son successeur. Au moment que l'abdication fut signée ma vie lui fut vouée. J'escortai moi-même à son départ la Famille Royale, et je m'occupai avec zèle à tout disposer de façon à pouvoir exécuter les ordres du Roi Charles Félix quels qu'ils eussent pu être, et à cet effet je fis passer ma famille en France (1).

Voici sept faits qui répondent à l'allégation que je fus à la tête du mouvement militaire qui eut lieu (2).

1.º J'accordai une amnistie aux officiers qui en firent partie, ce qui était constater qu'ils étaient coupables, aussi s'en plaignèrent-ils amèrement.

2.º Ces officiers se trouvaient à la tête des insurgés : je ne leur donnai ni grades, ni récompenses.

3.º Aucun des chefs des révoltés que j'avais le plus connu, soit qu'ils eussent fait partie de la cour, soit qu'ils eussent été de mon corps, non seulement ne vinrent pas me voir, mais ne vinrent pas même à Turin tant que j'y fus.

4.º On ne chanta où j'étais aucun *Te Deum*, ni on ne fit aucune réjouissance pour cette fatale révolution.

5.º Les insurgés cherchèrent deux fois à m'enlever : la première à Turin tandis que je m'en revenais du palais du

---

(1) Ordine 21 Marzo 1821 al Cav. Bianco di portare la Principessa di Carignano da Nizza al Varo, dirigendola a Marsiglia collo scudiere Marchese di Moncrivello e colla dama contessa Filippi. Nel passaporto per la moglie aveva fatto scrivere il titolo di contessa di Barge che era un fondo dell'appanaggio Carignano.

* (2) Ciò non esclude che fino al giorno in cui scoppiò la rivoluzione i congiurati non avevano una ma cento ragioni di fare assegnamento su di lui come capo del movimento militare ; non ne resta perciò scemata la sua responsabilità morale.

Roi et la seconde sur la rampe qui conduit au château de Moncalier, tandis que de nuit, accompagné du seul comte de Tor-
nafort, j'allais au devant du Roi Charles Félix, que le commandant des Carabiniers, induit en erreur m'avait assuré être
prêt à arriver. Ce fut là que nous fûmes chargés par deux
escadrons insurgés des chevaux-légers du Roi.

6.° La citadelle de Turin étant dans les mains des rebelles, je leur donnai pour commandant le Général Staglieno,
contre lequel ils s'étaient révoltés à Alexandrie. Certes ce
n'était point une marque de complicité, ni d'approbation.

7.° Le corps d'Artillerie dont j'étais le Grand Maître,
à part les compagnies qui se trouvaient dans la Citadelle de
Turin et d'Alexandrie, où elles étaient dans une extrême mi-
norité en comparaison des autres armes, resta entièrement fidèle au Roi, et le peu d'officiers qui se trouvaient liés par des
serments aux révoltés, n'osèrent pas même après les dispositions que j'avais donné faire des efforts pour enlever la troupe, et se rendirent seuls de leur personne à Alexandrie. J'ai
encore un mot à ajouter à ces faits; c'est que nous voyons
dans l'histoire que lorsque des privés conspirèrent, ce fut ou
pour usurper des couronnes ou pour obtenir des avantages
personnels; et qu'aucun de mes ennemis les plus acharnés
de quelque part qu'ils aient été n'ont jamais pu écrire, ni soutenir que mes actions ou pensées eussent pour but de satisfaire des vues personnelles; et je défie que l'on me puisse ci-
ter le moindre acte contraire à cette allégation.

Je fus accusé d'avoir trahi. Notre bon Roi Victor Emanuel avait abdiqué sans avoir donné l'ordre d'attaquer les rebelles; il préféra renoncer au trône quoique nous fussions encore autour de lui grand nombre de coeurs dévoués.

Était-ce alors à moi, après cet exemple, à mon âge,
sans connaître les intentions (1) du nouveau Roi de prendre
une aussi grande responsabilité, d'attaquer en ce moment les

---

*(1) Non ci voleva molta perspicacia per presupporre che le ten-
denze di Carlo Felice sarebbero per la reazione piuttosto che per la costituzione; non so quindi se Carlo Alberto si sia addossato minore responsabilità promulgando la Costituzione Spagnuola come Reggente,
anzichè reprimendo nel sangue una rivolta militare che minacciava le
Istituzioni fondamentali dello Stato.

Constitutionnels, tandis qu'ils étaient maitres de la Citadelle ? Je n'aurai pu emporter un avantage qu'en inondant la ville de sang. Notre vieux Roi conseillé par ses vieux et expérimentés ministres ayant abdiqué parce qu'ils croyaient qu'il était impossible de ne pas donner la Constitution, je crus devoir gagner du temps pour sauver le pays; et en l'accordant je protestai hautement que ce n'était que sauf l'approbation du Roi Charles Félix, dont j'aurais attendu les ordres. Je fis pourtant encore inclure deux restrictions à cette concession, pour que quelque cas qu'il put arriver, qu'on ne put en tirer des conséquences fatales.

La première fut en faveur de la religion catholique. La seconde concernait l'hérédité au trône. J'employai le temps qui s'écoula jusqu'à l'arrivée de la réponse du Roi, à remettre l'ordre dans le pays et à tout disposer pour exécuter les volontés qu'il me manifesterait; et ainsi qu'on l'a vu par l'article ci-dessus je ne fis rien pour encourager les rebelles, ni leur faire croire que j'agirais dans leur sens. Le comte Costa m'ayant reporté de Modène les ordres du Roi, je donnai immédiatement les dernières dispositions qu'il me restat à faire parvenir pour effectuer la contrerévolution. J'avais fixé l'heure de minuit aux chefs des corps que je désirais réunir pour former l'armée royale; mais le secret n'ayant pu être rigoureusement observé les révolutionnaires se doutèrent du mouvement que je désirais effectuer; ils résolurent de s'y opposer et de me tuer lorsque je sortirais de mon palais. Une dame le sut et m'en fit prévenir. En effet vers les huit heures du soir mon palais était déjà environné : la place était encombrée et l'on entendait le bourdonnement hideux de la populace révoltée. Pensant qu'il n'y avait plus de temps à perdre, j'envoyai le comte de Tournafort à la Vénerie pour ordonner au Régiment de Piémont Royal de se mettre en marche.

Accompagné du Comte Costa et du Marquis de La Marmora je me rendis à l'écurie et du moment que nos chevaux furent sellés nous nous rendîmes au Valentin; j'y fit monter à cheval le Régiment de Savoie Cavalerie. Au point du jour nous arrivâmes à Rondizzone, où tous les corps que j'avais prévenus se rendirent. Ce fut de ce bivouac que je fis connaître aux constitutionnels les ordres du Roi. Je comptais de me rendre à Novare pour y réunir tous les autres corps fidèles que j'y avais préventivement envoyés, pour ensuite marcher contre les rebelles s'ils eussent refusé d'obtempérer aux ordres royaux. De ce bivouac la Constitution reçut un coup mortel. On cria alors à ma trahison, on le répéta depuis......... Mais la Constitution au nom de qui avait-elle été donnée ? Au nom du Roi Charles Félix qui était hors des États et bien entendu sauf son approbation. Quelle fu ma conduite jusqu'au moment de la réception de ses ordres ? Celle d'un chef qui constate qu'il y eut faute dans l'insurretion militaire et qui attend des instructions dans une sévère impassibilité. Nommé régent du Royaume par le Roi abdicataire, et non par les révoltés, je n'étais que l'organe des volontés souveraines dont je tenais seule mon autorité, ma force. Le Roi ayant prononcé, tous ses soldats fidèles n'eurent qu'à obéir.

Tandis que je faisais une seconde étape, je reçus une lettre de Charles Félix qui m'ordonnait de remettre le commandement au Comte de la Tour. Quelque pénible que cet ordre fut pour moi, je ne balançai pas un istant : je lui laissai donc se faire l'honneur de l'armée royale que j'avais formée ; je lui rendis à Novare tous les services qui furent en mon pouvoir ; je lui fis même cadeau d'un des mes plus beaux chevaux. Il me restait la pensée d'avoir sauvé la Famille Royale, l'indépendance du pays qui aurait pu être si grâvement compromise, d'avoir préservé la capitale des plus grands désastres, d'avoir sauvé et conservé intacts plusieurs milions déposés à l'Hôtel des Finances, d'avoir frappé de réprobation l'insurretion militaire triomphante, et enfin d'avoir au péril de mes jours élevé l'étendard royal. Je ne cessai d'insister auprès du Comte de la Tour pour qu'il nous donnât l'ordre de marcher contre les rebelles afin de terminer entre nous seuls nos fatales discussions politiques. considérant une intervention étrangère comme le plus grand des malheurs.....

Je finis par recevoir l'ordre du Roi de quitter l'armée et de me rendre en Toscane.

Je trouvai à Florence une réunion de diplomates choisis par les grandes puissances parmi leurs employés les plus éminents, qui étaient destinés à accompagner et probablement à diriger le Roi de Naples lorsqu'il rentrerait dans ses états. Je les vis avec bonheur partager mon désir de voir le Roi Victor Emanuel remonter sur le trône; je lui écrivis à Nice à cet effet; je fis tout mes efforts pour obtenir ce but....

Mon exil dura jusqu'à l'année 1824; je fus pendant le cours de ces longues années, arraché des chasses du sanglier à la lance que je faisais dans les bois au bord de la mer, par la campagne d'Espagne où j'allai volontairement soutenir la même cause pour la quelle j'exposai ma vie en 1821. Un mo_ ment critique survint en 1831. On redoutait pour la Savoie une échaffourrée de proscrits, une aggression de révolution_ naires étrangers; on pensa alors à moi; j'y fus envoyé (1). A mon retour le Seigneur m'accorda la grâce de procurer quel_ ques légers soulagements au Roi Charles Félix en le veillant et servant dans sa douloureuse et longue maladie.

Devenu Roi je suivis invariablement mes principes, et je n'accordai aucune amnistie aux condamnés politiques de l'an_ née 1821 pour être conséquent à moi-même.

Je vis en place et en diverses positions plus ou moins avantageuses les personnes qui s'étaient le plus mal montrées contre moi; je n'ai persécuté personne; je n'ai pas adressé un seul reproche; j'ai fait du bien au plus grand nombre; j'ai même reçu plusieurs fois avec bonté celui qui au nom du parti révolutionnaire envoya quatre sicaires pour me poignarder (2).

(1) I torbidi avvennero in Febbraio 1831. « In questo frangente S. M. si è degnata di gradire che S. A. R. (sic) il Principe di Carignano si recasse in Savoia ove di concerto con S. E. il Governatore (Marchese d'Oncieux) avviserà ai provvedimenti che potessero essere ancora necessari e dove Ella sarà presso le truppe e gli abitanti, l'interprete della soddisfazione del Re pei loro eccellenti spiriti e per la lodevole loro condotta. S. A. R. è quindi partita ieri verso il mezzogiorno ». (Gazzetta Piemontese N.° 27, 3 Marzo 1831). Il Principe rientrò a Torino il giorno 10 dello stesso mese.

(2) Si nega da parecchi che Carlo Alberto fosse stato minacciato nella vita. Egli sempre l'asserì. Anche un gentiluomo suo amico scriveva da Firenze a Torino nel giugno 1822: « il principe dice che la gran Vendita pronunziò la sentenza di morte contro di lui, per modo che non sorte più che armato fino ai denti; come un capo di briganti, com'esso dice. Egli vuol farsi vedere in tutti i luoghi più frequentati, ed in mezzo alla folla anche di notte. Nessuno osò mai accostarglisi... » Un Bernardo Pia ministro dello speziale di Corte, Masino, era stato condotto con mistero la sera del 18 Marzo 1821 al Caffè Fiorio dove gli venne offerta una ricca mercede perchè mescesse veleno nella medicina che in quel giorno doveasi mandare al principe. Ricusò, ed il suo padrone non seppe della sua fedeltà che per via indiretta molti anni dopo. Lo regalò e gli accrebbe il salario. Questo fatto non fu noto a Carlo Alberto che dopo essere Re, e quando già il Pia era morto.

Je fus assez heureux pour pouvoir retirer de l'affliction bon nombre d'anciens officiers que le désir de la gloire, ou des irréflections avaient placés dans une fâcheuse position qui les avait fait éloigner de l'armée. J'accordai des grâces partielles à plusieurs condannés. Finalmente la Reine Marie Thérèss, cette princesse d'un mérite si remarquable étant morte, j'eus le bonheur de pouvoir receuillir auprès de moi, de considérer comme un de mes propres enfants et de marier brillamment la princesse Christine, la dernière des filles de notre bon Roi Victor Emanuel (1).

Racconis, le mois d'Août de l'année 1838.

---

(1) La venerabile Cristina, prima moglie del Re delle Due Sicilie, Ferdinando II.

XVII.

L'abdicazione di Re Vittorio Emanuele I e la proclamazione della Reggenza del Principe di Carignano. — Il Governo costituzionale del Ventuno e le autorità ecclesiastiche del Regno. — Lettere, circolari e proclami indirizzati a Monsignore Della Marmora Vescovo di Saluzzo appena avvenuta l'abdicazione del Re Vittorio Emanuele I.

I vari scrittori che ho avuto occasione di ricordare finora, hanno discorso degli avvenimenti del Ventuno considerandoli dal loro punto di vista più interessante che è indubbiamente quello politico; nessuno si è soffermato sugli effetti immediati della proclamazione della Costituzione Spagnuola fatta da Carlo Alberto il 14 Marzo 1821 e più precisamente sugli atti di Governo compiuti e sui provvedimenti presi dall'effimero Ministero costituzionale.

Se però si pensa che erano appena trascorse 48 ore dalla formazione del nuovo Ministero quando Carlo Felice sconfessava l'operato del Principe Reggente e scagliava l'anatema sui rivoltosi, si comprenderà come a ben poca cosa si può ridurre la storia politica di quel Governo, le cui fuggevoli traccie furono ben presto cancellate dalla reazione, coalizzata coll'intervento austriaco. Su tale argomento ha soltanto poche parole il *Simple récit*, nel quale si legge : « La junte provisoire et le Conseil du Prince faisaient gémir la presse : ce n'étaient qu'ordres du jour et décrets. Chaque jour on envoyait éclore de nouveaux. Les plus remarquables furent ceux touchant l'organisation de la Garde nationale et la formation de quelques bataillons de chasseurs qui n'existèrent que sur le papier (1) ». Carlo Alberto poi, nella riferita sua relazione, vi accenna di sfuggita, quasi che non fosse stato lui

_____

(1) *Simple récit* - Pag. 129.

stesso a nominare « *le nouveau Ministère, qui formā mon soidisant conseil, ainsi que la Junte.* J'allais le premier jour à son installation. mais plus depuis, ne voulant prendre aucune part dans un tel Gouvernement ». Bisogna riconoscere che era uno strano modo d'intendere la responsabilità !

I documenti che formano la seconda serie della presente raccolta varranno a colmare in parte questa lacuna e mi auguro possano essere di qualche utilità a chi si accingerà a riunire la collezione degli atti emanati dal primo. Ministero costituzionale nei pochissimi giorni della sua incerta esistenza, e quella del provvedimenti presi in opposizione ai medesimi da Carlo Felice.

Questa serie consta pertanto di documenti ufficiali, lettere private, proclami e manifesti pubblici indirizzati a Monsignore Carlo Vittorio Ferrero Della Marmora, Vescovo di Saluzzo; essa contiene le istruzioni inviate dal Governo Costituzionale alle Autorità Ecclesiastiche del Regno e le successive determinazioni del nuovo Re; il lettore vi troverà pure alcune lettere di carattere confidenziale che se non hanno un vero valore storico valgono a lumeggiare l'ambiente e le tendenze di quei giorni.

E' appunto con una di tali lettere che inizierò la serie; essa porta 1'impronta dell'orgasmo di quei giorni di disordine, tanto che non è dato scoprire quale ne dovesse essere il vero destinatario. E' diretta da Monsignor Della Marmora a qualche eminente personaggio, a giudicarne dall'intestazione di « Eccellenza », mentre fu invece ricevuta dall'Avv. Bastia, il quale la restituì al Vescovo, non ritenendola a sè diretta.

Ecco la lettera :

Lettera di Monsignor Della Marmora ricevuta dall'Avv. Bastia

Eccellenza,

Prego Vostra Eccellenza di rassegnare in queste disgustose circostanze a Sua Real Maestà il degnissimo nostro Sovrano li sentimenti del mio più grande rammarico e cordoglio per vederlo così male corrisposto e servito da una porzione di traviati suoi sudditi e soldati e di assicurarlo di tutto il mio più doveroso attaccamento e zelo per la sua Sacra Persona e sua Real Famiglia, e per la sua giusta e buona causa; e se mai m'avanzassi di troppo le farei presente un mio pensiero, quale sarebbe che Monsignor Arcivescovo, il quale scrive assai bene ed è corredato da molta e soda dottrina, venisse. eccitato a formare ed emanare una adattata Instruzione familiare per fare conoscere al pubblico il dovere dei sudditi e degli impiegati od assoldati specialmente verso il proprio Sovrano, ed il di lui Ministero e Governo nelle occasioni di natura tale a lasciare dubbi in molti a chi si abbia ad ubbidire e se possasi ricusare tutta o parte dell'obbedienza od il comandato servizio, perchè sono io sicuro che il difetto di tale istruzione nei più sia la cagione infausta della vedutasi insubordinazione e di tutte le sue tristi conseguenze.

Attribuisca, Eccellenza, il mio ardire al zelo che mi rode per il buon servizio di Sua Real Maestà, e pel vantaggio dello Stato il cui rifiorimento già cresceva a vista d'occhio, mentre sono tutti falsi e vani tutti li molteplici pretesti ai quali si appigliano i novatori per iscusare la loro temerarietà ed ignoranza; e sono con tutto il più ossequioso rispetto

Di V. Ecc.

Dev.mo. Obbl.mo Aff.mo Servo ed amico

Il Vescovo di Saluzzo.

Saluzzo, 13 Marzo 1821.

Quand'anche lo sfogo dello zelante prelato fosse giunto alla ignota sua destinazione sarebbe stato tardivo, perchè per una strana combinazione la sua lettera recava la data del giorno istesso in cui il Re Vittorio Emanuele, per non cedere alla pressione di quella porzione di *traviati suoi sudditi e soldati,* rinunciava al trono in favore del fratello Carlo Felice.

L'avvocato Bastia, cui per errore perveniva la surriferita lettera, la restituiva a Monsignor Della Marmora scrivendogli il 17 Marzo 1821:

Lettera dell'Avv. Bastia a Monsignor Della Marmora.

Ill.mo e Reverend.mo Monsignore,

Ierisera ritirandomi verso le undici di Segreteria, trovai a casa, lasciata non so da chi, la lettera qui compiegata che quantunque a me diretta, non era sicuramente a me indirizzata. Per chiunque fosse, però, la tarda rimessione la renderebbe inutile, e ciò posto io la avrei annullata, nè mi farei a cagionare a V. S. Ill.ma e Rev.ma questo disturbo, se supponendo sbaglio non mi fosse caduto in mente che potesse Ella avermi indirizzato od aver avuto intenzione d'indirizzarmi altro foglio che sia pervenuto dove doveva quello che a me è toccato e che stia forse attendendo inutilmente un riscontro.

Comunque la cosa sia però, io rimetto la lettera nelle mani della S. V. Ill.ma e Rev.ma assicurandola che in quanto a me può Ella esser persuasa che la terrò come non avvenuta, meno però che in quanto all'onore che me ne deriva di potermi riprotestare con distintissimo ossequio

Di V. S. Ill.ma e Rev.ma

Umil.mo Dev.mo Obbl.mo

servitore

BASTIA.

Ecco ora per ordine cronologico i primi manifesti e le prime circolari, che si sono susseguiti appena fu proclamata la Reggenza del Principe di Carignano.

*Lettera 13 Marzo 1821 del Segretario di Stato
per gli Affari Interni a Monsignor Della Marmora.*

Torino, il 13 Marzo 1821

REGIA SEGRETARIA DI STATO
PER GLI AFFARI INTERNI.

Ill.mo e Rev.mo Signore,

Ho l'onore di annunziare a V. S. Ill.ma che S. M. il Re Vittorio Emanuele, abdicando la Corona ha voluto conferire ogni sua autorità col titolo di Reggente a Sua Altezza Serenissima il Principe Carlo Alberto di Savoia, Principe di Carignano.

Colla qui unita notificanza il Principe Reggente riservandosi di manifestare domani le sue intenzioni, uniformi ai comuni desideri, ordina intanto che immediatamente cessi qualunque tumulto e si stabilisca in ogni luogo la concordia e la pace.

189

I sensi del Governo Provvisorio sono troppo degni di Lui e della Nazione che è chiamato a Reggere per non lasciare dubbio veruno che gli ordini suoi non siano immantinenti ese_ guiti.

Io prego tuttavia la S. V. Ill.ma a nulla tralasciare per_ chè sieno secondate colla maggiore efficacia così benefiche in_ tenzioni ed ho l'onore di protestarmi con ben distinto ossequio

Di Vossignoria

Dev.mo Obbl.mo Servitore

Il Primo Uffiziale

MANGIARDI.

MONSIGNOR VESCOVO DI SALUZZO.

Manifesto del 13 Marzo 1821 del Principe Reggente.

CARLO ALBERTO DI SAVOIA, PRINCIPE DI CARIGNANO, REGGENTE.

Notifichiamo che Sua Maestà il Re Vittorio Emanuele, abdicando la Corona, ha voluto conferirci ogni sua autorità col titolo di Reggente.

Invochiamo l'aiuto divino, ed annunziando che nella gior_ nata di domani manifesteremo le nostre intenzioni uniformi ai comuni desiderii, vi diciamo frattanto:

Che immediatamente cessi qualunque tumulto e non si faccia luogo a nessuna ostilità.

Non abbisognamo certo di ordinare che a Sua Maestà, alla Sua Real Consorte e Famiglia ed a tutto il suo seguito sia libero e sicuro il passo ed il soggiorno in quella parte de_ gli Stati di terraferma, dove intenderà di recarsi, e gli sia mantenuto quel sommo rispetto, che corrisponde ai sensi di gratitudine, ed amore scolpiti nel cuore di ogni suddito ed a Lui sì ben dovuti e per le sue virtù e pel ristabilimento e l'in_ grandimento di questa Monarchia.

Confidiamo nello zelo e nell'attività di tutti i Magistrati ed Officiali civili e Militari e di tutti i Corpi della città e de' Comuni per la conservazione del buon ordine e della pubblica tranquillità.

Dato in Torino il tredici di Marzo, l'anno del Signore milleottocentoventuno.

CARLO ALBERTO.

All'indomani le intenzioni del reggente, conformi ai comuni desideri erano rese note col seguente proclama :

Proclama del 14 Marzo 1821 del Principe Reggente.

CARLO ALBERTO DI SAVOIA, PRINCIPE DI CARIGNANO,
REGGENTE.

Abbiamo stimato opportuno di nominare una Giunta provvisoria di quindici soggetti inquanto chè si proceda alla convocazione del Parlamento Nazionale, tanto per ricevere il giuramento che si presterà da noi alla Costituzione che abbiamo accettata, quanto per prendere parte insieme con noi a quelle deliberazioni, per cui a termine della Costituzione si richiederebbe l'intervenzione del Parlamento.

Essa Giunta potrà in caso d'assenza, od impedimento di alcuni dei membri, deliberare nel numero di sette. Essa è composta dei seguenti soggetti :

AGOSTI, Cavaliere, Avvocato de' poveri d'Alessandria.
DI BAROLO, Marchese TANCREDI.
DI BREME, Marchese.
BRUNO, Avvocato AGOSTINO.
DELLA CISTERNA, Principe.
COSTA, già Presidente della Corte d'Appello.
GHILINI, Marchese.
FANO, Consigliere di Stato.
MAGENTA PIO.
MARENTINI, Canonico.
D'ONCIEUX, Marchese.
PARETO, Marchese AGOSTINO.
PIACENZA, Collaterale.
SERRA DI ALBUGNAŃO, Conte.
SERRA GIROLAMO, Marchese.

Il nostro Primo Segretario di Stato per gli affari interni è incaricato dell'esecuzione del presente Decreto.

Dato a Torino il dì quattordici di marzo l'anno del Signore mille ottocento ventuno.
CARLO ALREBTO.

DALPOZZO.

XVIII.

Lettera pastorale di Monsignor Della Marmora in seguito alle istruzioni ricevute dal Ministero costituzionale. — L'opinione di Monsignor Chiaverotti Arcivescovo di Torino sulla Costituzione Spagnuola e sul modo d'interpretarla. — Nuove circolari ministeriali. — Proclami e manifesti di Carlo Felice e di Carlo Alberto. — Lettera di Carlo Felice al Cardinale Morozzo Vescovo di Novara. — Il Generale de La Tour comandante l'*Armata reale* a Novara. — Suo manifesto in occasione dell'ingresso delle truppe regie in Torino. — Giudizi di Massimo d'Azeglio e di Domenico Perrero sulla Rivoluzione del 21.

Carlo Alberto ha dichiarato nella Relazione A. M. D. G. che « on ne chanta où j'étais aucun *Te Deum* ni on ne fit aucune réjouissance pour cette fatale révolution ». Eppure tra le carte di Monsignor Della Marmora ne ho trovato una sulla quale il Vescovo di Saluzzo, con quello spirito mordace che gli attirò talvolta anche i fulmini della Censura (1) aveva apposto la seguente annotazione : « *Lettera dell'Avv. Ferd. Dal*

---

(1) Le *Istruzioni* sulla Censura « imponevano ai Revisori d'intimare agli stampatori di non mettere in torchio alcuna *Pastorale* od altro scritto della Curia Vescovile senza averle fatte prima passare al *visto* del revisore della Gran Cancelleria »...... A Monsignore Della Marmora, poi Cardinale, che nel Duomo di Saluzzo aveva recitato l'Elogio funebre del Re Vittorio Emanuele I (*il Guardasigilli*) faceva persino osservazioni di lingua e di stile, cosicchè argutamente rispondevagli quel prelato :

« ..... ammiro e tengo dietro di buon grado alla delicata massima ch'Ella mi notifica d'essersi adottata, che è d'aversi a sopprimere tutto ciò che può risvegliare la vergognosa memoria del passato, proprio e nobil mezzo, lo vedo pure io, di più sodo e durevole trionfo. L'aspetto da me dato di *derelitta* alla Regina Maria Teresa non esprime invero esattamente il *relicta* del latino per indicare vedova, nel volerne declinare con eleganza il nome e potrebbe altrove facilmente prendersi in senso triviale anzichenò e spiacevole come Ella riflette... Immantinenti adunque, pieno di riconoscenza, vi ho rimediato come meglio ho saputo... e Le offro.... la mia gratitudine pari all'alta stima che Le concilia il vero di Lei sapere ed il fino e urbano modo di vedere e trattare le cose ». (Lettera 19 Gennaio 1821) MANNO : *La Censura della stampa in Piemonte dalla Restaurazione alla Costituzione* (Torino 1906), Pag. 98.

Pozzo, Segretario di Stato, pel TE DEUM *e preghiere pel così chiamato* FELICE AVVENIMENTO *della Ribellione, abdicazione e promulgazione della Costituzione Spagnuola in di cui esecuzione si è 'fatta la circolare del 19 : Incaricati.....* ». La parola stessa « *Incaricati* » colla quale il Vescovo di Saluzzo esordiva la sua lettera pastorale indica abbastanza chiaramente che essa non era che la doverosa esecuzione di un ordine emanato da una autorità che il Vescovo doveva ritenere per legittimamente costituita, poichè legittimo era il potere conferito dal Re abdicatario al Principe Reggente e da questi delegato al suo *soi-disant ministère.* Diversa assai è però l'*intonazione* della suddetta lettera pastorale quale fu pubblicata nel suo testo ufficiale e definitivo, da quella della prima minuta che ne redasse Monsignore Della Marmora; in questa infatti traspariva un'adesione, se non entusiastica, almeno assai benevola verso le nuove istituzioni e che fa uno strano contrasto colle proteste, eccitamenti contenuti nella sopra citata lettera colla quale il Vescovo di Saluzzo si rivolgeva per interposta persona a Vittorio Emanuele perchè opponesse valida resistenza ai *traviati suoi sudditi e soldati.* Forse l'ottimo Prelato non sarebbe stato alieno di mettere nuovamente in pratica quelle teorie opportunistiche ch'egli aveva già tentate di fare prevalere quando nel 1810 era stato chiamato a fare parte del Consiglio ecclesiastico nel quale Napoleone voleva che fosse riconosciuto ai Capitoli cattedrali il diritto di conferire in casi straordinari, e secondo un uso antico della Francia, l'autorità episcopale ai vescovi nominati dal Sovrano. Nel volume trigesimo settimo della raccolta delle leggi di quel tempo si leggono a stampa i discorsi coi quali l'Arcivescovo di Torino ed il Vescovo di Casale (che era allora Monsignore Della Marmora) approvavano le dottrine imperiali. Vero è che nel 1814 ritrattarono le cose dette. Forse anche il Vescovo di Saluzzo si ricordò per un momento di avere accettato il titolo di *Barone dell'Impero* da quell'*Usurpatore* che aveva lasciato pel mondo intero le traccie ed il seme di quei liberi ordinamenti che può darsi gli siano sembrati che potessero pure fiorire in Piemonte! Il fatto è però che il testo primitivo della lettera pastorale in questione subì pochi ma radicali cambiamenti dopochè.Monsignor Chiaverotti, Arcivescovo di Torino (al quale

Monsignore Della Marmora l'aveva comunicata) ebbe fatto conoscere il contegno passivo e di assoluto riserbo che con lui si erano prefisso altri Vescovi e fra questi il Cardinale Morozzo, Vescovo di Novara.

Ma senz'altri commenti ecco i documenti:

Circolare della Regia Segreteria di Stato per gli Affari Interni agli Arcivescovi e Vescovi.

REGIA SEGRETERIA DI STATO
PER GLI AFFARI INTERNI

—

Circolare
agli Arcivescovi e Vescovi.

Torino, il 16 Marzo, 1821.

Illustrissimo e Reverendissimo Signore,

Un felice avvenimento ha cangiato la faccia del Regno. La Costituzione Spagnuola, divenuta Legge fondamentale della Monarchia per solenne proclamazione fattane da Sua Altezza Serenissima il Principe Reggente Carlo Alberto di Savoia, Principe di Carignano, ha colmato gli ardenti voti de' cittadini caldi dell'amore della Patria e ne promette ogni maniera di felicità. Io non credo che faccia mestieri d'indicare particolarmente a Vossignoria Illustrissima e Reverendissima i beni che da questa Costituzione ne deriveranno a ciascun Cittadino in particolare, ed in generale allo Stato. Basterà per ora, ch'io gli accenni la Santa nostra Religione Cattolica, Apostolica e Romana essere espressamente ed altamente protetta; il che è mallevadore della purezza dei principii, su cui la Costituzione è fondata.

Possa questo dono d'un Principe generoso produrre tutti quei beni che così ardentemente sono dall'intiera Nazione desiderati! Possa essere questa l'epoca della vera nostra politica rigenerazione!

Per giungere però a questo scopo vuolsi prendere principio dall'invocare l'aiuto del Cielo, e dal diffondere nel Popolo lo spirito di tranquillità, e di pace; l'oblivione dei mali passati, e di ogni privato rancore: null'altro potendo salvare la Nazione, tanto da una straniera aggressione, quanto dalle intestine discordie, fuorchè la stretta unione di tutti i Cittadini, e la ferma e costante loro devozione al Sovrano.

Io incarico pertanto e prego la Signoria Vostra Illustrissima e Reverendissima di emanare una Lettera Pastorale adattata alle circostanze, e di ordinare che in tutta la sua Diocesi si rendano pubbliche azioni di grazia all'Altissimo per un sì fortunato avvenimento e s'innalzino preghiere per la prosperità del Regno, di Sua Maestà il Re CARLO FELICE, della Sua Real Consorte e di Sua Altezza Serenissima il Principe Reggente.

Ella farà altresì che i Parroci annunzino al Popolo i principî e lo spirito del nuovo Governo, e gli rappresentino i doveri che gli incombono più particolarmente nelle presenti circostanze.

Ho l'onore di protestarmi con distintissimo ossequio

Di Vossignoria Illustrissima e Reverendissima

Dev.mo Obbl.mo Servo

DAL POZZO.

A Monsignor Vescovo di Saluzzo.

*Lettera pastorale di Mosignor Della Marmora
al Clero ed al Popolo della Diocesi di Saluzzo.*

CARLO VITTORIO FERRERO DELLA MARMORA.
CAVALIERE DELLA S. RELIGIONE
ED ORDINE DE' SS. MAURIZIO E LAZZARO
E PER GRAZIA DI DIO E DELLA S. SEDE APOSTOLICA
VESCOVO DI SALUZZO
*Al Venerabil Clero ed amatissimo Popolo della Città e Diocesi
Salute, e Benedizione nel Signore.*

Incaricati, e pregati dal primo attuale Segretario di Stato per gli Affari Interni, con sua lettera circolare stampata ed indirizzata agli Arcivescovi e Vescovi de' Regi Stati in data di Torino del 16 corrente mese, di fare ciascuno di essi in tutte le loro rispettive Diocesi, e così Noi nella nostra che s'invochi l'aiuto del Cielo pel buon cominciamento del nuovo Regno sotto l'Augusto Real Principe CARLO FELICE DI SAVOIA, Duca del Genevese, chiamato per diritto legittimo e riconosciuto a succedere al Trono de' suoi maggiori, reso vacante per l'atto d'abdicazione che ne fece, il 13, il Re VITTORIO EMANUELE, già nostro Sovrano, amore e gloria de' sudditi, il quale, in assenza di detto suo Real Germano e SUCCESSORE, investì d'ogni suo potere e necessaria autorità e della qualità di Reggente del Regno Sua Altezza Serenissima il Signor Principe di Carignano CARLO ALBERTO DI SAVOIA suo Cugino, e per ottenere, mediante l'oblìo del passato e la ferma e costante devonere, mediante l'oblio del passato e la ferma e costante devozione al nuovo Sovrano, quello spirito di tranquillità e di pace, di subordinazione e di unione tale nel Popolo, che inutil renda ogni possibile (1) aggressione straniera, e diradi le intestine discordie che si fossero (2) per avventura formate per li politici succedutisi cangiamenti : ed invitati Noi a farne rendere pubbliche e solenni azioni di grazia all'ALTISSIMO per essersi quelli operati sinora senza maggiori temuti mali interni ed esterni (3).

Noi pertanto commettiamo a tutti li Reverendi Signori Parroci, Economi, Vice Gerenti Parrocchiali ed ogni altro Rettore d'anime, come altresì ai superiori dei Corpi Regolari di fare cantare al mattino nella prima Domenica dacchè avranno ricevuto la presente nostra Circolare il *Te Deum* (4) a dovuto rendimento di grazie a Dio, e verso sera il *Veni Creator* onde implorare ed impetrare i lumi opportuni al Real nostro Sovrano, ed a chi ha, ed avrà ingerenza nel Governo, per ben reggere lo Stato; e nel Canone della Messa ed in al-

----

(1) Il testo primitivo della pastorale, quale fu comunicata da Monsignor Della Marmora a Monsignor Chiaverotti, Arcivescovo di Torino, recava : *possibile o temuta.*

(2) Nel primo testo : *che formar si potessero o si fossero per avventura.....*

(3) Questo periodo è stato sostituito a quest'altro molto significativo : *all'Altissimo per i vantaggi che se ne hanno e se ne attendono e specialmente e sopratutto per essersi generosamente rimessa alla suddetta Nazione la massima parte della qualità di Legislataria che tutta intera da remoti tempi sino ad ora trovavasi concentrata nei Sovrani della Augusta Casa di Savoia e nel suo Consiglio di Stato, qualità che per la adottatasi Costituzione Spagnuola si avrebbe ad esercitare d'or innanzi cumulativamente col Re dai Deputati legittimi delle Provincie rappresentanti la Nazione intiera soggetta alla Real Casa.*

(4) Nella prima circolare : *un solenne Te Deum a dovuto rendimento di grazie a Dio, specialmente pel sopra espresso segnalato beneficio impartitoci.*

tre circostanze, nelle quali pregasi per l'attuale Sovrano, comandiamo, che ciò si faccia per Sua Maestà il Re CARLO FELICE e si esorti il popolo a pregare per l'Augusta di Lui Consorte MARIA CRISTINA DE' BORBONI, Infante delle Due Sicilie e per tutta la Real Casa e Famiglia e senz'ometterne il già Re nostro VITTORIO EMANUELE, cui deve lo Stato il florido ristabilimento di cui gode con di LUI somma gloria e con suo grande vantaggio e a comprendere eziandio nelle preghiere Sua Altezza Serenissima il Signor Principe di Carignano REGGENTE del Regno e l'Augusta di Lui Consorte Maria Teresa di Toscana Arciduchessa d'Austria, Loro Prole e Famiglia, intanto che conoscendosi vieppiù la natura delli nuovi Stabilimenti (1) se ne possano spiegare meglio i pregi per una parte ed i doveri dei Nazionali sudditi per l'altra. Diamo a tutti qui in fine la Pastorale nostra benedizione.

In Saluzzo, dal Vescovato il 19 Marzo del 1821.

+ CARLO VITTORIO, *Vescovo.*

Can. GIO. MARIA GARNIER, *Segretario.*

Lettera di Monsignor Chiaverotti, Arcivescovo di Torino, a Monsignor Della Marmora.

Ill.mo e Rev.mo Monsignore,

Già ho stampata, ma non ancora pubblicata la circolare ordinata dal Primo Segretario degli Interni; in essa non fo neppure motto di Costituzione, ma sol di Governo; raccomando l'ubbidienza, orazioni e nulla più; quanto al *Te Deum* lo fo cantare per i mali maggiori di cui Dio ci ha preservati e non parlo di fortunato avvenimento.

Quanto al giuramento che ci si domandasse della Costituzione Spagnuola, nè io, nè il Card. Morozzo che trovasi qui alloggiato nel Palazzo Arcivescovile, nè il Vescovo di Pinerolo, giammai lo presteremo. Utinam tutti li Vescovi siano d'accordo! Nella mia circolare poi mi sono ben guardato dall'avvisare i Parrochi di annunziare al popolo li principî del nuovo Governo; piuttosto voglio che gli animino a star fermi nella fede e nella ubbidienza alla Chiesa.

---

(1) *Della Costituzione,* leggesi nella prima versione.

Quando si pubblicherà mi farò dovere di spedirgliene una copia.

Scusi la fretta e mi creda nullameno tuttora pieno di stima e di riconoscenza

Di V. S. Ill.ma e Rev.ma

Torino, li 19 Marzo 1821.

Dev.mo ed Obbl.mo Servo
+ COLOMBANO, Arcivescovo.

All'Ill.mo e Rev.mo Monsignore
Il Vescovo di Saluzzo.

Pare però che tutti i vescovi del Piemonte non siano stati concordi nel riserbo che si erano imposto quello di Torino, di Novara, di Pinerolo ed il cui esempio fu pure seguito da quello di Saluzzo; poichè il Cappelletti scrive sulla fede del Brofferio e del Poggi, che dopo la Restaurazione de' Governo assoluto « le ammonizioni e le censure non risparmiarono neppure i prelati che in quei giorni di generale effervescenza avevano partecipato alla gioia comune. E fra questi merita di essere ricordato Monsignor Faà di Bruno, vescovo d'Asti, sacerdote buono e caritatevole, il quale per aver biasimato il Governo assoluto in una pastorale diretta ai suoi diocesani, fu costretto a farne dal pulpito pubblica ammenda » (1).

Sebbene lo spirito del Governo costituzionale non avesse quel carattere che oggidì si chiamerebbe anticlericale, era pure evidente che il suo indirizzo e le sue tendenze dovevano contrastare con quelle del Clero cattolico; è perciò strano quanto assegnamento si facesse allora dai novatori sull'influenza dello stesso Clero per la divulgazione dei loro principî. Non contenta di diramare istruzioni di carattere generale la Regia Segreteria di Stato per l'Interno entrava pure in particolari di culto come risulta dalla seguente circolare che porta la data di un solo giorno posteriore a quella surriferita:

---

(1) CAPPELLETTI - Op. cit., Pag. 49.

Circolare 17 Marzo 1821 della Regia Segreteria di Stato
per gli Affari Interni agli Arcivescovi e Vescovi del Regno.

REGIA SEGRETERIA DI STATO
PER GLI AFFARI INTERNI

  —   Torino, 17 Marzo 1821.
  Circolare
agli Arcivescovi e Vescovi

    Ill.mo e Rev.mo Signore,

   Essendo informato che in varie chiese i signori Parroci
tralasciano il versicolo *Domine salvum fac regem,* colla preghiera successiva, io incarico e prego V. S. Ill.ma e Rev.ma
di volere rispedire con tutta celerità una sua circolare ai Signori Parroci da Lei dipendenti loro ingiungendo di continuare a recitare il versicolo e la preghiera anzidetti per S. M.
il Re Carlo Felice come suolevano in addietro per S. M. il Re
Vittorio Emanuele e così praticare riguardo a tutte le altre
preci che si fanno per il Re.

   Quest'incarico essendo della massima importanza punto
non dubito che la S. V. Ill.ma e Rev.ma non ommetterà nessuna attenzione e sollecitudine onde senza la menoma dila-
zione sortisca il suo effetto.

   Ho l'onore di rinnovarle i sensi del mio distintissimo ossequio.

           Dev.mo Servitore
       Per il Primo Segretario di Stato
       Il Primo Uffiziale MANGIARDI.

   Per strana coincidenza di date, negli stessi giorni in cui
i Ministri Costituzionali di Torino si davano tanta premura
perchè i buoni sudditi di Casa Savoia associassero nelle loro
preci, con inni di esultanza al Signore, la concessione della Costituzione e l'avvento del nuovo Re, questi col noto proclama
dato da Modena il 16 Marzo sconfessava severamente tutti gli
atti del Reggente e prima fra tutti la concessione della Costituzione Spagnuola. Sebbene non sia inedito riproduco anche
questo documento, nel quale, se la prosa non è certo di Carlo
Felice, suoi sono certamente i sentimenti che lo ispirarono.

Proclama del 16 Marzo 1821 del Re Carlo Felice.

NOI CARLO FELICE DI SAVOIA
DUCA DEL GENEVESE, ecc. ecc.

Dichiariamo colla presente, che in virtù dell'Atto di abdicazione alla Corona emanato in data 13 Marzo 1821 da Sua Maestà il Re Vittorio Emanuele di Sardegna, Nostro amatissimo Fratello, e da Esso a Noi comunicato, abbiamo assunto l'esercizio di tutta l'autorità e di tutto il Potere Reale, che nelle attuali circostanze a Noi legittimamente compete, ma non crediamo di assumere il titolo di Re finchè S. M. il Nostro amatissimo Fratello, posto in istato perfettamente libero ci faccia conoscere essere questa la sua volontà.

Dichiariamo inoltre, che ben lungi dall'acconsentire a qualunque cambiamento nella forma di Governo preesistente alla detta abdicazione del Re Nostro amatissimo Fratello, considereremo sempre come ribelli tutti coloro de' Reali sudditi i quali avranno aderito od aderiranno ai sediziosi ed i quali si saranno arrogati, o si arrogheranno di proclamare una Costituzione, oppure di commettere qualunque altra innovazione portante offesa alla pienezza della Reale Autorità e dichiariamo nullo qualunque atto di Sovrana competenza che possa essere stato fatto, o farsi ancora dopo l'abdicazione del Re Nostro amatissimo Fratello, quando non emani da Noi e non sia da Noi sanzionato espressamente.

Nel tempo istesso animiamo tutti i Reali sudditi o appartenenti all'armata o di qualunque altra classe essi siano, che si sono conservati fedeli, a perseverare in questi loro sentimenti di fedeltà, ad opporsi attivamente al piccol numero de' ribelli ed a stare pronti ad ubbidire a qualunque Nostro comando o chiamata per ristabilire l'ordine legittimo, mentre Noi metteremo tutto in opera per portare loro pronto soccorso.

Confidiamo pienamente nella grazia ed assistenza di Dio, che sempre protegge la causa della giustizia, e persuasi che gli Augusti nostri Alleati saranno prontamente per venire con tutte le loro forze al Nostro soccorso nell'unica generosa intenzione da Essi sempre manifestata di sostenere la legittimità de' Troni, la pienezza del Real potere, e l'integrità degli Stati, speriamo di essere in breve in grado di ristabilire l'ordine e la tranquillità, e di premiare quelli che nelle presenti circostanze si saranno resi particolarmente meritevoli della nostra grazia.

Rendiamo nota colla presente a tutti i Reali sudditi questa Nostra volontà per norma della loro condotta.

Dato a Modena, il dì 16 Marzo 1821.

CARLO FELICE.

Dello stesso tenore è la seguente

Lettera inedita del Re Carlo Felice al Cardinale Morozzo Vescovo di Novara.

Da Modena, 20 Marzo 1821.

Eminenza,

Avrà visto dal proclama che ho spedito al Conte de La Tour che io non riconosco niente di quello che si è operato in Torino e dei cambiamenti fatti nella forma del Governo dal Principe di Carignano dopo l'atto d'abdicazione del Re Vittorio Emanuele mio amatissimo Fratello; in conseguenza di ciò Vostra Eminenza non ha altro da fare che continuare ad esercitare le funzioni di buon Pastore d'anime come ha sempre fatto per l'addietro ed esortare i fedeli all'obbedienza inverso di me che per l'atto d'abdicazione del Re ed i diritti di nascita tengo al presente tutta l'autorità Sovrana e raccomandare me, mia moglie, il Re mio fratello e la di lui famiglia al Signore Iddio, nel quale solo confido, affinchè mi dia i lumi necessari in tali sventurate circostanze e protegga la giusta causa dei Sovrani.

Con questi sentimenti colla più perfetta stima mi dico

CARLO FELICE.

Abbiamo già visto dalle narrazioni stesse di Carlo Alberto quale sia stato l'effetto del primo proclama di Carlo Felice; appena ne ebbe conoscenza, Carlo Alberto si allontanava da Torino alla testa delle truppe per condurle sotto gli ordini del Conte de la Tour a Novara, ove sentì il bisogno di giustificare la sua condotta col seguente proclama:

Proclama del 23 Marzo 1821 del Principe di Carignano.

CARLO ALERTO DI SAVOIA, PRINCIPE DI CARIGNANO

Allorquando assumemmo le difficili incombenze di Principe Reggente, non per altro il facemmo, fuorchè per dare prova della nostra intera obbedienza al Re, e del caldo affetto che ci anima per il pubblico bene, il quale non ci permetteva di ricusare le redini dello Stato momentaneamente a noi affidate per non lasciarlo cadere nell'anarchia, peggiore dei mali onde possa una nazione essere travagliata; ma il primo nostro giuramento fu quello di fedeltà all'amatissimo Re nostro Carlo Felice. Pegno della nostra fermezza nella giurata fede si è di esserci tolti dalla Capitale insieme colle truppe che qui precediamo, ed il dichiarare ora qui giunti, come apertamente dichiariamo, che rinunziando dal dì d'oggi allo esercizio delle già dette funzioni di Principe Reggente altro ambire non sapremo che mostrarci il primo sulla strada dell'onore che l'Augusto nostro Sovrano ci addita e dare così a tutti e sempre l'esempio della più rispettosa obbedienza a' Sovrani voleri.

Dato a Novara, il 23 Marzo 1821.

CARLO ALBERTO.

Sotto la stessa data Carlo Felice emanava da Modena una seconda notificazione colla quale si provvedeva a surrogare l'Autorità del Reggente con quella di tre Governatori Generali:

Proclama del 23 Marzo 1821 del Re Carlo Felice.

NOI CARLO FELICE DI SAVOIA
DUCA DEL GENEVESE, *ecc. ecc.*

Colla notificazione del 16 corrente spiegato abbiamo abbastanza le nostre intenzioni relativamente ai sudditi ribelli, e sediziosi, non che alla forma del Governo la quale vogliamo che debba essere quella preesistente all'abdicazione di Sua Maestà il Re nostro amatissimo Fratello. Ora colla presente stabiliamo provvisoriamente, e sino a nuovi ordini, tre Governatori Generali, uno cioè nel Ducato di Savoia, l'altro in

quello di Genova, ed il terzo finalmente nei rimanenti Stati di
Terraferma, ciascuno dei quali dovrà riunire tutte le autorità
Civili, Militari ed Ecclesiastiche, e non dipendere se non dai
Nostri immediati Ordini. In conseguenza di che affidiamo il
Governo di Savoia al Luogotenente Generale Conte Sal-
mour di Andezeno, quello di Genova al Generale Conte Des
Geneys e quello degli altri Stati di Terraferma al Luogote-
nente Generale Conte Sallier de la Tour, ordinando a tutti e
singoli Governatori, Regi Impiegati, Intendenti, Prefetti,
Tesorieri, Giudici, ecc., comprensivamente a qualsivoglia altro Dicastero di dover dipendere sino a nuova disposizione
dai mentovati Governatori Generali.

Vogliamo che i Magistrati di qualunque classe essi sieno
al Regio Trono rimasti fedeli continuino a sedere ed a rendere
pronta ed imparziale giustizia.

Siccome poi dal Cielo principalmente si debbono atten-
dere gli opportuni soccorsi, perciò partecipiamo agli Arcivescovi e Vescovi dei Reali Stati essere Nostra precisa volontà
che questi vengano implorati e direttamente e per mezzo dei
subalterni Pastori delle anime nel modo che giudicheranno
il più proficuo, rivolgendo le preghiere all'Altissimo ed alla
Gran Madre di Dio Maria, la quale ha mai sempre protetti i
Reali Dominj della Nostra Famiglia.

Dato in Modena, 23 Marzo 1821.

CARLO FELICE.

Il 3 Aprile Carlo Felice spediva da Modena un fiero editto, col quale si dichiarava disposto a perdonare ai *soldati*, ma
non agli *ufficiali* di qualunque grado, che denunziava come
felloni, ponendo sul loro capo una taglia. Esordiva dicendo di
collocare tutta la sua confidenza negli austriaci suoi alleati e
così proseguiva: « Il primo dovere d'ogni fedele suddito essendo quello di sottomettersi di vero cuore agli ordini di chi
trovandosi il solo da Dio investito dell'esercizio della sovrana
autorità è eziandio il solo da Dio chiamato a giudicare dei
mezzi più convenienti ad ottenere il vero loro bene, non potremo più riguardare come buon suddito chi osasse anche
solo mormorare di queste misure che noi crediamo necessarie.

Nel pubblicare a norma della condotta di chiunque questi nostri voleri, dichiariamo che solo colla perfetta sommessione ai medesimi i reali sudditi si possono rendere degni del nostro ritorno » (1).

Intanto il Generale Conte de la Tour aveva radunato a Novara 800 uomini e si disponeva a marciare sopra Torino per ristabilirvi l'antico ordine di cose. Il 4 Aprile trasferì il suo quartiere generale a Vercelli.

I costituzionali per parte loro stabilirono di marciare sopra Novara nella speranza di trarre a sè altri truppe piemontesi, rimaste fedeli. Essi disponevano di circa 12.000 uomini. In questo mentre il Conte Mocenigo, inviato russo a Torino, eràsi profferto mediatore fra Carlo Felice ed i suoi sudditi ribellati : dicesi che egli facesse ciò con intenzione e col solo scopo di evitare una insurrezione militare in Piemonte. Torino e Alessandria accondiscesero a malincuore e il Conte Bubna comandante le truppe austriache scrisse al Generale de la Tour pregandolo a fare conoscere ai costituzionali che se essi non passassero la Sesia egli avrebbe aspettato l'esito della mediazione del Mocenigo : che se poi gli insorti si facevano avanti gli Austriaci avrebbero passato il Ticino (2). Il de la Tour comunicò tale annunzio al colonnello Regis, ma questi temendo un inganno, non vi prestò fede e continuò la sua marcia. Gli Austriaci allora varcarono il Ticino e si riunirono alle truppe del Generale de la Tour e nei pressi di Novara il giorno 8 Aprile incontrarono i costituzionali capitanati da Collegno, da Regis e da S. Marzano. Sulle prime si scambiarono alcune fucilate fra i soldati del de la Tour ed i federati; poi sul fianco di questi comparvero gli Austriaci e l'esercito costituzionale fu completamente disfatto. Le truppe imperiali occuparono Vercelli ed Alessandria : e il Generale Bubna spedì all'imperatore Francesco le chiavi di quest'ultima città. Il Conte de la Tour marciò quindi verso Torino e l'occupò la sera del 10 Aprile (3). Lascio pertanto all'autore del *Simple récit*

---

(1) CAPPELLETTI - Op. cit., Pag. 47 - BROFFERIO - *Storia del Piemonte* Tom. II, Pagg. 41-42.
(2) COPPI - *Annali d'Italia* - Tom. III, Pag. 150.
(3) CAPPELLETTI - Op. cit. - Pagg. 41-42.

di tracciare l'ultima pagina di quel tristissimo episodio della Storia Piemontese.

« Le public lui (al Conte de la Tour) fit un acceuil froid : la succession rapide des événements depuis trente jours avait augmenté cette méfiance qui est un peu dans notre caractère national. Victor Emanuel avait été contraint d'abdiquer par des gens qui prétendaient agir au nom du Roi ; vinrent ensuite quelques jours de régence et l'on renversa les lois fondamentales du royaume en ne parlant jamais que de respect et fidélité pour le Roi : la régence disparut et une Junte sans droits et sans titres, avait organisé un corps d'armée et l'avait envoyé au nom du Roi se battre contre le Roi. Après tous ces changements, arrive un Général toujours au nom du Roi et il prend possession de la ville » (1). Ed il Conte de la Tour pubblicava lo stesso giorno il seguente manifesto :

NOI CONTE VITTORIO SALLIER DE LA TOUR
GENERALE IN CAPO DELLE REGIE ARMATE
GOVERNATORE GENERALE DEL PIEMONTE, ecc. ecc., ecc.

Nell'entrare colle truppe fedeli di S. M. nella Capitale, egli è dolce per noi il poter far nota la nostra soddisfazione per l'ottimo spirito onde sonosi mostrate animate queste popolazioni e più particolarmente per le cure efficacemente adoperate dal Corpo Decurionale della Città di Torino ad oggetto di mantenere, come fece, nelle trascorse difficilissime vicissitudini l'ordine e la calma, che correvano rischio di essere altamente compromesse. La brava Guardia Nazionale ha degnamente corrisposto alle mire del Re, che la chiamò all'onorevole servizio : essa merita gli elogi e la riconoscenza di tutti i buoni, nè dubitiamo di trovarla costante nello zelo, di cui ha dato sin qui nelle varie circostanze prove non dubbie.

Sotto l'impero delle savie leggi Sovrane rinasca nelle nostre contrade la prima tranquillità : gli impiegati tutti, Civili e Militari ed Economici proseguano nell'esercizio delle funzioni che loro erano state affidate da S. M. ed attendano con quella fiducia che è propria de' buoni sudditi, che a noi sia-

_____

(1) *Simple récit* - Pag. 125.

no note le ulteriori istruzioni di S. A. R. il Duca del Gene-vese.

Noi promettiamo che le truppe sotto il nostro comando, non meno che quelle alleate sapranno serbare un'esatta disci-plina militare.

Lungi da noi il pensiero che trovar si possano ancora fra i Piemontesi degli insensati che ardiscano tentare di man-care ad esse, o di promuovere nuovi disordini; se ciò acca-desse, il più severo castigo seguirebbe il perfido loro atten-tato.

Ma la Nazione Piemontese è saggia ed il suo contegno proverà all'Europa, ch'essa non ebbe parte all'errore di quei pochi, dei quali già l'invilimento ed il generale disprezzo co-minciano a fare giusta vendetta.

Torino, li 10 Aprile 1821.

DE LA TOUR.

All'indomani 11 Aprile le truppe Austriache entravano in Alessandria, e questo nuovo *felice avvenimento* meritava bene che il buon popolo piemontese ne rendesse solenni azioni di grazie al Signore! Cosicchè la nuova Regia Segreteria di Stato per gli Affari Interni si faceva premura di impartire ana-loghe istruzioni al Clero per mezzo della seguente circolare, che chiuderà la serie dei documenti appartenenti a Monsignor della Marmora.

Circolare 14 Aprile 1821 della Regia Segreteria di Stato per gli Affari Interni agli Arcivescovi e Vescovi del Regno.

REGIA SEGRETERIA DI STATO
PER GLI AFFARI INTERNI
N.° 3450   Torino, li 14 Aprile 1821.
Uffi.° III - N.° 631

—

Circolare   Monsignore Ill.mo e Rev.mo
agli Arcivescovi e Vescovi

Sua Eccellenza il Signor Generale in Capo delle Regie Armate e Governatore Generale ha favorito di parteciparmi

il fausto annunzio, che ricevetti il 12 di questo mese del rista
bilimento dell'ordine nella Città e Cittadella di Alessandria,
come pure nella Città e nel Ducato di Genova, e del ritorno
che vi si fece alla primiera sommissione al Governo del Re
nostro Signore.

Un così felice risultamento ed in sì breve spazio di tempo
ottenuto, è la miglior prova della cura che Iddio prende del-
l'Augusta Real Casa di Savoia, e de' popoli al fortunato di
Lei dominio soggetti. Ben vuol ragione adunque che al Dio
degli eserciti offrasi innanzi tutto il tributo della religiosa gratitudine, onde ognuno debb'essere animato.

In adempimento pertanto dell'incarico avuto dalla prefata
Eccellenza Sua, io prego Vossignoria Illustrissima e Reverendissima di voler dare le sollecite sue disposizioni, affinchè nelle principali Chiese della di Lei residenza, ed in tutte
le Chiese parrocchiali della di Lei Diocesi, si canti un solenne *Te Deum* in rendimento di grazie all'Altissimo per la
conseguita pacificazione de' Reali dominii.

Dolce si è per me la fiducia che le preghiere ed i voti che
saranno sospinti al Datore d'ogni felicità gli saranno tanto
più accetti e graditi in quanto che le popolazioni ed il Clero
non si dipartirono giammai dai sentimenti della sincera e profonda devozione agli Augusti nostri Sovrani.

Ho l'onore di protestarmi con distintissimo ossequio
Di Vossignoria Illustrissima e Reverendissima
Dev.mo Obbl.mo Servitore
*Il Primo Uffiziale nella Regia Segreteria di Stato
per gli Affari Interni*
MANGIARDI.

Monsignor Vescovo di Saluzzo

E così tra il *Te Deum* della Rivoluzione e quello della
Reazione si svolse quell'infelice tentativo di pronunciamento
militare, sul quale il giudizio più sereno e spassionato fu quello di Massimo d'Azeglio, che pure era parente ed amico con
molti capi della rivolta — la quale, secondo lui « non si può
« approvare nè per la sostanza, nè per la forma. Se io non
« stimo, soggiunge, e non amo un sistema non lo servo. Se
« ho accettato servirlo mentre lo amavo e lo stimavo, e se poi

« a ragione o a torto i miei sentimenti sono mutati, lascio 'di
« servirlo, ma violare la fede data mai ». (1).

Conclude quindi giustamente il Perrero che « per tal
modo si ebbe per alcuni pochi giorni la costituzione spagnuola, ma si ebbero ad un tempo due calamità che indugiarono
forse di parecchi anni il trionfo della causa nazionale : l'occupazione straniera e il regno di Carlo Felice. Questo era inevitabile : quella, se la passione avesse potuto dar luogo alla
ragione, avrebbe potuto anche dopo l'abdicazione essere evi-
tata ». (2).

---

(1) MASSIMO D'AZEGLIO - *Miei Ricordi,* Cap. XVI.
(2) PERRERO - Op. cit. - Pag. 238.

XIX.

Carlo Alberto alla Corte del Gran Duca di Toscana. — Il Marchese Carlo Della Marmora ed il Cav. Silvano Costa de Beauregard accompagnano Carlo Alberto a Firenze. — Due inesattezze del Marchese Costa a proposito del Marchese Della Marmora. — 18 Lettere di Carlo Alberto al Marchese Della Marmora dal 1821 al 1824.

Pochi giorni dopo che Carlo Alberto ebbe pubblicato da Novara il proclama 23 Marzo che è stato riferito più sopra, gli giungeva un'altra lettera (il 27 Marzo) di Carlo Felice che gli ingiungeva di recarsi immediatamente in Toscana presso il Granduca Ferdinando III suo suocero. Carlo Alberto obbedì, ed al 30 Marzo si mosse per Firenze traversando il Ticino. Passando da Modena chiese una udienza a Carlo Felice che gliela rifiutò, e nemmeno il Duca di Modena volle riceverlo. Giunto a Firenze andò ad alloggiare al grande Albergo Schneider, dove rimase per alcuni giorni, non curato dallo suocero, il quale per intromissione del Marchese Cesare Alfieri di Sostegno, lo chiamò a sè e gli diede ospitalità nella reggia di Pitti; e poi assegnò a lui ed alla sua famiglia la real villa di Poggio Imperiale (1).

Il Marchese Costa di Beauregard è senza dubbio lo scrittore che ha raccolto le notizie più particolareggiate sulla vita che condusse Carlo Alberto a Firenze durante gli anni di esilio che succedettero ai casi del Ventuno; ed il suo racconto si fonda essenzialmente sulle lettere dirette in quell'epoca da Carlo Alberto al suo scudiere Conte de Sonnaz e su quelle che scriveva alla famiglia il Cav. Silvano Costa, altro scudiere del Principe che rimase con lui a Firenze. Il critico più superficiale potrà rilevare il grande divario che come tra il valore storico

---

(1) CAPPELLETTI - Op. cit. - Pagg. 39-40.

di queste e di quelle, come rileverà pure le non poche contrad_
dizioni tra le suddette lettere del cav. Silvano Costa e le 18 let_
tere, che mi accingo a pubblicare, di Carlo Alberto al Marchese
Carlo Della Marmora; le quali mi daranno troppe volte occasione di rettificare le notizie del Costa ed i giudizi del suo
fantasioso nipote e biografo di Carlo Alberto. Credo pertanto
che il Perrero sia nel vero quando osserva che ben diverse fossero le relazioni che correvano tra Carlo Alberto e ciascuno
dei suoi due scudieri, De Sonnaz e Silvano Costa. Questi era
senza dubbio affezionato quant'altri mai al suo signore e di
quest'affetto gli aveva dato le più chiare prove. Eppure a Don
Silvano con tutta la famigliarità di cui godeva presso il principe, non riuscì mai di farsene un amico, com'era riuscito al
De Sonnaz.

« Carlo Alberto non simpatizzava abbastanza con lui perchè s'inducesse ad elevarlo al grado di confidente intimo. E
per quanto vi si adoperasse nonchè riescire ad ottenere le con-
fidenze del principe, poco mancò che non venisse con esso ad
aperta rottura; e sebbene rappattumatosi, Don Silvano riti-
rasse le già date dimissioni, nulla prova che Carlo Alberto
abbia esteso anche a lui quella intimità di cui degnava il De
Sonnaz, nemmeno la lettera che il principe scrisse al momento della morte di Don Silvano, perchè essa prova bensì la
morte di un fedele e caro servitore, ma non già di un amico
confidente »…. (1).

E siccome le lettere di Carlo Alberto al Marchese Carlo
Della Marmora (che secondo lo stesso Marchese Costa era
son plus ancien ami) (2) hanno appunto il carattere di quella affettuosa confidenza di cui era così parco Carlo Alberto, credo
che esse gioveranno assai ad illuminare questo periodo così
poco conosciuto della sua vita.

Prima però di presentare al lettore questa terza serie di
documenti inediti debbo rettificare due errori in cui è incorso
il Marchese Costa a proposito del Marchese della Marmora.
Scrivendo della partenza di Carlo Alberto da Torino nella
notte del 22 Marzo 1821 Silvano Costa dice: « *J'étais le seul*

(1) PERRERO - *Replica al Marchese Costa de Beauregard* - Pag. **35**.
(2) COSTA DE BEAUREGARD - *Les dernières années du Règne du Roi
Charles Albert* - Pag. 509.

14.

écuyer auprès du Prince », (1) mentre Carlo Alberto nel suo Rapporto da Firenze ai diplomatici esteri, scrive : « *Accompagné du Comte Costa et du Marquis de la Marmora je traversai le pistolet à la main tous les rassemblements qui s'étaient formés autour de mon palais et je me mis à la tête des chevaux-légers. A deux milles de Turin nous trouvâmes.....* » (2).

Il 14 Settembre 1821 Carlo Alberto scriveva al Conte de Sonnaz : « *La Marmora n'est pas plus gai que moi. Aussi bien souvent, dans nos promenades avons-nous entendu des badauds qui disaient : O che faccie serie !.....* » (3). Questo accenno al Marchese Della Marmora dà occasione nel libro del Costa alla seguente nota : « *Le Marquis de la Marmora, prince de Masseran, · écuyer du Prince de Carignan, l'avait rejoint à Florence deux mois après son arrivée.* » Lasciamo andare il titolo di principe di Masserano che il Marchese Della Marmora non acquistò che 15 anni più tardi, ma l'inesattezza che tengo a rettificare è che egli abbia raggiunto Carlo Alberto a Firenze due mesi dopo il suo arrivo, mentre di fatto partì con lui da Torino il 23 Marzo (e ne fa fede 'a manifesta testimonianza dello stesso Carlo Alberto) e lo seguì fino a Firenze dove rimase fino ai primi di Novembre del 1821. Ciò risulta altresì da una collezione di 23 lettere a lui dirette in quel periodo da sua moglie e che si trovano nell'Archivio La Marmora di Biella; la prima di dette lettere è del 23 Marzo ed è indirizzata a Novara; dal 7 Aprile fino al 3 Novembre sono le altri indirizzate a Firenze (4).

« Cominciò allora, scrive il Massari, quella invariabile de-

---

(1) COSTA - *La jeunesse du Roi Charles Albert* - Pag. 137.

(2) Vedi Pag. 181 del presente volume.

(3) COSTA - Op. cit. - Pag. 165.

(4) Di quell'epoca è pure la seguente lettera diretta dalla Principessa di Carignano alla Marchesa Della Marmora, per assicurarla sul conto di suo marito, avendo questi fatto una caduta da cavallo.

Florence, le 28 Avril 1821.

Craignant que vous ayez appris, ma chère Marquise, que Monsieur votre époux s'est blessé à la jambe en faisant hier une chute de cheval et que vous fussiez inquiète sur son compte, j'ai pensé de vous écrire pour vous tranquilliser, en vous assurant que c'est peu de chose, et qu'avec quelques jours de repos il sera parfaitement rétabli. Il a passé une bonne nuit et va déjà beaucoup mieux ce matin. L'attachement du Prince pour le Marquis de la Marmora, ainsi que le vif intérêt que le

vozione da un lato, quella incessante benevolenza dall'altra le quali non potevano essere interrotte che dalla morte ». (1). E ne sono prova eloquentissima queste 18 lettere che non hanno bisogno di commenti, ma soltanto di qualche nota illustrativa che mi studierò di compilare colla maggiore esattezza possibile.

LETTERE DI CARLO ALBERTO, PRINCIPE DI CARIGNANO, AL MARCHESE CARLO EMANUELE DELLA MARMORA.

[—

Carlo Alberto a Pisa presso il Granduca di Toscana. - Suoi rapporti con Carlo Felice, Vittorio Emanuele e la Regina Maria Teresa. — Come il Granduca si adoperasse in suo aiuto. — Carlo Alberto si distrae cacciando col Cav. Costa e pescando in Arno. — Vita di studio. — Interessamento del Principe per la famiglia Lamarmora. — Alberto Lamarmora sospetto di idee liberali è dispensato dal servizio.

Vous ne sauriez croire, mon cher Là Marmora, tout le plaisir que m'a procuré votre lettre du 17 Novembre, que je viens de recevoir; les sentiments que vous m'y externez sont bien chers à mon coeur, et vous pouvez être certain que tout ce qui me viendra de vous me produira toujours le même effet. Vous me remerciez de ce que Barbania (2) et Son-

Prince èt moi avons toujours pris à toute ce qui vous concernait, ainsi que votre famille nous a fait ressentir le plus grand chagrin de cet accident, qui heureusement n'est d'aucune conséquence.

Je fus bien fâchée d'avoir été privée du plaisir de vous voir, ma chère amie, avant mon départ de Turin, et surtout que votre santé un peu dérangée en avait été la cause, mais j'espère que dès que je serai de retour à Turin vous me procurerez souvent le plaisir de jouir de votre aimable compagnie.

Soyez persuadée, ma chère Marquise, de mon amitié avec laquelle je suis pour toujours

Votre bien affectionnée
MARIE THÉRÈSE

(1) MASSARI - *Il Generale Carlo Della Marmora - Commemorazione* (*Gazzetta Piemontese,* N.° del 6 Marzo 1854).

(2) Cav. LUIGI BIANCO DI BARBANIA. Intendente della Casa del Principe di Carignano. Carlo Alberto, essendo re lo ricompensò dei suoi fedeli servigi col Grandato di Corona e coll'Ordine supremo della SS. Annunziata (20 Aprile 1835). Morì il 27 Settembre 1836.

naz (1) vous ont dit de ma part; ils n'ont certainement pu
en dire autant que j'en pense; jamais je n'oublierai tout
ce que vous avez fait pour moi, tout ce que je vous Kois,
les bons conseils que vous sûtes dans tous les temps me
donner si à propos. Je m'estimerai toujours bien heureux de
vous avoir auprès de moi, d'avoir si bien placé toute ma
confiance, mon affection et de vous devoir la reconnaissance
que je vous porterai toute ma vie.

Je suis enchanté que les classiques italiens aient pu vous
plaire et j'espère qu'ils vous feront quelques fois rappeler de
moi (2). J'ai déjà bien des fois regretté votre départ, quoique
je sus d'avance toute la peine qu'il me ferait éprouver. Mais
j'aime beaucoup mieux vous savoir vous et votre famille contents que de l'être moi-même et je peinais vraiment de toute
la privation que je causais à vos parents.

---

(1) GIUSEPPE MARIA Conte DE GERBAIX DE SONNAZ, nato a Chambéry nel 1784 fu addetto come paggio prima della Rivoluzione a
Carlo Emanuele di Carignano. Emigrò, e di ritorno dall'emigrazione
fece parte della Casa del Principe Borghese, governatore del Piemonte.
Nel 1815, avvenuta la Restaurazione, il Re Vittorio Emanuele I lo nominò
scudiere del Principe di Carignano. Quando questi salì sul trono, il
conte di Sonnaz divenne successivamente gran cacciatore, gran mastro
della Casa del Re, cavaliere dell'Ordine supremo della SS. Annunziata.
Morì nel 1863.

(2) Il Cav. di Barbania adempiva all'incarico del Principe colla seguente lettera:

    Monsieur le Marquis,

Je me fais un bien doux empressement, Mr. le Marquis, de vous annoncer que la lettre que vous avez eu la complaisance de me remettre
hier de la part de Monseigneur le Prince de Carignan, vous regarde en
particulier. S. A. m'y témoigne sa plus vive reconnaissance envers vous
pour les preuves d'attachement les plus distinguées et les importans services qu'elle a reçu de vous dans des circonstances les plus délicates et
difficiles: et voulant vous en donner quelque marque, m'ordonne de vous
envoyer en son nom la collection des classiques italiens, puisqu'elle con-
nait votre amour pour l'étude et pour les lettres.

Je vous assure, Mr. le Marquis, que S. A. ayant bien voulu me charger de cette honorable commission ne pouvait me procurer un plus grand
plaisir. Car mon dévouement pour S. A. étant sans bornes, comme le
vôtre, je suis charmé d'être à même d'exprimer ces sentiments avec vous
qui avez su si bien mériter la bienveillance et l'estime de notre Prince.

En vous envoyant les livres sus-dits en deux caisses, je vous prie
d'agréer mes félicitations les plus sincères et l'assurance de toute ma
considération avec laquelle j'ai l'honneur d'être

Monsieur le Marquis
Votre très humble et obéissant serviteur
DE BARBANIA.

Toutes les nouvelles que vous m'avez envoyé me font
un grand plaisir, celles surtout du Roi; enfin patience et.
toujours patience! je lui ai écrit il y à deux courriers, d'a_
près l'avis de mes correspondants que vous connaissez, une
longue et sentimentale lettre qui a enthousiasmé Costa (1),
quoique je soye persuadé qu'elle ne sera de nul effet (2); je
vous suis infiniment reconnaissant pour tout ce que vous lui
avez dit sur mon compte; je devais dans le fond m'y attendre
d'un ami tel que vous; j'ai aussi écrit une longue lettre au
Roi Victor et une à Roburent; elles furent portées il y a peu

---

(1) Il Cav. Silvano Costa de Beauregard era zio dell'autore della
« Jeunesse du Roi Charles Albert » e delle « Dernières années du Règne
du Roi Charles Albert ». Il primo dei detti volumi è in gran parte com-
pilato su lettere e memorie del Cav. Silvano. Era questi nato a Beaure_
gard nel 1783 e morì a Torino nel 1834, Maggior Generale, primo scu_
diere del Re Carlo Alberto, Grande di Corte, commendatore dell'Ordine
di San Maurizio, di San Ferdinando di Toscana, di San Luigi; era figlio terzogenito del Generale Marchese Costa, la cui vita fu scritta sotto
il titolo « Un homme d'autrefois ». Per il secondo suo libro il Marchese
Costa si valse delle memorie del proprio padre Marchese Leone (Panta-
leone) che nel 1848 era dei primi scudieri del Re Carlo Alberto. Il Marchese Leone fu deputato della Camera Subalpina nella quale sedette per le
prime sei legislature, come rappresentante del Collegio di Chambéry.
Dopo l'annessione della Savoia alla Francia, più della tanto decantata devozione alla dinastia Sabauda poterono i suoi principî religiosi pei quali la
costituzione del nuovo Regno d'Italia (les dévouements d'alluvion, come
li chiama suo figlio) rappresentava un pericolo, ed optò per la nazionalità
francese colla convinzione che in Francia dovessero trionfare quei principî che le tendenze liberali italiane minacciavano. L'Imperatore Napoleone III lo nominò suo Ciambellano e Senatore dell'Impero. Fu
scienziato di merito e membro dell'Accademia delle Scienze di Torino.

(2) « Nei carteggi di Carlo Felice finora conosciuti posteriori al 1821,
raro è che gli occorra menzionare il Principe di Carignano, e quelle rare
volte lo fa con un'impronta ben spiccata di profondo rancore. Non è del
resto da stupirne facendo ciò parte di un calcolato sistema di condotta dal
Re Carlo Felice messo in opera a sfogo del suo alto risentimento concepito
contro Carlo Alberto. Parlarne il meno possibile in famiglia; non rispondere mai alle sue lettere, fossero pur solo di complimento; non dare
a suo riguardo verun provvedimento, nè in bene, nè in male, come se
più non fosse nè della famiglia, nè per poco di questo mondo, lascian-
dogli intanto sospeso sul capo, a guisa della spada di Damocle, quel
cupo suo odio, che poteva fargli temere ogni peggio: ridurlo quindi a
consumare dentro sè stesso in quella incertezza di tutto e portarlo for-
s'anche in un momento di estrema passione a qualche eccesso che le-
gittimasse contro di lui una misura più energica e decisiva che allora
non sembrava per anche giustificata: tale era il sistema di condotta
adottato, tali i probabili intendimenti a cui accennava ». (Perrero - Op.
cit . Pag. 349-350).

de jours par Castel Alfieri (1); j'en attends la réponse et je vous la communiquerai aussitôt.

La Reine Marie Thérèse est parfaite pour moi. (2).

Nous ne sommes point à Livourne, ni séparés du Grand Duc, comme on s'est plu à le dire à Turin, mais tous réunis à Pise et vivant mieux si c'est possible ensemble que jamais. Vous savez que par délicatesse j'aurais préféré ne pas rester sur les épaules de mon beau-père si longtemps, mais lui pensa aussitôt aux discours que mes ennemis auraient pu faire là-dessus et s'y opposa; j'en suis d'autant plus content maintenant, car certainement ceux qui nous voyent un peu ne pourront jamais avoir le moindre soupçon qu'il y ait même de l'indifférence entre nous. Il y a quelques jours que le Grand Duc, ayant eu connaissance je ne sais trop comment, de toutes les calomnies que l'on débitait sur mon compte à Turin et surtout de la correspondance que l'on m'attribue avec les factieux, fit connaître officiellement à tous les Ministres résidents près de sa personne, à Castel Alfieri le premier, combien ils lui déplaisaient, leur certifiant que je n'avais jamais eu depuis mon arrivée à Florence aucune relation qui put être suspecte, que je l'avais prié dès le commencement de faire examiner toutes les lettres qui m'arrivaient et que de plus il était parfaitement content de ma conduite soit sous le point moral que dans ma manière d'être en famille. J'ai été d'autant plus content de cette bonne attention du Grand Duc qu'elle m'a paru être venue fort à propos pour confondre les nouvelles calomnies que l'on débite sur ma conduite et j'éprouve une satisfaction bien vraie en vous l'écrivant (3).

(1) Il Conte Amico di Castell'Alfero era Ministro di Sardegna presso la Corte Toscana.

(2) Se il lettore lo avesse scordato, quella era *la pire ennemie* di Carlo Alberto, secondo il Marchese Costa.

(3) Il Marchese de la Maisonfort, Ministro di Francia a Firenze, così scriveva al Ministro degli Esteri di Francia Barone Pasquier:

Florence, 15 Novembre — Mr. le Marquis de la Tour du Pin ambassadeur de S. M. à Turin m'ayant écrit par une voie sûre pour me prévenir qu'on répandait en Piémont les bruits les plus injurieux sur le compte du Prince de Carignan, j'ai cru devoir donner la plus grande attention à ce système de calomnies dont je soupçonne le foyer à Modène et les propagateurs partout où il y a des agents autrichiens.

Notre vie à Pise est beaucoup plus active que partout ailleurs. Le Grand Duc va tous les jours à la chasse et ne rentre souvent que vers le soir.

Nous tuons force bécasses; mais le triomphe du Capi_

Convaincu par les informations et les recherches que j'ai faites que la conduite du Prince est telle que son beau-père, sa femme, tous ses pa_ rents en sont satisfaits...

J'ai eu plusieurs conversations avec le Prince de Carignan... Excité par moi à se défendre toutefois avec la dignité et la prudence convenables le Prince est parvenu à indigner son beau-père au point de lui faire pro_ mettre d'appeler par une note diplomatique l'attention des puissances sur ce système de calomnies.

Florence, 22 Décembre — On continue à calomnier le Prince de Carignan de Turin. On aurait été bien plus loin si la France n'avait semblé le couvrir de cette égide qu'elle offre toujours à la légitimité. Il m'a promis patience et conduite irréprochable....

Le Grand Duc continue à donner asile à ce Prince, mais il ne lui servira jamais d'appui.

« Il Principe di Carignano (osserva un'apologista di Carlo Alberto,
« il GUALTERIO - Op. cit., Vol. IV, Pag. 298 e segg.) pensava giovarsi
« molto di questo passo (diplomatico) per rendere vani gli intrighi au_
« striaci in quel momento. Era una guerra sorda e diplomatica che egli
« combatteva con Vienna. Standosene in un isolamento completo, non
« riaprendo alcun carteggio coi suoi amici lottava sottomano con grande
« abilità contro intoppi d'ogni genere. Se Austria e Modena operavano
« da un lato, egli era solo dall'altro ; e la forza stessa d'inerzia nei suoi
« parenti di Firenze gli era un ostacolo. A conferma di quanto dice l'am_
« basciatore, ed in prova dell'attività e risoluzione che Carlo Alberto
« metteva in queste pratiche non chè della sua accortezza riporto la let-
« tera colla quale prega il Fossombroni (primo Ministro del Granduca
« di Toscana) di porre tutta l'energia in quel passo per ismentire le ca-
« lunnie che si spargevano sulla sua vita privata, dacchè le giustifica-
« zioni sulla pubblica erano evidenti ed avrebbe fatto andare a vuoto le
« mire del gabinetto viennese : come pure per testimoniare ch'egli non
« carteggiava coi proscritti, così li appella, evitando (il che è notevole) di
« chiamarli col nome di ribelli. Questi carteggi erano soggetto delle ac-
« cuse di chi cercava, a suo danno, errori nella sua condotta posteriore,
« non potendoli trovare nella precedente. » Carlo Alberto scriveva dunque al Conte Fossombroni nei seguenti termini :

Le 11 Novembre 1821.

Mon cher Comte,

Monseigneur le Gran-Duc ayant eu la bonté de me dire qu'il vous avait chargé de faire connaître aux ministres étrangers ici résidents la certitude qu'il avait que je n'avais aucune correspondance avec les proscrits piémontais ainsi que son mécontentement sur toutes les calom- nies qu'on se plait à débiter sur mon compte ; j'ose prier Votre Excellence de vouloir bien me donner en cette occasion une preuve de cette amitié et intérêt qu'elle m'a toujours montré en mettant dans cette affaire si im- portante pour moi la chaleur qu'elle mérite et qui produira certainement l'effet le plus avantageux pour mes intérêts. En vous assurant d'avance toute ma reconnaissance je vous prie, mon cher comte, de croire à la considération la plus distinguée, ainsi qu'à mon amitié la plus parfaite.

ALBERT DE SAVOIE.

taine *Bello Sguardo* (1) fut aux *Cascine* de Florence où dans une chasse seule il tua neuf pièces, entre lièvres et faisans; il était vraiment hors de lui de consolation et Opizzone (2) ne pouvait croire à nos rapports. Quant à moi je me suis un peu remis en chasse et vais attrapant tout comme un autre, mais je me contenterais bien de ne rien tuer si ce fut pour vous voir montrer à Costa votre habilité, puisque je pourrais alors jouir de votre aimable compagnie. Dans une course que nous avons fait à Livourne nous nous sommes procuré deux jolis fusils à deux coups; j'ai aussi trouvé une jolie paire de pistolets et ce qui vous fera sûrement bien rire nous avons aussi des lignes pour délivrer l'Arno et les rivières voisines des poissons qui les encombrent, le Capitaine aimant excessivement ce paisible exercice. Depuis votre départ je ne suis presque plus monté à cheval restant encore plus à la maison; j'étudie *de force*, j'écris aussi diverses petites choses (3) que je vous montrerai avec le temps, enfin je passe mon temps le plus patiemment possible. Je me suis procuré encore plusieurs autres très anciens livres sur l'art militaire en Italie, surtout un du 400. J'ai trouvé aussi un livre in octavo pas trop grand ni trop gros qui est vraiment charmant; il contient tous les fameux poètes Italiens : c'est un petit trésor : j'en ai aussi pris un exemplaire pour vous; s'il vous fit plaisir de l'avoir tout de suite je vous l'enverrai, ainsi que le livre que le docteur Tassi vous a trouvé à Rome et qui va arriver.

Les nouvelles que vous m'avez données sur nos Mes-

---

(1) Traduzione burlesca di *Beauregard;* così Carlo Alberto chiama nelle sue lettere il suo scudiere Cav. Silvano Costa.

(2) Il Conte ALESSANDRO OPIZZONE occupò l'ufficio di Ciambellano del Granduca di Toscana. Egli era fratello del Cardinale Carlo Opizzone che fu Arcivescovo di Bologna e di Monsignor Gaetano Opizzone che fu Arciprete del Duomo di Milano.

(3) Questo è secondo il COSTA (Pag. 192) l'elenco degli scritti lasciati da Carlo Alberto : *Pollenzo - Crissolo - Monmayeur - Souvenirs d'Andalousie - Voyages en Sardaigne - Notices sur les Vaudois - Réflexion historique - Comptes nouveaux pour l'enfance.* — Si possono pure assegnare a quell'epoca i seguenti lavori : *Recueil de proverbes vulgaires - Recueil de quelques discours réunis pendant mon séjour au Palais Pitti - De la réflexion et des compensations - Les bavards - Le bonheur,* etc.

sieurs m'ont bien intéressé, mais Gifflenga (1) est-il puis vraiment congédié ? quand vous aurez du temps de reste donnez-
moi bien des détails, qu'ils me feront grand plaisir. La con-
version de St. Georges (2) est vraiment délicieuse, mais ce qui
m'a bien consolé c'est ce que vous me dites de votre frère (3);

(1) Vedi nota, 4, Pag. 149.

(2) Gozani di San Giorgio Marchese Giovanni, nato a Casale nel
1788, morto a Torino nel 1843. Fu Colonnello di cavalleria)26 Gennaio
1836) e con. quel grado appartenne alle Guardie de lcorpo come Sottotenente. Carlo Alberto allude a qualche tratto originale di questo personaggio che fu di carattere piuttosto stravagante.

(3) Alberto Della Marmora, fratello secondogenito del Marchese
Carlo, dopo aver servito dal 1807 al 1814 sotto le bandiere napoleoniche
passò il 1º Ottobre 1814 nell'esercito piemontese col grado di Luogotenente nella Brigata Guardie; come tale si distinse nella campagna di
Grenoble del 1815 e fu promosso Capitano il 12 Febbraio 1816. Il suo
stato di servizio reca la seguente annotazione sotto la data *23 Ottobre
1821; Dispensato da ulteriore servizio in seguito a decisione confidenziale della Commissione militare.* Il suo nome però non figura nel *Dizionarietto dei compromessi* del Manno. Tre anni dopo (9 Ottobre 1824)
fu riammesso in servizio col grado di Capitano e posto a disposizione
del Vice Re di Sardegna. Percorse con onore tutti i gradi della carriera
militare fino a quello di Luogotenente Generale, col quale tenne l'ufficio
di Comandante Generale dell'Isola di Sardegna. Lasciò nome illustre
nel mondo scientifico pei suoi dotti lavori sull'Isola di Sardegna, i cui
risultati sono compendiati nella carta al 240 mila, che servì di base fino
agli ultimi anni a tutte le altre e nel *Voyage en Sardaigne*. Oltre molte
monografie su argomenti storici e scientifici pubblicò negli ultimi anni
di sua vita le *Vicende di Carlo Simiane* e la *Vita del Marchese di
Parella,* accompagnati da documenti che li riguardano e si riferiscono
alla fine del Secolo XVII.
Meritano di essere qui riprodotte due sue lettere relative alla sua dispensa dal servizio nel 1821, perchè danno un'idea dei procedimenti coi
quali la reazione infierì sull'esercito dopo la parte ch'esso aveva preso
alla rivoluzione di quell'anno : la prima è diretta al fratello Carlo; la seconda alla madre Marchesa Raffaella.

(Lettera al fratello Carlo).

Gênes, le 8 Septembre 1821.

. . . .

P.S. — Ma lettre est finie; je viens de recevoir à l'instant une note
venue du Secrétariat de Guerre par la quelle je suis tenu de me ju-
stifier sur le présent article : *Opinioni politiche contrarie a quelle che
devono dirigere sudditi e militari al servizio di S. M. con avere manife-
stato la sua propensione per il sistema costituzionale con discorsi e con
frequentazioni con persone mal pensanti e nuovatori.*
La chose est secrète : comme en ce moment je suis de garde, le Général me l'envoya par Alexandre; j'ai temps tout demain à y répondre,
ce que je compte faire avec franchise et dignité; les articles qui me
sont imputés ne me causant aucune inquiétude pour mon honneur, il en
pourrait résulter la perte de l'emploi auquel à cette heure je ne tiens
plus du tout; j'étais résolu de quitter, mais je ne demanderai plus; je
préfère que si l'on veut me renvoyer, qu'on me renvoye, dans le cas con-

qu'il continue toujours ainsi; il est indubitable qu'un jour
ou l'autre il pourra rentrer au service et continuer à faire
honneur à votre maison; je me réjouis beaucoup avec votre

---

traire j'attendrai encore quelque temps, jusqu'à ce que l'occasion vienne
de prendre quelque parti.

(Lettera alla madre).

Ma très chère maman,

Puisqu'à cette heure vous saurez déjà ce qui vient de m'arriver je
ne m'étends pas davantage en discours inutiles; il est de mon devoir
de vous écrire et j'ose espérer que voudrez bien recevoir cette lettre avec
tout le calme que je conserve en ce moment que je vous écris. Je sais
par trop malheureuse expérience domestique que rien ne peut commander
la confiance lorsqu'il n'y a pas les éléments pour la faire naitre; ainsi
puis-je murmurer que le Gouvernement ne veuille plus de mes services
lorsque je ne puis par mes opinions lui en inspirer? Non, je ne suis pas
irraisonable. Le projet que j'avais fait au premier abord de me rendre
auprès de Charles à Florence, me parut ensuite non seulement difficile à
éxécuter mais encore impolitique; je pars demain vendredi pour Turin
directement; il faut à mon avis prendre toujours la route droite: Alexandre qui a reçu son semestre m'accompagnera.

Je n'aurais jamais cru trouver tant d'attachement et de sincérité
dans tout le Régiment. Depuis le jour que le Général les larmes aux
yeux m'annonça la décision de la Commission je ne suis plus sorti de
chez moi, mais aussi je ne fus jamais seul.. Indistinctement depuis le
dit Général jusqu'au dernier sous-lieutenant tous sont venus; non par
singerie, tous sont venus m'embrasser à la maison, ceux surtout avec lesquels dans le courant de la carrière eurent quelque démêlé avec moi;
je dois le dire ceux là surtout m'accablent, pour ainsi dire des plus sincères protestations.

J'espère avoir lieu de m'applaudir d'avoir pris cet événement avec
décente résignation, j'ai de suite quitté toute marque militaire, et j'ose
espérer que sans désavouer mes opinions, mes discours en cette occasion
ont été prudents et raisonnables. Je n'ai pas voulu avoir l'air de *braver
le Gouvernement*, en paraissant en nouveaux habits et nouveau visage
dans les rues de Gênes, ni celui de dire: *Voici une illustre victime;* je
n'ai bougé et ne bougerai de chez moi que pour partir pour Turin demain matin.

Je n'ai aucun projet dans la tête, j'espère que vous ne me refuserez
pas la maison en attendant que les fureurs politiques s'apaisent; je vous
prie de me considérer comme étant en semestre, et je réitère en ce
moment mes protestations que je n'entends nullement être à charge de
la famille.

Je vais descendre directement à la maison sans détours et j'ose
vous supplier de deux choses, ma chère maman: 1º c'est de m'épargner
un accueil pénible, 2º de vouloir bien ne pas faire à mon égard aucune
espèce de démarche ni aucune *exclamation* sur mon jugement; je vous
demande ces deux grâces au nom de l'affection que vous me témoignez
malgré nos petites brouilleries.

Le Chevalier Vialardi est dans un état à fendre les pierres; malgré
sa douleur il vint me voir et s'est annoncé encore chez moi, avec une lettre pour vous que j'ignore s'il mettra à la poste ou s'il me remettra.

frère Edouard (1) de la distinction qu'il a reçue soyez persuadé, mon cher La Marmora, que je prends toujours le plus vif intérêt à toute, votre famille et que je serai bien heureux si une occasion se présente de montrer à vous et à eux l'amitié aussi vive que sincère que vous porte votre affectionné ami

ALBERT DE SAVOIE.

Pise, le 21 9bre 1821.

La Princesse et tout le monde ici me chargent de leurs compliments pour vous et moi je vous prie de faire les miens à toute votre famille.

— 2 —

In un convegno a Lucca il Re Vittorio Emanuele e la Regina Maria Teresa esprimono al Granduca di Toscana i loro sentimenti di bene-volenza verso Carlo Alberto. — Il Granduca dimostra con attenzioni e doni la sua affezione per Carlo Alberto.

Ayant une bonne nouvelle, je m'empresse, mon cher La Marmora, de vous l'envoyer, persuadé du plaisir qu'elle vous fera. Il y a 3 ou 4 jours que le Grand Duc a été à Lucques

---

Quelque soit l'avenir qui s'ouvre devant moi je m'applaudis aujour-d'hui de ne pas avoir quitté le service *motu-proprio*, car alors qui sait ce que l'on aurait cru à mon égard; tandis que maintenant la commis-sion vient de s'exprimer sur mes griefs: *Non potendo le di lui opinioni notoriamente conosciute ispirare veruna fiducia al Governo;* voilà bien, j'espère, mon honneur sauvé; ça veut tout dire en ce moment.

Laissons calmer les choses, je vous en conjure à genoux; ne faites aucune espèce de démarche, ni de plaintes avant mon arrivée.

Je voudrais être dans une disposition plus gaie pour me féliciter avec décence des promotions en famille; je n'aurais jamais cru d'éprouver tant de peine à quitter un corps où je croyais d'avoir moins d'amis. Je redoute d'après la sensation que j'éprouve aujourd'hui celle de l'expa-triation, si je me déterminais d'aller servir à l'étranger; mais ne parlons pas de cela et protestons nous

Votre très affectionné fils
ALBERT.

Gênes, jeudi ce 25 (?) 8bre 1821.
À Madame la Marquise Ferrero de la Marmora née de Brézé.
Turin.

(1) EDOARDO DELLA MARMORA (9 Agosto 1800-14 Aprile 1875) era al-l'epoca della Rivoluzione del Ventuno Luogotenente nei Dragoni della Regina che fecero parte dell'Armata Reale di Novara, e per strano con-trasto, mentre il fratello Alberto veniva dispensato dal servizio nel modo sopra riferito, egli veniva ricompensato della sua fedeltà alla causa Regia colla croce mauriziana.

pour avoir une explication avec le Roi Victor, sur mon compte, le quel lui dit : Je n'ai absolument rien contre le Prince, au contraire, je l'aime toujours, comme auparavant : je suis persuadé de ses bons sentiments et si je ne lui permets pas encore de venir me voir c'est pour ne point déplaire à mon frère et ne point troubler la politique ; mais je lui ai écrit pour savoir si je ne pourrais pas le voir à Lucques.

La Reine est toujours parfaite pour moi ; elle a dit en pleine table : Nous avons des grandes obligations au Prince ; sans lui que serions-nous devenus à Turin ? puis elle dit : Si le Prince fut coupable il n'aurait certainement pas tant d'ennemis (1). Enfin elle m'a écrit une seconde lettre encore plus aimable de la première : ceci est bien bon pour moi et devrait j'espère faire un grand bon effet en ma faveur auprès de tous les honnêtes gens... (2).

---

(1) Non sfuggirà al lettore l'importanza di questa lettera che conferma quanto scriveva il 10 dicembre il Marchese de MAISONFORT al Barone PASQUIER. Diceva quel Ministro di essere andato a Lucca e di avere avuto un abboccamento con la regina Maria Teresa e poi con re Vittorio per persuadere questo a rinunziare al suo disegno di tornare in Piemonte e specialmente a Genova, ove non poteva essere che d'impaccio al Governo. Parlò poi il ministro alla regina del Principe di Carignano.

« Elle me dit qu'il avait sans doute commis beaucoup de légèretés d'imprudences, ou de fautes même, mais qu'elle n'oublierait jamais qu'il *s'était jeté entre les révoltes et sa famille, que pendant sept heures il lui avait fait un bouclier de son corps* : qu'elle le reconnaissait, qu'elle le lui avait écrit il y avait encore quelques jours et qu'elle formait hautement des voeux pour son bonheur. Que quant à ce qui regardait la position de ce jeune prince avec le roi Charles-Félix elle croyait que son mari et elle pour le moment, lui feraient plus de mal que de bien en s'en mêlant ; qu'elle pensait ainsi que le roi Victor Emanuel, qu'il fallait laisser faire au temps.......

.... Elle n'est pas si autrichienne comme je le croyais, surtout depuis qu'elle voit que l'on prend à Vienne d'autant plus la part de Charles-Félix, qu'on le craint moins militairement ».

(2) La prima di queste due lettere della Regina Maria Teresa è certamente quella alla quale alludeva Carlo-Felice quando scriveva (5 Dicembre 1821) a Vittorio Emanuele : « Je ne vous dissimule pas qu'il y court ici la copie d'une lettre de la Reine au dit Prince (*Carlo Alberto*), que je ne sais pas si elle est authentique, qui est entre les mains des ministres étrangers, ce qui les anima beaucoup en sa faveur et va me causer des embarras et des chagrins à l'infini, et qui me mettent dans l'impossibilité de prendre des déterminations stables, justes et capables d'assurer le repos et la tranquillité du pays et le décor et l'honneur de la Maison de Savoie (MANNO - *Informazioni*, Pag. 40).

Abbiamo già visto come prima del Ventuno la Regina Maria Teresa si sia dimostrata la *pire ennemie* di Carlo Alberto. Il Marchese Costa ha sentito il bisogno di pubblicare la lettera in questione che secondo lui

Je vous ai de bien grandes obligations, mon cher La Marmora, car je sais que depuis votre arrivée à Turin beaucoup de gens ont changé de sentiment à mon égard. J'attendais certainement tout de votre attachement mais toutes les preuves que vous m'en donnez me sont toujours infiniment agréables et me vont droit au coeur.

Le Grand Duc m'a finalment donné les deux chevaux. J'espère qu'on ne regardera point cela comme une marque de son *terrible mécontentement* contre moi. Avez-vous vu

---

sarebbe stata mandata dal Principe al Conte de Sonnaz perchè la mettesse in circolazione, ma non potendo trovare in essa un argomento per la sua tesi prediletta, cambia registro e con un nuovo saggio della sua fervida fantasia la fa precedere da queste osservazioni : « Il est bien évident que, en se rapprochant ainsi du Prince de Carignan dont Marie Thérèse s'était montrée jusque là *l'ennemie acharnée* la reine n'avait d'autre but que de créer des embarras à Charles-Felix au quel elle ne pardonna jamais d'avoir accepté la couronne lors de l'abdication de Victor Emanuel I (COSTA Op. cit., pag. 348) ». Ora nessuno ignora che Carlo Felice indugiò parecchi mesi prima di assumere il titolo di Re, volendo lasciare libero il fratello Vittorio Emanuele di recedere dall'abdicazione che gli era stata imposta dalla rivoluzione ; sono pure note le vive premure che da Firenze Carlo Alberto faceva a Vittorio Emanuele perchè riprendesse la corona (e lo prova ancor la lettera di lui che il MANNO ha pubblicata nelle sue *Informazioni*).

Resta pertanto assodato che Vittorio Emanuele volle di proposito mantenere la fatta abdicazione. Sarebbe perciò puerile supporre che il Marchese Costa non conoscesse queste circostanze, ma la *ignoranza* che io non voglio supporre in lui, egli l'ha voluta supporre nei suoi lettori, perchè non altrimenti può essere spiegata la sua gratuita affermazione che non ha altro scopo se non di mettere, sotto altra forma, in cattiva luce la figura ed il contegno della Regina Maria Teresa. Ma s'egli sarà riuscita a gabellare la credulità dei suoi lettori d'oltr'alpe incombe a noi l'obbligo di mettere in guardia gli Italiani contro le volgari insinuazioni di chi rivendica a sè il diritto di scrivere la storia dei Principi di Casa Savoia in nome degli ultimi e più fedeli servitori. Ma è tempo che dia posto alla famosa lettera.

Lucques, 30 Octobre 1821.

Très cher cousin,

L'heureuse délivrance de ma fille Thérèse (*la duchessa di Lucca*) me justifiera auprès de vous si dans les derniers jours qui précédèrent cet événement et que je lui avais entièrement voués je n'ai point répondu à votre chère lettre du 13 que j'ai reçue avec la plus vive reconnaissance et que les voeux que vous voulez bien faire pour moi et dont je suis convaincu des sentiments dont vous m'assurez, aux quels je réponds par l'intérêt le plus constant de tout ce qui vous touche. J'ose cependant avouer que je ne puis vous passer l'expression que vos voeux pourraient me paraître importuns, vu que pour cela, ils devraient l'être, ce qui est impossible attendu que vous m'avez toujours donné personellement toutes les preuves d'attachement que je puis espérer de votre part et que rien ne pourra jamais altérer la reconnaissance que je vous conserverai toute ma vie ».

cette digne matrone de la Comtesse de S.? on dit qu'elle se
dégeule toujours contre moi d'une manière indigne croyant
se mettre en grâce. Si elle ne met pas plus de prudence dans
sa conduite elle finira par s'en repentir.

Savez-vous que le Grand Duc a pris une passion toujours plus grande pour moi; il a fait venir d'Egypte pour me
faire cadeau deux superbes béliers qui seront grands comme
de gros ânes et qui sont habitués à boxer ensemble; il m'a
aussi donné un très beau damas qu'il portait, lequel ferait
venir l'eau à la bouche à Sommariva (1).

Notre vie est toujours la même: je prends patience!
nous allons beaucoup à la chasse; nous avons rencontré l'autre jour beaucoup de daims mais nous n'avons encore rencontré aucun sanglier.

Le Capitaine *Bello Sguardo* (2) est toujours le même. Je
jette de temps en temps de l'eau sur son braisier, car il est
toujours enflammé contre sa Dulcinée.

Giustamente osserva il Perrero (opera citata, pag. 182) che « questa
lettera improntata di una cordialità, che trapela a così dire da ogni
parola, è tale quale la Regina avrebbe potuto scriverla al Principe nel-
l'auge della sua fortuna, onorato dalla confidenza del Re, circondato
dalla stima universale: e niuno certo, senza la data, s'immaginerebbe
mai che sia stata, tutt'all'opposto, scritta al Principe esiliato dal suo
paese, imputato per poco di fellonia e caduto nella totale disgrazia del
suo sovrano e tanto meno che sia stata scritta da una nemica capitale del
Principe....... » Ci voleva proprio la perspicacia del Costa per andare a
scoprire la perfida ostilità di Maria Teresa nel fatto che essa rinunziava
per un momento alla sua ostinata persecuzione contro Carlo Alberto
giungendo al punto di accarezzarlo... per fare posto ad un altro. non
meno maligno sentimento, cioè quello di fare un dispetto a Carlo Felice.

(1) Seyssel d'Aix e Sommariva Marchese Claudio. Nacque a Torino
il 10 Dicembre 1794. Cadetto nello Stato Maggiore d'Armata il 4 Novembre 1815. Sottotenente nei Dragoni del Re nel 1816. Luogotenente
nel 1819. Fu scudiero di Carlo Alberto e poi suo gentiluomo di camera.
Capitano nel 1821 e nominato Cavaliere nell'Ordine militare di Savoia
per la sua lodevole condotta nel fatto d'armi di Genova. Maggiore nel
1831. Luogotenente colonnello nel 1832. Colonnello nel 1836. Maggior
Generale nel 1845. Nella campagna del 1848 comandava la Brigata
Aosta; fu decorato della croce di commendatore dei SS. Maurizio e Lazzaro dalle mani del Re pel fatto d'armi di Santa Lucia e meritò la me-
daglia d'argento a Goito.

(2) Mentre il Principe scherzava sulle avventure galanti del Capitano
Bellosguardo, l'indiscreto scudiero non tralasciava di rivelare nelle sue
corrispondenze famigliari le debolezze femminili del suo principe; rivelazioni che il degno nipote nel suo insuperabile patriottismo avrebbe potuto dispensarsi dal dare in pascolo alla curiosità malsana dei dilettanti
di storielle volgarmente dette piccanti, per le quali hanno un gusto speciale i suoi attuali compatrioti (Vedi Costa - Op. cit. - Pagg. 184-185).

Adieu, mon cher La Marmora, je vous embrasse, vous priant de m'aimer toujours un peu et de me croire pour la vie votre bien affectionné ami

ALBERT DE SAVOIE.

Pise, le 1 Décembre 1821.

Mes compliments, je vous prie, à votre famille.

— 3 —

Riflessioni e protesta di amicizia di Carlo Alberto a La Marmora in occasione della prima ricorrenza dell'epoca della rivoluzione. — Il carnevale a Firenze non è fonte di distrazione pel Principe il quale preferisce cercare di svagarsi collo studio.

Mon bien cher La Marmora, puisque je ne peux encore vous revoir, et que même il n'y a aucune probabilité que ce soit de si tôt, je viens par ce petit griffonnage vous exprimer ma bien vive amitié et vous prier de vous rappeler quelques fois de moi en m'aimant toujours un peu. J'aime à croire que depuis longtemps la Marquise de La Marmora sera parfaitement guérie, que vous n'aurez que des sujets de contentement et de consolation, ce sont mes voeux bien ardents à votre égard comme j'espère que vous en serez bien persuadé.

Nous voici de nouveau dans le fameux mois de Mars: puisse cette année être plus heureuse et agréable que celle que nous venons de terminer: je lui ai au moins une obbligation, au milieu de tous les malheurs et des chagrins dont elle m'a entouré, qui est de m'avoir mis à même de vous si bien connaître et de vous devoir tant de reconnaissance.

J'ignore si le séjour de Turin est bien agréable; pour nous ici nous sommes entourés de tout ce qu'il y a de plus brillant; les derniers jours du carnaval ont été très brillants: il y a eu des fêtes superbes, surtout chez le Prince Borghese (1);

(1) Principe CAMILLO BORGHESE (1775-1832); aveva sposato la bella e capricciosa Paolina Bonaparte, sorella di Napoleone. Sotto l'Impero aveva tenuto una piccola corte a Torino coll'ufficio di Governatore Generale del Piemonte. Caduto l'Impero si stabilì a Firenze dove morì. Nel 1806 aveva venduto a Napoleone la maggior parte delle antiche sculture della Galleria Borghese.

les rues étaient encombrées de masques : j'ai entendu faire dans tous ces jours-ci des descriptions de fêtes et d'amusements vraiment charmants : car pour moi je ne sors plus excepté lorsque j'accompagne le Grand Duc à la chasse ; et quand l'heure des agréables promenades que je faisais avec vous arrive je vais m'asseoir sur le balcon et y fumer tout seul *il cigariglio*.

J'ai beaucop augmenté ma collection de livres militaires, de ceux d'histoire et surtout de cartes de géographie. J'ai aussi trouvé plusieurs armures anciennes dont plusieurs très belles et curieuses. Je me suis fait venir de Rome les platines d'un beau fusil : j'en ai rassemblé plusieurs de diverses espèces ; enfin je passe mon temps et je prépare de loin les bases d'un petit arsenal, que je désire établir dans notre bibliothèque militaire, ce qui nous servira de passetemps dans les loisirs d'une longue paix.

Je ne veux pas oublier de vous dire que déjà depuis quelque temps j'ai fait l'acquisition d'un superbe braque d'Espagne qui chasse à ravir et qui dans ma chambre me donne à l'aide de *Milord* (qu'on appelle maintenant *Volpino*) de fréquentes représentations de l'allure des événements sociaux, car il ne sont que deux et il se battent continuellement.

Je crois vous avoir déjà écrit que je devais acheter un cheval du haras du Grand Duc, mais celui-ci l'ayant su, m'en fit cadeau ainsi que d'un autre aussi bien joli, qui lui ressemble.

Je termine, mon cher La Marmora, en vous priant de faire mes compliments à toute votre famille, en vous embrassant et vous assurant que je suis pour la vie votre bien affectionné ami

ALBERT DE SAVOIE.

Florence, le 5 Mars 1822 (1).

---

(1) Quasi della stessa data è la seguente lettera del Cav. Silvano Costa al Marchese Della Marmora, nella quale si contengono notizie non prive d'interesse sulla vita degli esiliati a Firenze. Mi preme specialmente di rilevare che i termini nei quali il Costa parla della condotta del Principe di Carignano, sono ben diversi da quelli che usa nelle corrispondenze famigliari riferite da suo nipote ; con ciò non intendo porre in dubbio l'autenticità di quelle lettere famigliari, ma constatare che il prelodato nipote non ha creduto di usare col pubblico dei suoi lettori quel riserbo che lo zio usava con un amico che sapeva essere confidente del Principe.

I colori del Principe Leopoldo. — Nomina di Monsignor Della Marmora a Cancelliere dell'Ordine della SS. Annunziata. — Il Cav. Silvano Costa a Roma. — Acquisto d'armi alla fabbrica di Pistoia. — Avventura toccata a Lord Byron a Pisa.

Mon cher La Marmora, si j'ai tardé quelque temps à répondre à votre si bonne lettre vous m'excuserez, je l'espère et ne l'imputerez nullement, en me connaissant un peu, à un refroidissement dans l'attachement que je vous porte, lequel bien loin de s'affaiblir ne fait qu'augmenter dans l'éloignement, mais sachant que vous désirez de l'outre de mer, je voulais en vous répondant pouvoir vous en envoyer : je n'ai pu me pro-

Florence, 9 Mars 1822.

J'ai recu ta lettre, mon cher La Marmora, au moment où j'allais t'écrire pour t'annoncer que j'ai chez moi à ton ordre deux cahiers de la Gallerie de Florence et deux volumes de Pignotti, attendant le 3.me qui va sortir au premier jour. J'attendrai quelques bonnes occasions pour t'envoyer ces objets, car je perds l'espoir de pouvoir te les porter moi-même de longtemps. En effet cette cérémonie du serment passée je ne vois plus que l'époque du Congrès qui puisse faire quelque chose pour nous ed Dieu veuille qu'il ne soit pas encore retardé, comme il arrive si souvent lorsque doivent se transmarcher de si grands personnages ; ce qui fait plaisir c'est qu'on ne voit pas l'horizon politique s'obscurcir ; au contraire (au moins en Europe) la guerre entre la Russie et la Porte semble peu probable maintenant. C'était l'étincelle qui menaçait d'embraser de nouveau le continent : alors adieu Congrès, au moins ceux où les Souverains se trouvent en personne, et par les ministres peu d'affaires se font et surtout celles du genre de la nature où une parole dite de bonne amitié par de puissants personnages peut tout.

Enfin, mon cher ami, je vois avec plaisir qu'à présent tu es chez toi bien tranquil faisant tes affaires et des enfants à la plus belle dame de Turin : tu as la force de prendre patience et d'être content que nous restions ici même après le Congrès ! Où diable as-tu pris tant de grandeur d'âme ? L'histoire et même les romans n'offrent guère d'exemples plus beaux.

Sais-tu, si on écrit ton histoire, ce trait devra être inséré en lettres d'or. Maudit Etrusque, souviens-toi donc que lorsque tu étais des nôtres tu prenais ton parti moins gaillardement, mais les délices de Capoue te font tout voir en beau : tu as déjà oublié nos vicissitudes que tu ne partages plus pas même en idée. Songe donc à la douleur amère de cette respectable C. Ph. éloignée de son époux adoré et de ses enfants et de toute sa famille, obligée de se consoler comme elle peut avec le premier venu. Hélas, 4 ou 5 ont peine à arrêter ses larmes et si ce n'était le brillant Luchesini qui lui fournit maintenant les distractions les plus substancielles, que deviendrait-elle ? Il lui faut au moins succéder à Monsieur Baciocchi pour pouvoir prendre patience. Cependant cette ressource est précaire puisque le nouveau Lovelace a la réputation de ne pas rester longtemps attaché au même char. Mais heureusement la France, la Russie, l'Angleterre, la Hollande, l'Allemagne nous envoyent de nombreuses réserves, et il y a de quoi choisir.

curer de celle qu'avait Léopold (1) parce qu'il en fait une spé-
culation de commerce; et je suis finalement parvenu à trouver

---

Après t'avoir parlé de ce martyr du dévouement et du devoir j'aurais
mauvaise grâce de te parler de moi; cependant·depuis un an que je
suis séparé de tous mes parents, mon père est dans un état de santé
qui ne me laisse guère l'espérance de le revoir. Je suis ici sans amis,
ni amies qui me fassent prendre patience : tout jovial que tu dis que
je suis, tu sais pourtant que mon imagination beaucoup plus jeune que
mon corps se met en mouvement· facilement; enfin je suis de tous les
exilés le moins heureux (à mon avis).

Tu ne me dis rien des remplacements, excepté de ton jeune frère,
que j'apprends avec un vrai plaisir être mon camarade; je désire pour lui
qu'il fasse mieux son chemin que moi, qu'il trouve des gens qui s'inté-
ressent à lui et ne mettent pas bâtons dans la roue pour l'empêcher d'a-
vancer. Conçois-tu, mon très cher étrusque, qu'après la lettre que tu m'as
vu recevoir à Poggio a Cajano, on a fait Faverges et Isasca lieutenants
colonels; il n'y a plus de major dans le corps, bien que le réglement en
assigne, et depuis plus de 7 ou 8 mois le Général renouvelle la demande
en ma faveur (la quelle était déjà presque accordée avant même nos événements) sans pouvoir l'obtenir? Cette marque de défaveur n'est pas·en
armonie avec la susdite lettre. Si c'est pour rien faire en faveur d'une
personne qui est attachée au Prince, à la bonne heure, mais alors pourquoi m'autoriser et me donner presque l'ordre de le suivre : on attend
notre retour pour faire quelque chose pour moi le moins qui puisse arriver est que j'aurai perdu un an d'avancement et je commence à ne
plus être trop en âge d'attendre.

Enfin, à la garde de Dieu! j'ai fait mon devoir; ma présence près
du Prince, j'ose dire n'a pas été nuisible; je n'ai jamais cherché à lui
monter la tète; au contraire, à présent je vois avec beaucop de plaisir
qu'il l'a plus calme qu'il ne l'a eue depuis que nous sommes dans ce
pays. Il ne se laisse plus aller à ces sujets de conversation dont tu
sais que nous l'éloignons autant qu'il était en notre pouvoir; enfin il
est maintenant bon père, bon mari et parait bien vu et aimé de toute
sa famille.

Tu as bien fait de me ménager un peu pour les bonnes grâces de ta
femme; tu as bien fait aussi de la prévenir un peu sur mon compte; c'est
agir prudemment. Tu as évité de cette manière le coup de foudre si com-
mun dans les romans.En effet si ta jeune et belle moitié, m'eut vu sans
y'être préparée, qui sait si mon nez barbouillé de tabac, mon gros ventre
et enfin tous mes autres charmes, n'auraient pas produit chez elle une
de ces impressions qui ne s'effacent jamais. En attendant que je déve-
loppe à ses yeux toutes mes grâces, offre-lui mon respect et mes voeux
pour la retrouver mère d'un gros garcon.

Adieu, mon cher ami, toutes les personnes de la maison royale que
j'habite me chargent de te dire bien des choses, particulièrement Opizzone
et Montalvi Le prince; la princesse et la comtesse Philippi veulent que
je fasse leurs compliments. Battistin et le vieux Luigi t'offrent tous leurs
respects et me demandent souvent de tes nouvelles.

Quant à moi tu sais que je suis à tes ordres et que tout ce que tu
me commandera sera une source de plaisir pour ton affectionné ami
S. Costa.

(1) Leopoldo, Arciduca D'Austria era il figlio primogenito del Granduca Ferdinando III al quale succedette nel 1824. Nato nel 1797. Perdette e ricuperò lo Stato nel 1849 e nel 1859; lo perdette per sempre abdicando in favore del figlio Ferdinando IV. Morì nel 1870.

celle que je vous envoie dans une boite par ce même courrier ; un peintre m'assure que c'est de la meilleure ; j'espère qu'elle vous plaira et si vous en désirez davantage écrivez-le moi, je vous en prie en toute franchise, que je pourrais probablement encore m'en procurer par le même moyen, et que vous me feriez par là même un bien vif plaisir.

La promotion de Monseigneur de Saluces (1) m'a procuré une satisfaction aussi vive que sincère ; je vous prie de vouloir bien lui en faire mes compliments : espérant que vous serez bien persuadé que je prendrai toujours la part la plus vive à tous les événements de quelque genre qu'ils soient qui pourront arriver aux membres de votre famille.

Je suis ici tout seul maintenant, car avant-hier au soir l'ami *Bello Sguardo* est parti pour Rome ; il avait une terrible envie de voir cette superbe ville et surtout les fonctions de la Semaine Sainte, ce qui fit que je fus le premier à lui proposer de faire cette agréable et instructive course. J'espère qu'il s'amusera et qu'il se dédommagera du séjour de Florence, qui ne lui procurait pas de grands agrémens. Ainsi je crois que notre Capitaine étant parti samedi, sera arrivé hier lundi et que dans ce moment que je vous écris il sera à contempler la façade de S. Pierre (2).

Notre bon ami le Général Conti est ici, mais heureusement il me tient un peu rigueur, et s'occupe beaucoup de ses domaines, d'où il résulte un avantage pour nous deux.

Je vous remercie beaucoup du fusil que vous voulez me

(1) Monsignor CARLO VITTORIO DELLA MARMORA era stato nominato l'11 Marzo, cancelliere dell'Ordine Supremo della SS. Annunziata.

(2) Secondo il Marchese COSTA (Op. cit., Pag. 205 e seg.) pare che il viaggio del Cav. Silvano a Roma sia stato un diversivo ai rapporti piuttosto tesi che correvano in quei giorni fra il principe e il suo scudiere. « On sent à lire les lettres et les notes de Silvain à cette époque que le courage du fidèle serviteur baissait comme une lampe qui manque d'huile.... Nous ne pouvions plus nous entendre, nous divergions trop absolument, mon prince et moi en matière ecclésiastique. Il cessa bientôt de me parler, ou ne me parla plus que de choses indifférentes que je n'eus peine à voir que je lui étais devenu insupportable... Je crus cependant comme nous avancions dans le carême pouvoir demander la permission d'aller passer la semaine sainte à Rome. Cette grâce me fut facilement accordée. Dans les dispositions où nous nous trouvions, cette petite absence de trois semaines, fit au prince autant de plaisir qu'à moi......

donner; je le recevrai avec grand plaisir venant de vous. Ayant commandé plusieurs choses à la manufacture d'armes de Pistoie je vous fait faire aussi une paire de pistolets damasquinés, désirant qu'ils puissent vous remplacer ceux que vous laissates à votre ami en partant de France.

Tout le monde ici ne parle que des fonctions de la Semaine Sainte et des prédicateurs plus au moins bons. On prépare la fonction du *Lavabo*, suivant le style ancien.

Il est arrivé à Pise une mauvaise affaire à Lord Byron; ayant eu une rixe avec un soldat, un de ses gens lui donna un coup de couteau, ce qui pour la Toscane est un événemente mémorable, aussi toute la ville était en dessus dessous (1).

On m'a donné deux petits chiens dans le genre de *Milord* : j'espère pouvoir bientôt les envoyer en Piémont ainsi que les chevaux que m'a donné le Grand Duc; alors j'attends votre avis.

N'ayant rien de nouveau à vous apprendre je finis ici, mon cher La Marmora, vous priant de me croire pour la vie votre bien affectionné ami

ALBERT DE SAVOIE.

Florence, 2 Avril 1822.

P. S. — La princesse me charge de vous faire tant de compliments, ainsi qu'à la Marquise.

---

(1) Il Marchese Costa così racconta il fatto : (op. cit. pagg. 198-199). Le 21 Mars 1822 Byron se promenait à cheval lorsqu'il fut bousculé par un officier toscan : on se battit, un hussard fut blessé et l'ordre vint aussitôt au poète d'avoir à quitter Pise.

Il obéit avec toute l'insolence dont un homme d'esprit est capable. On se souvient encore là-bas de son exode. Midi sonnant, Byron quittait le palais Lanfranchi à cheval accompagné d'innombrables domestiques et de cinq carrosses; puis venaient neuf chevaux de main suivis d'un singe, d'un bouldogue, d'un mastin, de deux chats de trois paons, d'un harem de poules. La marche était fermée par d'innombrables caisses d'armes, de livres et d'un chaos de meubles....

— 5 -

Mohàmet Res Effendi a Firenze. — Sue simpatie pel Principe cui fa dono d'un cavallo. — La Contessa d'Albany ed il Principe Borghese. — Notizie di vita mondana. — Il ritorno del Cav. Silvano Costa da Roma.

Mon bien cher La marmora, il y a près d'un siècle que je si ai plus eu un mot de vous et ne pouvant rester si longtemps sans jaser un peu avec vous au moins par écrit je barbouille ce griffonage qui sera bien loin de remplir le but auquel je le destine, puisqu'il devrait vous exprimer le bien vif attachement que je vous porte et combien je suis sensibile et vraiment touché toutes les fois que je pense à tout ce que vous avez fait pour moi. Votre souvenir m'est toüjours présent et je trouve tous les jours plus de plaisir à saisir les occasions de parler de vous. J'avais presqu'envie de vous envoyer Battistin en ambassade pour vous faire part que notre bon ami *Mohamet Res Effendi* vient de s'embarquer, dans l'espérance de guerroyer, qu'auparavant il est venu exprès à Florence pour me dire adieu et qu'en partant il m'a fait ca- deau de son beau cheval que vous connaissez : je le monte depuis quelques jours et je puis bien vous assurer que je n'ai jamais trouvé une monture plus parfaite sous tous les rapports. Comme il n'est pas trop grand je me fais une fête en me promenant dessus que lorsque le bon temps vien- dra il sera le destrier destiné à l'honheur de vous porter. Je ne veux pas oublier de vous dire que *Mohamet Res Effendi* aihsi que *Mohamet Aga* s'informaient bien souvent du *Gé- néral* La Marmora, ainsi qu'ils s'exprimaient et qu'ils avaient acquis une grande estime de vous.

Costa est puis de retour, comme vous saurez, de Rome; il a un peu maigri dans son voyage, qui lui a fait plus de bien que toutes les médecines du monde : il est revenu très gai et très content de son expédition : mais il n'a pu aller chez le Pape (1).

_____

(1) Il Cav. Silvano era latore di una lettèra pel Santo Padre in cui il testo è riportato dal Marchese Costa (Op. cit. pag. 350).

Le comtesse d'Albani (1) étant partie pour la France le Prince Borghese s'est mis à sa place à faire les honneurs de Florence et donne des sociétés ou bals qui sont à ce que l'on assure vraiment charmants; c'est assurément un excellent homme auquel cette ville doit beaucoup; il a presque rebati, comme vous savez, son palais, qui est devenu d'une grande magnificence.

On assure que ma belle-soeur (2) est grosse, ce que serait bien désirable pour cette excellente famille, mais la chose n'est pourtant pas certaine.

On me parle souvent de vous ici dans la famille et toujours avec des vives marques d'intérêt.

Si vous voyez Berton (3) vous seriez bien aimable de lui dire deux mots sur *Arcmar* (nom du cheval). Nous avons ici comme vous pouvez vous le figurer une très grande affluence d'étrangers, surtout d'Anglais : nous vivons pour le reste dans une très grande apathie, surtout de nouvelles. Je n'entends presque parler que de quelques escapades des brigands de la Romagne et des théatres de Florence presque tous ouverts et dont les amateurs se plaignent excessivement.

La princesse vous fait bien des compliments et moi en vous embrassant je vous prie de me croire pour toujours votre bien reconnaissant et affectionné ami

ALBERT DE SAVOIE.

Florence, ce 17 Mai 1822.

---

(1) La contessa d'Abany, la donna tanto amata da Vittorio Alfieri, dava dei ricevimenti ai quali interveniva il Principe di Carignano; essa toccava già i settant'anni nell'inverno 1821-22.

(2) Era la Principessa MARIA DI SASSONIA, prima moglie del Principe ereditario di Toscana, Leopoldo. Sposatasi nel 1817, morì nel 1832. L'anno successivo il Principe Leopoldo sposava Maria Antonietta, figlia di Francesco I Re delle Due Sicilie.

(3) BALBO BERTONE DI SAMBUY CALLISTO, nato a Torino il 7 luglio 1801 morto nel 1865. Ebbe per moglie una nipote del Marchese della Marmora, Carolina, figlia della Marchesa Elisabetta Massel di Caresana nata della Marmora.

Uscì dall'Accademia militare nel 1818 sottotenente nel Reggimento cavalleggeri del Re. Nel 1821 passò nei dragoni del Genevèse e fece parte dell'Armata Reale di Novara. Era tenente nel 1826. Capitano nel 1831. Maggiore nel 1842. Nella campagna del 1848 fu nominato colonnello comandante il Reggimento Savoia Cavalleria e prese parte alla successiva del 1849. Promosso Maggior Generale nel 1853 ebbe nella campagna del 1859 il Comando della divisione di Cavalleria e fu poscia nominato tenente Generale comandante la divisione di Cremona. Terminò la sua carriera come ispettore dell'esercito.

— 6 —

Felicitazioni del Principe per l'attesa di un lieto avvenimento nella famiglia La Marmora. — Gita a Camaldoli. — Alla vigilia di partir
per Pisa in occasione della Luminara. — Cavalli e cani.

C'est à deux de vos bonnes lettres, mon cher La Marmora,
que j'ai le plaisir de répondre : en me connaissant un peu
vous ne pouvez douter un seul moment, du moins je l'e-
spère, de tout le bonheur que me procurent les expressions
de votre attachement, auquel j'attache un si grand prix : aussi
l'arrivée de vos épîtres sont elles de vrais moments de fête
pour moi. Je dois avant toute chose vous faire mes biens sincères félicitations sur la grossesse de la Marquise ; j'y prends
toute la part imaginable et puis bien vous assurer que personne ne vous aime plus véritablement et ne fait des voeux
plus ardents pour votre bonheur que moi. Je dois aussi en
second lieu vous remercier de l'amabilité de vos lettres ; elles
sont vraiment charmantes et m'ont bien réjoui. Je voudrais,
seulement savoir dans quelle partie du monde est la ferme de
Gariasco, pouvant vous assurer que si nous fussions encore
dans les temps de la chevalerie, je ne tarderais pas, en me re-
vêtant d'un armure inconnue, d'aller, à l'exemple du Roi Ri-
chard, donner une fameuse atteinte au paté du disciple de
l'hermite de Dunghestan ; à propos d'hermite, un de ces jours
je compte retourner aux Camaldules et faire grimper l'ami
Costa jusqu'au monastère des Capucins (1), où nous ne pû-
mes nous rendre par la juste crainte de la pluie, qui trempa
puis si bien nôtre pauvre postillon.

Dans quelques jours nous partons pour Pise pour y
voir la célèbre fête de la *Luminara*, qui ne se fait, comme
vous savez, que tout les trois ans ; on assure qu'elle
sera très belle : on nous promet de plus pour cette occa-

---

(1) In una sua lettera dell'11 Giugno il Cav. Silvano Costa scriveva
al Marchese Della Marmora : « Le prince fait des pas de géant dans le
chemin de la perfection religieuse ; Dieu veuille qu'il s'arrête au point
juste qui convient à un prince : jusqu'ici cela va bien. Sa santé est assez
bonne. Celles de M.me la princesse et du petit prince sont parfaites ».

sion divers de ces autres divertissements auxquels j'attache un si grand prix, comme dîners d'étiquette, bals et autres facéties de ce genre. Je chercherai pourtant à faire quelques nouvelles chasses de sangliers et si j'en tue quelqu'un bien gros je vous en arrangerai une défense et je vous l'enverrai. *Arcmar* est devenu un vrai agneau; j'espère que vous en serez bien content, lorsque vous le monterez; je m'en fais une fête et je le monte toujours dans l'intention de vous le bien dresser.

Nous sommes à Florence dans une pénurie complète de nouvelles, à moins que je vienne à vous parler des applaudissements que M.lle Toselli s'attire au théâtre de la Pergola. Ma belle-soeur parait décidément grosse. Vers le 18 à mon retour de Pise je pourrai avec presque certitude, si les choses continuent ainsi, vous annoncer celle de ma femme.

Qu'est devenue l'engeance canine que vous avez transporté avec vous en Piémont? pour moi j'ai toujours le fidèle *Milord* qui continue à faire des sommes couché à la renverse, et je veux de plus, si Dieu me prête vie, me passer la fantaisie d'un de ces grands lévriers de la race de Sienne.

En finissant ici mon très maussade verbiage je vous embrasse, mon bien cher La Marmora, vous priant de me croire pour la vie votre bien reconnaissant et affectionné ami

ALBERT DE SAVOIE.

Florence, ce 6 Juin 1822.

— 7 —

Ferrero ed Acciaiuoli. — Desideri di vita patriarcale e distrazioni venatorie. — Descrizione burlesca di una partita di caccia alle Cascine.

Mon cher Marquis, J'espère que vous n'aurez point besoin de la réception de cette lettre pour être intimement convaincu de la sincérité de mes sentiments à votre égard, ainsi que des voeux bien ardents que je formerai toujours pour votre parfait bonheur, pour que vous jouissiez d'un état de

santé parfait, pour que vous receviez enfin de votre famille
et de tous les côtés des consolations jamais discontinuées, espérant aussi pouvoir vous féliciter en cette année sur la naissance d'un petit descendant du fondateur de la fameuse Char-
treuse de Florence (1).

Les souhaits que vous me faites m'ont fait d'autant plus
grand plaisir que mon coeur attache un grand prix à vos
sentiments, dont vous m'avez donné des preuves si éclatantes;
je me plais souvent à me les retracer à la mémoire et y trouve
toujours une grande et vraie consolation, brûlant du désir de
trouver à mon tour quelqu'occasion de vous montrer mon attachement et ma reconnaissance.

La description que vous me faites de votre position dans
votre alcôve m'a, je vous assure, fait venir l'eau à la bouche:
la vie casanière et studieuse est vraiment la seule passable et
désirable en ces temps malheureux. Pour nous autres ici nous
ne sommes pas bien gais, loin de ça; la mort de mon pauvre
cousin Clément a encore ajouté une grande mélancolie à
notre vie déjà si triste. Heureusement que le Grand Duc va
souvent à la chasse et que lorsque les jours de repos arrivent
il m'a autorisé à aller émoustiller les fesses des sangliers, ce
que je fais au moyen d'une lance, façon cosaque, longue de
dix pieds. On m'a chargé de détruire ces illustres animaux;
ce à quoi je crois que je pourrais réussir si je restais ici encore
une cinquantaine d'années: les occis jusqu'à ce moment sont
au nombre de quatre. Un très petit nombre d'amateurs se
joignent à nous, de sorte que nous passons encore passable-
ment notre temps.

Notre départ des *Cascine* est vraiment théâtral et rappelle
excessivement ces magnifiques chasses, chantées par Virgile

---

(1) Il Principe allude ad una tradizione poco fondata che vorrebbe
che i Ferrero della Marmora di Biella avessero comune la loro origine
cogli Acciaiuoli di Firenze. Amendue le famiglie avrebbero poi, sempre
secondo la stessa tradizione, sortiti i loro natali in Brescia e preso il loro
nome dai prodotti metallurgici che si trovano in copia nel suolo di quella
provincia. Questa opinione appoggiata a diversi documenti posseduti
dalla famiglia Ferrero e fra gli altri argomenti alla circostanza che iden-
tico è lo stemma degli Acciaiuoli e Ferrero fu però impugnata, facendosi
osservare che la famiglia popolana degli Acciaiuoli non si levò a qualche
rinomanza in Firenze che nel secolo XIV, mentre i Ferrero erano ben
prima di quest'epoca stanziati e conosciuti in Biella.

et autres illustres poètes. *Capitan Bello-Sguardo* chargé d'un et même de deux fusils marche à la tête des gens de pied qu'il anime des gestes et de la voix, son habit noir semblable à celui d'un procureur le jour de Noël, est decoré d'une ou deux bandoulières, de cordons verts qui supportent ses terribles munitions et qui font le double usage d'étendard pour sa troupe valeureuse qui se rallie autour de ses nobles emblèmes, comme les royalistes le faisaient autour du panache blanc d'Henry IV, en la bataille d'Ivry. Moi puis monté sur une jument de berger, je conduis et excite au combat par des harangues multipliées la vaillante et brillante noblesse qui vient à ma suite. Je ne vous nommerai pas tous le noms de ces paladins ; qu'il vous suffise de sàvoir que l'on trouve parmi eux des Jean, des Jacques, des Thomas, que leurs pères sont la plus part d'honorables bouchers et forgerons, que leur ordre n'est celui des Templiers, ni des Chevaliers de S. Jean de Jérusalem, mais qu'ils sont connus sous le nom de *Vaccari*. Le dernier discours que je leur fis est superbe, aussi *il giornale ne parlerà*. Je finissais en leur disant : Mes enfants, vous qui partageates ma gloire, nous allons passer par une terrible épreuve pour des coeurs valeureux. Mais que le péril ne vous étonne pas : considérez cette puissante poulinière qui gémit sons mon croupion : eh bien ! fils de la Victoire ! si dans le moment d'une noble et prudente retraite, vous désirez vous arrêter et retourner dans la mêlée, suivez les traces que cette bête sage et circonspecte fait dans la boue en y trainant les branches de son mors, qui suivent à l'instar de sa tête l'impulsion du centre de gravité qui ramene tous les objets vers le centre de la terre, ces traces vous ramèneront où je serai et alors les muses célébreront nos exploits. Eh bien ! qu'en dites vous, mon cher ami ? j'espère que vous n'avez jamais entendu parler de si noble travaux. Ce sont pourtant ceux qui doivent immortaliser mon exil.

Comme vous comprenez, je n'ai aucune nouvelle à vous donner : les choses existantes vous les connaissez. Je me bornerai donc pour ce moment à vous bien recommander de m'écrire et surtout de ne me pas oublier et de m'aimer toujours un peu.

Il est arrivé il y a peu de jours un superbe cheval de Dongola à Livourne mais il a eu le malheur de s'estropier en route. J'ai trouvé enfin un superbe poulain de 5 ans, dernier et seul reste de la fameuse race *Gentile* : il est alezan, grand comme le cerf, ayant une crinière énorme, une petite tête, une jolie croupe. Le Grand Duc a bien voulu me permettre de l'envoyer attraper car il est encore sauvage. Si vous voyez Berton faites-moi le plaisir de le lui dire.

Je vous embrasse et suis pour la vie votre affectionné ami

ALBERT DE SAVOIE

Pise, ce 21 Juin 1822

— 8 —

Avventura toccata al Marchese La Marmora. — Carlo Alberto partecipa la gravidanza della Pricipessa sua consorte. — Carlo Alberto cade da cavallo senza ferirsi gravemente. — Visita del Principe Leopoldo di Coburgo alla Corte di Toscana. — Prime avvisaglie della riunione del Congresso.

Savez vous bien, mon cher La Marmora, que votre dernière lettre était vraiment délicieuse, car vous m'y contez de la manière la plus burlesque et la plus gracieuse vos deux derniers et malencontreux événements. Le mode de votre narration a pu seul me tranquilliser sur de telles aventures, pensant que si vous aviez l'esprit si gai et aimable vous ne pouviez avoir aucun membre en déconfiture, mais pourtant je vous conserve une espèce de rancune car en écrivant à un ami qui vous est aussi attaché que moi vous auriez bien pu me parler un peu plus de l'état de votre chère personne. Mais pour l'amour de Dieu, faites bien attention d'or en avant, car on ne peut pas toujours conter de tels accidents d'une manière aussi gracieuse.

Vous me demandiez des nouvelle de l'état de la Princesse, ce qui me procure une vraie satisfaction en vous réiterant l'espérance que nous avons qu'elle soit grosse : elle serait maintenant dans son quatrième mois et ne souffre presque rien, elle vous fait bien des compliments, ainsi qu'à *Madame*. Donnez-moi un peu des nouvelles de votre futur héritier · il serait vraiment curieux que nos deux femmes vinssent à pondre dans le même temps.

J'ai été dernièrement obligé de garder la chambre quelques jours par suite d'une glissade que mon cheval fit sur les dalles de Florence, que vous connaissez bien : mon côté droit et surtout mon pied ayant été un peu trop amoureusement pressés sous son corps arrondi, je fus obbligé de faire une retraite de quelques vingt-quatre heures, dans lesquelles je reçus les consolations vulgairement appelées des damnés, en apprenant plusieurs autres chutes sembables; le majestueux Cervetto fut un des nobles témoins de mon aventure et son sérieux indiquait sûrement qu'il connaissait le moelleux du pavé de cette noble cité; je crois pourtant que s'il eût été capable de rire il n'aurait pas manqué de le faire en voyant la noble posture que la circonstance avait obligé ma longue et maigre figure de prendre.

Nous avons eu ces derniers jours la visité du Prince de Saxe Cobourg (1) ex héritier du trône d'Angleterre, qui passait par Florence en revenant de Naples; on lui a donné un bal et un jardin illuminé sans conter deux dîners de famille; ainsi vous voyez que nous aussi nous avons des divertissements.

On a de nouveau donné un ordre fatal à l'engeance canine, y ayant eu quelques personne qui sont devenues enragées par suite de morsures; il y a peu de jours qu'un homme des écuries du Grand Duc en est mort; c'est vraiment affreux. La chaleur était si forte en ces derniers temps, qu'on a fait publier une défense aux paysans de travailler dans les champs depuis dix heures jusqu'à quatre, plusieurs de ces malheureux ayant été tués par des coups de soleil.

Nous avons eu hier matin un orage extrèmement violent;

---

(1) Il principe LEOPOLDO DI SAXE COBURGO-GOTHA, nato il 16 Dicembre 1790, era ex-erede d'Iinghilterra perchè aveva sposato nel 1816 in prime nozze la Principessa Carlotta, figlia unica ed erede del Re Giorgio IV d'Inghilterra e della Principessa Carolina di Brunswick, la quale morì il 17 Novembre 1817 senza lasciar figli. Nel 1836 il Principe Leopoldo saliva sul trono del Belgio col nome di Leopoldo I e nel 1832 passava a seconde nozze colla Principessa Maria d'Orleans, figlia di Luigi Filippo Re di Francia. Leopoldo I morì il 10 novembre 1865 lasciando tre figli.

j'étais à la fenêtre avec le docteur Boiti faisant l'un et l'autre de belles dissertations sur le cours des nuages, sur l'ordre admirable de la nature, lorsque tout d'un coup la foudre tomba à peu de pas devant nous; mon compagnon d'aventure en fut tout électrisé.

On parle de nouveau du fameux congrès comme pouvant avoir lieu à Florence, mais il me parait que personne ou bien peu de monde du moins, ne sait ce qu'il en sera.

La comtesse Philippi (1) est à Livourne où elle compte prendre quelques bains pour se remettre en parfaite santé, ce que je désire bien vivement car elle était vraiment devenue un peu maigre. Costa est toujours le même; il n'a changé à sa manière d'être que des lunettes bleues qu'il met quelques fois par contrebande à la place des anciennes.

Je vous prie, mon bien cher La Marmora, de faire bien mes compliments à vos frères et de me croire pour la vie avec les sentiments de la plus vive reconnaissance et du plus sincère et profond attachement votre bien affectionné ami

ALBERT DE SAVOIE

Poggio Imperiale, ce 9 Juillet 1822.

— 9 —

Carlo Alberto felicita il Marchese Della Marmora per la nascita del suo primogenito. — Il Congresso si terrà a Verona. — Notizie di Corte.

Mon bien cher La Marmora, En connaissant le bien vif et sincère attachement que je vous porte vous n'aurez pu douter un seul petit moment, je l'espère, de tout le plaisir que vous m'avez procuré en m'annonçant l'heureux accouchement de votre épouse. Il était bien naturel que la naissance (2) de votre petit héritier me fit éprouver la satisfation la plus

(1) La Contessa FILIPPI era dama di corte della Principessa di Carignano.

(2) Il 15 Agosto la Marchesa Marianna Della Marmora diede alla luce un figlio maschio cui fu posto nome Celestino e che morì dopo tre giorni, come si vede dalla lettera successiva del principe.

douce et la plus agréable, puisque dans toutes les occasions je partagerai toujours avec votre coeur les émotions qu'il éprouvé. Mais aussi ici toutes les personnes de votre connaissance ont montré le plus vif contentement au su de cette heureuse nouvelle. La Princesse surtout vous fait ses plus sincères félicitations, ainsi qu'à Madame de La Marmora, à la quelle je vous prie de vouloir bien aussi faire parvenir les miennes, que je désirerais aussi faire parvenir jusqu'à la Marquise votre Mère.

Vous aurez peut-être vu Barbania qui est reparti il y a peu de jours pour Turin, et vous aura donné de nos nouvelles qui sont aussi bonnes que possible. Notre vie est toujours la même et nous vivons continuellement au jour le jour ; nous nous comprenons.

Si vous avez peu de nouvelles de Turin, mon cher ami, je vous assure que nous ne sommes pas beaucoup mieux ici, car il y a de certains jours qu'on vient troubler notre solitude par des nouvelles certaines qui se démentent peu de jours après ; enfin tout va toujours de même Il parait pourtant que ce qui est indiscutable c'est que le fameux congrès aura lieu ; on assure même qu'il se tiendra à Vérone, et qu'on commencera à se réunir vers la fin du mois de septembre.

Nous n'avons heureusement aucune nouvelle de Brigands en Toscane : je vous dirai seulement que la certaine comtesse Loupowska, votre connaissance qui avait épousé depuis quelques mois le Baron de Bot (Russe) vient depuis peu de quitter la Cour ; elle s'est retirée chez elle. On l'a remplacée par une certaine demoiselle de Platz, fille d'un Général, à ce qu'on m'a dit, et qu'on vient de faire venir de Dresde. A son arrivée elle a eu une inflammation d'entrailles, et il s'en fallut de peu qu'elle ne nous donnat le triste spectacle de la sépulture d'une demoiselle de Cour, mais heureusement elle va beaucoup mieux.

Berton vous aura peut-être donné des nouvelles d'*Arcmar* qui doit être arrivé à Racconis avec les deux chameaux et les deux chevaux que le Grand Duc m'à donné. Quand la santé de Madame et vos affaires vous permetteront d'exécuter la course que vous avez projetée, écrivez-moi un peu, je vous prie, comme vous trouvez ces vielles connaissances.

On dit qu'il y a à Malmantile et dans les environs une grande quantité de perdrix et même quelques compagnies de celles rouges, ce qui fait que nous irons probablement bientôt avec l'ami Costa entreprendre de nouveaux exploits avec nos fusils toscans; je me réserve de vous écrire nos prodiges.

Adieu, mon bien cher La Marmora, rappelez-vous quelque fois de moi, je vous prie, et en vous embrassant, je suis pour la vie votre bien affectionné ami

ALBERT DE SAVOIE

Poggio Imperiale, ce 26 Août 1822.

— 10 -

Parole di condoglianza e conforto di Carlo Alberto al Marchese, Della Marmora per la morte del suo bambino.

Poggio Imperiale, ce 19 Aôut 1822.

J'espère, mon bien cher La Marmora, que la voix de l'amitié ne vous sera point désagréable, dans le moment où votre coeur est justement affligé d'un événement pour trop douloureux. J'ai bien partagé votre chagrin et ai senti cette perte aussi vivement que fort est l'attachement que je vous porte. La Princesse qui a aussi pris une part bien vive à votre affliction désirerait fort avoir des nouvelles de Madame de la Marmora, à laquelle elle porte toujours un intérêt aussi senti que sincère. C'est en faisant une visite à la Marquise d'Azeglio (1) que j'ai appris cette fâcheuse nouvelle qui me fut ensuite confirmée par Costa. Dieu a voulu vous éprouver en procurant à ce jeune enfant un bonheur éternel et en le préservant des malheurs et des périls de ce monde : mais il vous en

(1) La Marchesa COSTANZA D'AZEGLIO era figlia del Marchese Carlo Emanuele Alfieri di Sostegno e moglie del Marchese Roberto d'Azeglio (fratello di Massimo) patriota, filantropo, pittore e storico d'arte, dal 1830 Direttore della R. Galleria d'Arte e dal 1848 Senatore. Dalla Marchesa Costanza sono raccolti interessanti « Souvenirs ».

donnera sûrement d'autres qui pourront comme je l'espère bien vivement faire votre bonheur. Je vous embrasse et suis pour la vie votre très affectionné

ALBERT DE SAVOIE.

— II —

Pericolo corso dal Principino Vittorio Emanuele. — La culla del Principino in fiamme. — La nutrice Zanotti muore in seguito alle ustioni riportate. — Partenza del Granduca di Toscana pel Congresso di Verona, accompagnato dalla Granduchessa. — Carlo Alberto aspetta con calma che la sua sorte sia decisa e la sua posizione determinata in modo definitivo.

J'étais bien persuadé, mon cher La Marmora, de toute la part que vous auriez pris au déplorable événement qui nous est arrivé : la parfaite connaissance de votre excellent coeur, me fit aussitot prier Costa de vous l'annoncer (1), sûr que vous auriez partagé en partie notre peine. Victor est presque entièrement guéri; il sort fait sa vie accoutumée, comme s'il ne lui était rien arrivé, ce qui est une très grande conso-

_____

(1) Il Cav. Silvano infatti aveva scritto :

Poggio Imperiale, 17 Settembre 1822.

Je t'écris à la hâte, mon cher Lamarmora, pour te dire que nous avons eu une nuit terrible entre la journée du 15 et du 16 de ce mois. Le petit prince et sa nourrice Mad. Zanotti ont failli brûler vifs : heureusement l'enfant a peu de mal, mais la nourrice qui s'est exposée pour le sauver a été terriblement brûlée. Voici comment cela s'est passé. Le petit dormait depuis longtemps et Madame Zanotti allait se coucher; une foule de cousins la tourmentaient; elle en a fait chasse et voulait en brûler un qui était contre le mur près du lit; le feu a pris à la cousinière qui s'est toute enflammée à l'instant même, ainsi que la robe de cette malheureuse femme. Elle prit le petit prince, l'a porté au milieu de la chambre, lui a jeté un sceau pour l'éteindre, ensuite a appelé du secours pour elle, mais avant d'en avoir eu elle a eu le temps d'être bien maltraitée; elle n'a d'intacts que le visage et la poitrine; tout le reste du corps a été brûlé, mais principalement les bras et le mains. Le brave Monsieur Boiti dit cependant qu'il n'y a rien à craindre et qu'il espère que dans trois semaines ou un mois il ne sera plus question de rien. Le petit prince en est quitte pour une main bien brûlée et pour une forte brûlure au côté gauche, mais rien n'offre le moindre danger : il est patient et a dormi plusieurs heures de suite. Madame la Princesse qui a été témoin oculaire d'une grande partie de cette catastrophe en a été très agitée et dans son état cela pouvait avoir des conséquences

lation pour nous et une vraie grâce du Seigneur, car nous avions de bien justes craintes dans le commencement; mais Dieu a daigné nous visiter par une grande affliction, en retirant de ce monde cette intéressante et malheureuse Madame Zanotti, dont la complexion délicate n'a pu, suivant la faculté, résister aux efforts de son mal. Je vous laisse imaginer, mon cher ami, tout ce que j'ai du souffrir à l'occasion de sa perte : il me reste au moins la consolation de bénir le nom du Seigneur, aux milieu des tribulations.

Vous avez bien raison de dire qu'il ne faut pas trop nous attacher à cette vie : tous les jours davantage on se doit persuader que nous ne sommes qu'en terre d'exil, en un lieu d'expiation. Heureux ceux qui come vous, mon bien cher La Marmora, ont su fouler aux pieds la fausse timidité mondaine et s'attacher entièrement et ouvertement à la source de tous les biens, de toutes les vertus, de toutes les consolations : heureux, je le répète, sont ceux que en abandonnant les plaisirs mensongers de ce siècle, s'attachent aux consolations douces et inexplicables, préludes de celles éternelles.

Le Grand Duc est parti hier matin pour Vérone avec la Grande Duchesse : il est impossible d'être dans des meilleures

---

graves, on lui a fait une saignée et grâce à Dieu elle est très-bien maintenant. Ce que c'est que de nous cependant, mon cher ami; on se couche tranquil et un instant après qui sait si on ne se réveille pas mort (*sic*). Le prince a été le premier médecin de son fils et de Madame Zanotti; il les a pansé avec bon coeur, bonne tète et adrèsse; il est excellent dans ces circostances.

Adieu, mon cher ami, donne-moi de tes nouvelles et de celle de ta femme : je t'embrasse et suis ton devoué et affectionné

CostA.

I prognostici *de ce bon Mr. Boiti* non si avverarono perchè ai primi d'ottobre la povera Teresà Zanotti cessava di vivere dopo lunghe ed atroci sofferenze. Morta che fu, Carlo Alberto assegnò al marito ed ai figli una pensione vitalizia, e provvide a suo tempo di uno stato i figli. Dopo il 1860 nella camera da letto dove accadde il doloroso fatto fu posta la seguente iscrizione in marmo :

MDCCCXXII

QUI

VITTORIO EMANUELE DI SAVOIA

ANCORA FANCIULLO

MINACCIATO NELLA VITA DA IMPROVVISO INCENDIO

LA GENEROSA DEVOZIONE DELLA NUTRICE

CON SACRIFICIO DI SÈ

SERBAVA AI FUTURI DESTINI D'ITALIA.

dispositions à mon égard qu'il ne le sont. J'ai aussi l'assurance la plus positive de l'intérêt de plusieurs grands potentats
à mon égard. Je doute fort pourtant que cela vaille quelque
chose d'un peu positif, n'étant puis pas embarassé de ma per-
plaira à Dieu. Je désirerais seulement pouvoir savoir quelque
chose d'un peu positif, n'étant puis pas embrassé de ma personne et étant prêt dans quelque cas que ce puisse être à
prendre mon parti avec résolution (1). Je vous tiendrai au courant, autant qu'on le peut par lettres qu'on se transmet par
la poste, de tout ce qui pourrait arriver.

Nous n'avons ici que les nouvelles que nous apportent
les Gazettes, ainsi vous devez en savoir tout autant que moi.
Pour les affaires particulières de la Toscane elles sont toujours
à peu près les mêmes; si ce n'est que presque toutes les semaines il arrive des accidents de toutes espèces; il y a entre autres
la foudre; dans un certain laps de temps trois ecclésiastiques

---

(1) Il tanto aspettato congresso nel quale, giusta l'accordo interve-
nuto fra i sovrani alleati, doveva venire discusso e definitivamente deci-
so l'avvenire del Principe di Carignano, si era finalmente aperto in
Verona il 20 Settembre. Vi intervennero in persona gli imperatori di
Russia e d'Austria, i re di Prussia, di Sardegna e delle Due Sicilie,
il Duca di Modena, la Duchessa di Parma ed il Gran Duca di Toscana,
che lasciava Firenze diretto a Verona il 10 Ottobre. Carlo Alberto sperava, e questa volta non indarno, che il Granduca Ferdinando spalleg-
giato dai plenipotenziari francesi avrebbe tutelato i suoi diritti. Onde
a ragione egli scriveva: « Le congrès de Vérone va devenir pour
moi une époque bien intéressante puisqu'elle forcera ma destinée » (N.
BIANCHI - *Curiosità e ricerche*. - Vol. 2°, pag. 303). Ed il Principe era
ancor più nel vero di quello che credeva perchè, come osserva il PERRERO
Op. cit., pag. 364), oltre alla questione che direttamente lo rifletteva ed
alla quale soltanto il suo pensiero riferivasi, un'altra ancora erasi posta
sul tappeto, la quale sebbene in sè stessa affatto estranea doveva tuttavia per indiretto esercitare nel suo destino un'influenza preponderante e
più decisiva ancora, oserei dire di quella prima, ed era la questione
della guerra della Francia contro la Spagna. Non è certamente in una
nota che mi farò a riassumere la storia di questo congresso da Nicomede Bianchi (nella parte della quale è discorso) stata egregiamente trattata colla scorta di abbondanti e preziosi documenti, nei quali il Costa
ritiese in gran parte la propria. Basti soltanto ricordare che le ragioni
del Principe di Carignano furono valorosamente sostenute dalla parola
e dall'abilità diplomatica di Don Neri Corsini che si rese efficace interprete delle intenzioni del Granduca Ferdinando III e del suo Ministro
Conte Fossombroni, e che il risultato ne fu che il Re Carlo Felice avrebbe riguardato fin d'allora il Principe di Carignano come erede della Corona, sotto la condizione della sua promessa scritta che manterrebbe
le basi fondamentali e le forme organiche del regno quali le troverebbe
salendo al trono.

tués par deux tandis qu'ils disaient la messe et un au confessional. Et il y a pourtant encore des gens qui refusent de connaître la main du Seigneur dans les terribles advertissements qu'il envoie dans toute l'Europe. Nous attendons le Comte de Castel Alfieri : put-il m'apporter de bonnes nouvelles de vous, mon bien cher La Marmora ; certes il se ferait bien recevoir, car l'attachement que je vous porte est aussi sincère qu'illimité. Je pense que vous aurez déjà commencé les chasses : pour nous, nous avons déjà occis quelques lièvres. On doit me procurer un grand lévrier avec lequel j'espère à l'aide des jambes du bucéphale que j'aurai sous mon postérieur pouvoir me divertir. Je vous prie, mon bien cher La Marmora, de vous rappeler quelques fois de moi et de me croire avec les sentiments que vous me connaissez, votre bien affectionné ami pour la vie.

ALBERT DE SAVOIE

Ce 11 Octobre 1822

P. S. — La Princesse vous fait bien des compliments ainsi qu'à Madame à qui je vous prie de présenter mes hommages.

— 12 —

Nascita del Principe Ferdinando. — Ritorno del Granduca a Verona. — I forestieri a Firenze.

Mon cher La Marmora, peu de lettres me pouvaient faire un plaisir aussi vrai et aussi grand que celle que vous avez bien voulu m'adresser à l'occasion de la naissance de notre petit Ferdinand (1). La sincérité des sentiments étant ce qui rend les félicitations agréables et étant persuadé de la trouver toute entière dans vos moindres paroles, ayant reçu tant

---

(1) Il 15 novembre la Principessa di Carignano aveva dato alla luce un bambino il quale nel giorno 18 fu battezzato nel salone degli stucchi del R. Palazzo de' Pitti ed ebbe a padrini il Granduca e la Granduchessa di Toscana. Gli furono imposti i nomi di Ferdinando Maria Alberto Amedeo Filiberto Vincenzo. Ebbe poi il titolo di Duca di Genova.

244

et de si vraies preuves de votre attachement. Une autre raison
qui les peut encore faire trouver précieuses est l'attachement
que l'on porte à la personne qui les envoit ; de sorte que vous
voyez que j'avais toutes les raisons possibles pour recevoir
votre aimable lettre avec les sentiments de la plus vive satisfation. Le Seigneur nous a accordé dans le venue au monde
de ce petit homme une grâce bien signalée qui m'a comblé de
joie. J'en suis d'autant plus heureux que la santé de la Princesse est vraiment parfaite : elle commence déjà à se lever ;
notre nouveau-né est très fort et parait vouloir devenir plus
grand que Victor : il a aussi les cheveux et les yeux plus ob-
scurs que lui. La Princesse vous fait tous ses remerciments et
compliments ainsi qu'à Madame de La Marmora, à laquelle
je vous prie en mon particulier de présenter mes respects.

Le Grand Duc est pour la seconde fois à Vérone (1) où il
a conduit l'Archiduchesse Louise, *la signora suocera* étant
restée ici auprès de sa soeur, qui comme vous saurez peut-
être, a accouché d'une fille.

Nous avons un temps extrèmement pluvieux, ce qui me
ferait espérer qu'il nous fera la galanterie de se mettre au
beau pour le retour *del Sovrano*, désirant fort recommencer
les chasses, car on me dit que cette année il y a une grande
affluence de gibier à Pise. Ah ! si vous saviez, mon cher ami,
quel beau fusil on m'a fait dans ce pays-ci, ayant deux cannes,
l'une sur l'autre ; c'est vraiment une chose charmante. Je pos-
sède aussi un assez beau barbet qui fait les délices de Victor :
tout puis va pour le reste comme à l'ordinaire.

Le Comte de Castelalfieri nous est arrivé avec sa nièce :
les étrangers affluent à Florence : on m'a dit il y a quelques
jours qu'on y comptait trois mille Anglais, sans parler des
Russes et des Genevois, lesquels, du moins les plus galants
d'entre eux, donnent parfois des bals.

Nous vivons dans l'attente que vous connaissez, grâce à
votre bonté, moi vous aimant tous les jours davantage s'il
fut possible et vous désirant tous les bonheurs imaginables.
Votre bien affectionné ami

Ce 4 Décembre, 1822.   ALBERT DE SAVOIE.

(1) Il Granduca Ferdinando era tornàto da Verona pel parto della
Principessa di Carignano.

— 13 —

Ricambio di augurî di capo d'anno. — Pensieri melanconici di Carlo Alberto sull'incertezza della sua sorte. — Le caccie di Pisa. — La vita mondana di Firenze.

Je n'ai pu être qu'infiniment touché, mon bien cher La Marmora, de l'excellente lettre que vous avez bien voulu m'écrire à l'occasion de la nouvelle année : les expressions de votre attachement dont vous m'avez donné tant de vraies preuves font toujours un bien infini à mon coeur et tout ce que vous me dites, me fait éprouver une bien douce jouissance; acceptez-en, je vous prie,, tous mes remerciments et soyez persuadé que de mon côté je fais les voeux les plus ardents pour votre bonheur en toutes choses : puisse le Seigneur accomplir tous vos désirs, vous rendre bientôt père, et vous entourer des félicités les plus douces et les plus vraies; mes désirs alors à votre égard seront accomplis. La Princesse vous fait, ainsi qu'à Madame de La Marmora, ses plus sincères remerciments et compliments : je vous prie en mon particulier de vouloir bien présenter mes respects à votre moitié en lui souhaitant de ma part l'accomplissement de tous ses désirs; n'oubliez pas aussi mes félicitations à tous les membres de votre famille.

Nous voici, mon bien cher ami dans l'anné 1823, vous, ayant peut-être votre postérieur commodément placé sur une chaise au Grand Théâtre de Turin, tandis que moi je suis renfermé dans ma chambre à Florence, vous écrivant, n'ayant pour compagnie que mon chien, toute la famille étant au théâtre. Oui, il est vrai, je suis ici, et vivant toujours dans le vague sur mon sort avenir. Patience, patience! que la volonté de Dieu s'accomplisse en tout et pour tout : il fait tout pour le mieux. Je ne perds pourtant l'espérance de pouvoir encore un jour vous embrasser. J'espère qu'alors vous me ferez faire connaissance d'un petit héritier de l'illustre maison Acciaiuoli. Je vous le souhaite aussi fort et bien portant que mon petit Ferdinand, qui fait vraiment plaisir à voir : aussi avons-nous tout lieu à croire qu'il deviendra plus grand que son frère, qui nous procure de bien douces jouissances.

Nous avons déjà été à Pise avec le Grand Duc pour y chasser et nous y retournons encore après-demain : c'est immense ce qu'il y a de gibier cette année : aussi l'ami Costa est-il très content, car il se montre chasseur passionné : on a vu quelques cygnes à Pise, ce qui a été je crois indice du froid que nous avons, qui est très fort pour la Toscane.

Savez-vous que j'ai reçu une lettre de *Mehamet Effendi* dans la quelle il me dit qu'il présente ses compliments au *Général* mon ami ; hors c'est vous. Demain grand bal à la Cour. Florence est très brillant, il y a beaucoup d'étrangers : on entend de temps à autre parler de fêtes. La maison Eynard donne de très jolies représentations françaises : on dit aussi que le Prince Borghese donnera à la fin de ce mois un grand bal masqué auquel le Grand Duc assistera.

Adieu, mon bien cher La Marmora, je vous embrasse bien de coeur, vous priant de me vouloir toujours un peu de bien et de me croire pour toujours votre bien reconnaissant et affectionné ami

ALBERT DE SAVOIE.

Ce 5 Janvier 1823.

— 14 —

Il gran ballo in costume dato dal Principe Borghese con intervento della corte Granducale di Toscana. — Carlo Alberto prende parte ad una quadriglia in costume di *Lorenzo il Magnifico*. — Disprezzo pei piaceri mondani e proposti di vita casalinga. — Ancora le caccie a Pisa e Malmantile.

Votre lettre est vraiment charmante, mon très cher La Marmora, et votre fatigante partie de plaisir est tout ce qu'on peut voir de plus joli : en apprenant surtout par la fin de votre épître que vous n'avez été à aucun bal et presque jamais au théâtre, je vous en félicite, mon très cher ami, et je vous assure que je voudrais pouvoir me faire à moi-même les mêmes compliments. Mais enlacé par les convenances sociales j'ai été obligé de faire le jeune homme ; j'ai fait partie d'une très brillante quadrille que la Grande Duchesse forma pour

aller au bal du Prince Borghese, j'ai même dansé! oui, monsieur le Marquis, j'ai dansé; mais grâce à Dieu le carnaval
est terminé et en l'ensevelissant j'ai pris la ferme résolution
de ne plus jamais sauter au bruit de la musique, et je prends
de plus le formel engagement de ne me plus masquer de ma-
vie : enfin je me mets absolument dans les rangs des réfor-
més : je veux dorénavant conduire, si ce n'est une vie de sage,
du moins celle u un paisible et très tranquille Seigneur campagnard, ne voulant plus entendre parler d'autres plaisirs
que de ceux de la chasse, de la pêche, des plaisirs enfin qu'on
trouve au milieu des bois et des champs.

Pour en revenir au carnaval de Florence, il fut vraiment
superbe; ce n'était que fêtes, toutes plus belles les unes que
les autres, qui. allaient se succédant : et quoiqu'en dise l'ami
Boileau, qu'on ne vit qu'à Paris et qu'on végète ailleurs, je
vous assure qu'on se divertissait presqu'aussi bien à Florence
qu'on aurait pu le faire dans la capitale de la France et que
nous étions dans un pays de cocagne; mais la fête qui l'em-
porta sur toutes fut sans contredit celle du Prince Borghese.
De ma vie je crois que je ne reverrai plus un bal aussi brillant,
aussi élégant, aussi magnifique en tout : on avait fait, je crois,
trois mille invitations et des étrangers étaient venus de Bolo-
gne et de Perugia pour y assister. Il y avait un très grand nombre de charmants costumes et surtout plusieurs quadrilles des
plus gracieuses, ce qui n'est pas étonnant en sachant l'immense quantité d'étrangers qui passèrent l'hiver en Toscane. Je
ne représentais pas Giovanni dalle Bande Nere, non malheu-
reusement, car je crois que j'aurais beaucoup moins mal fait
sous le costume de ce *condottiere,* pour le métier duquel je ne
laisse point de me sentir une grande propension, mais je figurais très indignement Laurent le Magnifique, mais enfin tout
est fini et me voici toujours plus dégouté du monde.

Je me propose, si Dieu me prête vie, de retourner dans
quelques jours à Pise pour y chasser le sanglier : la dernière
chasse que nous y fîmes fut vraiment superbe car en deux
jours nous envoyâmes de vie à trépassement huit sangliers et
trois daims. Je ne veux pas aussi vous laisser ignorer qu'un
très gros cygne sauvage que nous avions apporté à Florence
après une blessure grave qu'il avait reçue par un chasseur

est mort, il y a quelques jours en chantant, ce qui prouve que
la fameux chant de mort du cygne, dont on a tant parlé et
dont beaucoup de personnes doutent, n'est nullement une
fable. Nous avons aussi fait avec Lord Burgesh une chasse
à courre dans les environs de Malmantile; ne riez pas trop,
mais il n'y a rien de plus vrai, nous avons forcé deux lièvres
dans ces collines de sinistre mémoire, par la chasse que nous
y fîmes aux perdrix; pour rendre hommage à la verité je dois
pourtant vous dire que quatre ou cinq chutes ne sont pas des
choses qui nous étonnent après cet agréable divertissement,
mais ce qu'il y a de certain c'est que la meute de Milord est
superbe et vraiment excellente : pour les chasses des faisans
elles ont été un peu mal cette année, vu les pluies abondantes
que nous avons eu.

Avons-nous déjà l'espoir de vous voir bientôt un petit
héritier? Rappellez-vous bien, je vous prie, que je veux puis
être parrain d'un de vos enfants. Si vous eussiez jamais vous
ou votre soeur quelque commission pour votre neveu (1) à
Sienne écrivez-le moi, je vous en prie, sans aucune espèce de
cérémonie, que je m'en acquitterais avec le plus grand plaisir.

La Princesse vous fait des remerciments et des compliments; et moi, en vous embrassant, je vous prie de me croire
pour toujours votre très reconnaissant et très affectionné ami

ALBERT DE SAVOIE.

Ce 23 Février 1823.

- 15 -

Carlo Alberto al seguito del Duca d'Angoulême nella campagna contro
i costituzionali spagnuoli. — Il Marchese Della Marmora chiede invano a Carlo Felice di potere essere addetto alla persona di Carlo
Alberto in tale campagna. — Carlo Alberto esprime con effusione
al La Marmora la sua riconoscenza ed il suo rincrescimento di non
averlo presso di sè. — Giudizio di Carlo Alberto sulla campagna.

Je ne saurais jamais assez vous exprimer, mon très cher
La Marmora, comme je suis pénétré et touché de tout ce que

(1) Un figlio della Contessa Cristina di Seyssel nata Della Marmora
(che era dama d'onore della Regina Maria Cristina) si trovava allora
in collegio a Siena.

vous me dites dans vos deux excellentes lettres; la dernière surtout que le Général de Faverges (1) m'a remis en cette même matinée me fait éprouver des sentiments que votre belle âme seule est capable d'interpréter. En connaissant le très vif et tendre attachement que je vous porte, vous ne pouvez douter un instant du bonheur que j'aurais éprouvé à vous avoir auprès de moi en cette circostance et combien il m'est pénible de devoir renoncer même à l'espérance. La dernière démarche que vous avez faite pour öbtenir l'autorisation de venir me rejoindre ne s'effacera jamais de mon coeur; elle m'est infinement précieuse et augmenterait, s'il fut possible, l'estime et l'affection que je vous porte. Maintenant, mon cher ami, les regrets ne peuvent être que de mon côté et non du vôtre, car vous, vous avez fait tout ce qu'il était

---

(1) Non è qui il caso di esporre le varie vicende che precedettero la campagna dei Francesi contro i costituzionali di Spagna, nè le premure che fece Carlo Alberto presso il Re Carlo Felice per ottenere di partecipare a quella campagna al seguito del Duca d'Angoulême. Basti ricordare che dopo molte e ripetute istanze giunse finalmente a Firenze a risposta di Carlo Felice che permetteva a Carlo Alberto di prendere parte alla guerra contro le Cortes spagnuole. Era quindi più che naturale che il Marchese Carlo della Marmora avesse sollecitato il permesso di riprendere il suo posto di aiutante di campo presso il Principe; ma Carlo Felice volle destinato a quel posto persona che fosse creatura sua e che facesse da mentore al principe e la sua scelta cadde sul Generale de Faverges al quale il Re scriveva in tale occasione:

En accordant au prince de Carignan la permission de faire la campagne d'Espagne nous avons eu pour but de fournir au prince l'occasion d'effacer le souvenir de tout ce qu'il pourrait y avoir en de défavorablement interprété dans sa conduite pendant les événements de 1821...... Mais le rôle que nous désirons lui voir jouer dans la guerre exigeant une prudence, une sagesse et une détermination qui ne peuvent être encore l'apanage complet de son jeune âge, nous avons jeté les yeux sur vous et nous vous avons choisi pour être son principal guide dans la carrière honorable que nous désirons lui voir parcourir.... Ce que nous vous ordonnons surtout c'est de veiller avec le plus grand soin à ce qu'aucune comunication directe ou indirecte ne puisse s'établir entre le prince et les révolutionnaires ou les proscrits de tous les pays..... Il faudra aussi éviter toute liaison particulière du Prince ou des personnes qui l'accompagnent avec des individus de l'armée française dont les opinions pourraient être suspectes..... A fin que mon neveu connaisse, d'une manière très précise, nos intentions et la responsabilité dont vous êtes chargé, vous lui comuniquerez les présentes instructions, vous les lirez aussi aux officiers qui l'accompagnent afin que chacun connaisse nos volontés et son devoir. (Costa - Op. cit., Pag. 249). Il 2 Maggio a bordo della fregata il *Commercio di Genova* Carlo Alberto lasciava Livorno diretto alla volta di Marsiglia dove arrivò dopo una magnifica traversata di 4 giorni. Riparti quasi subito per la Spagna e dieci giorni dopo raggiungeva ad Aranda il Duca d'Angoulême.

immaginable de faire et votre belle conduite augmente encore à votre égard la considération de tous les honnètes gens. Je le répète, les regrets ne peuvent être que pour moi et non pour vous. Deux fois le Roi m'a entouré de personnes en qui il mettait toute sa confiance; la première fois il vous a choisi et certes c'était l'occasion la plus difficile et plus délicate : la seconde fois il vous a laissé, vous et Sommariva, pensant que vous n'aviez pas besoin ni l'un ni l'autre de faire cette campagne pour faire preuve de valeur, ni pour montrer le cas qu'il fait de vous, puisqu'en d'autres circonstances il l'avait montrè. Je pense donc, mon très cher ami, que vous avez pris trop à coeur la détermination de S. M. (1). Dans toutes les démar-

---

(1) Pare che il Marchese Della Marmora ravvisasse nel rifiuto opposto dal Re alla sua andata in Spagna, una diffidenza ed un sospetto che l'offendevano. Questa lettera del Principe dimostra come il Lamarmora ne fosse accorato. Delle pratiche e premure ch'egli fece in quest'occasione ho trovato traccia nella seguente lettera del Marchese di Breme, nonno di sua moglie, alla quale fece da padre essendo essa rimasta orfana giovanissima. Il Marchese di Breme allora settantenne (era nato nel 1754) aveva ai suoi tempi preso una parte attiva alla vita politica del suo paese ed occupato cariche eminenti prima dell'occupazione francese e sotto l'Impero. Tornato a vita privata dopo la restaurazione era stato dal Re Vittorio Emanuele nominato tesoriere del Supremo Ordine della SS. Annunziata, carica che tenne fino alla sua morte avvenuta il 4 Aprile 1827 Ecco pertanto la lettera :

Balsamo, 25 Mai 1823

Mon très cher fils,

Désirant vous répondre sans confident sur l'intéressant article de votre lettre, qui concerne la démarche que vous avez très prudemment jugé à propos de faire auprès du Roi à l'occasion du départ du Prince de Carignan pour le Quartier général du Duc d'Angoulême, le ménagement que ma vue exige habituellement se tait à l'aspect de ce puissant motif, et je prends la plume pour m'entretenir librement avec vous sur ce sujet, mon estimable ami.
Il n'y avait pas, quelque connu que vous soyez, à chanceller à cet égard, non par intérêt pour le Prince, qui vous devait d'en faire lui-même le demande au Roi, le silence de S. M. assez étrange, n'étant pas un refus, que S. A. ne devait pas supposer et affronter, par conséquent pour en laisser le tort à d'autres, et vous temoigner l'estime et la confiance que vous avez droit d'en attendre; mais parce que votre qualité de son aide de camp le réclamait impérieusement dans une pareille conjecture, comme votre position actuelle demandait, puis, de sa part, tout au moins une lettre où il vous manifestat dans les termes les plus expressifs le regret qu'il éprouvait à être privé de vos conseils et de vos services à l'armée. Je me bornerai, pour ne pas blesser l'attachement que vous lui avez voué, par des observations ultérieures, à vous envisager maintenant comme pleinement acquitté désormais de toute engagement envers lui; et passant aux motifs qui peuvent avoir

che que vous ferez, soyez certain par avance que je n'y verrai que des preuves de vos excellents sentiments. Mais permettez, je vous prie, qu'en vrai ami je vous supplie de consulter le Comte de la Tour, avant de faire aucune démarche et cela vous concevez ce n'est que dans votre propre intérêt que je vous le dis : car vous avez les grâces du Roi et je voudrais que loin de diminuer elles allassent toujours en augmentant. Soyez bien convaincu, je vous prie, que lors de mon retour, si vous avez une destination ainsi que vous le désirez je vous redemanderai toujours auprès de moi, si ça peut toujours vous être agréable, car de mon côté mes sentiments de reconnaissance et d'attachement sont inextinguibles.

Je ne saurais jamais assez vous dire, mon très cher La Marmora, combien j'ai été bien reçu ici, tant par le Duc d'Angoulême que par toutes les personnes que l'entourent et je suis dans l'enchantement. J'ai eu assez de peine à me monter, mais pourtant j'ai maintenant onze assez bons chevaux ; le Duc d'Angoulême m'en a donné deux superbes, un desquels est une jument qui s'est fort distinguée aux grandes courses du champ de Mars. Mais ces fanfarons de constitutionnels se contentent de paroles et loin de résister ils fuyent de telle manière qu'il nous est impossible de les voir. Il n'ont plus d'armée : ils sont sans argent et les populations entières

------

occasionné le refus de S. M. je vous dirai, pour l'interprêter le plus possible à l'avantage d'une pareille détermination souveraine, que le Roi ayant affecté à la personne du Prince, sans le paraître, comme unique conseil et Aide-de-camp le Marquis de Faverges, l'étiquette n'en admettait aucun autre. Quel est sans cela l'homme sensible au point d'honneur qui pourrait avoir quelque reproche à vous faire ? Vous avez servi avec distinction dans les armées françaises, tant que votre ancien monarque n'était pas remonté sur le trône. Vous n'avez suivi le Régent, nommé par le Roi Victor, que pour l'accompagner à l'armée du Comte de la Tour, dès que notre actuel Monarque a fait connaître ses intentions. Votre nom, à la différence de bien d'autres, ne se trouva dans aucune des résolutions qui lui ont déplu ; vous n'avez pris aucune part à tout ce qui précéda. Enfin le Prince est absout, et vous seriez coupable ? C'est à la postérité en tous cas de juger les hommes de cette époque : elle sera impartiale et vous aurez une place honorable dans ces arrêts, mon estimable et bien cher fils...

Croyez que personne ne vous est plus sincèrement dévoué et attaché que

Votre tendre aïeul et bon ami

De Breme

se déchaînent contre eux de telle manière qu'on a bien de la peine à empêcher des massacres. Enfin on a tous les désagréments d'une campagne sans en avoir les plaisirs.

Je finis à la hâte, en vous embrassant, mon très cher La Marmora, et me réservant à une autre fois à vous écrire des détails : croyes-moi pour toujours votre très affectionné ami

ALBERT DE SAVOIE

Alcovendas, ce 23 Mai 1823.

— 16 —

Fine della campagna di Spagna. — Carlo Alberto si avvia verso la Francia col Duca d'Angoulême. — Soddisfazione di Carlo Alberto per avere preso parte alla campagna. — Suo entusiasmo per l'esercito francese.

Miranda, ce 16 Novembre 1823.

Mon très cher La Marmora, vous serez probablement de retour à Turin, bien établi dans votre maison, vous chauffant au coin de votre feu à coté de *Madame*, tandis que je suis moitié gelé, vous écrivant d'un des plus vilains villages d'Espagne ; mais, grâce à Dieu, dans peu de jours nous serons dans la belle France, loin de ce pauvre pays qui sera encore fort longtemps bien malheureux. Nous voyageons à petites étapes de troupe, ce qui n'est point, comme vous savez fort bien, extrèmement agréable, vu la saison où nous sommes, mais j'en suis pourtant fort aise pouvant rester davantage de cette manière avec le Duc d'Angoulême qui ne cesse de me combler de bontés et de prévenances de toutes espèces. Je suis tous les jours plus content d'avoir pu faire cette campagne, (1) non seulement pour ce que j'y ai vu et ce que j'y ai pu

_____

(1) L'episodio più saliente della campagna e nel quale più si distinse il Principe di Carignano fu da la presa del Trocadero. « Tu sais que nous avons eu une très belle affaire pour la prise du Trocadero (scriveva il Costa al Lamarmora il 9 Settembre 1823) où le Prince s'est distingué comme le plus beau grenadier. Aussi le premier Régiment de la Garde Royale lui a décerné en pompe les épaulettes en laine rouge auxquelles le généralissime a ajouté la Croix de S. Louis. Notre petite brigade Piémontaise s'est fait honneur et tu l'auras vue citée sur

faire, mais aussi pour les personnes que j'y ai connu; les preuves d'estime et d'attachement que je reçois par tous les officiers de l'armée sont de bien amples et douces consolations après tout ce que j'ai du souffrir chez nous. Je suis bien convaincu, mon cher ami, de toute la part que vous avez pris à tout ce qui m'est arrivé et de tout le plaisir que vous en aurez éprouvé. Dieu qui tient dans ses mains les circostances heureuses et celles adverses qu'il envoit à sa volonté aux hommes, m'a fait éprouver des premières dans cette campagne, où j'ai pu montrer ce que j'étais; j'espère qu'il continuera à m'en envoyer de sembables et qu'un jour ou l'autre bien des personnes pourront se convaincre combien on m'avait étrangement calomnié de toutes les manières. Je regrette infiniment que vous n'ayez pu m'accompagner non seulement pour le plaisir que vous auriez eu à participer au peu de gloire que nous avons pu acquérir, mais aussi pour moi-même, car votre compagnie m'eut été infiniment agréable et je vous assure que dans bien des circonstances je vous désirais bien auprès de moi. Enfin patience, d'autres circonstances se présenteront peut-être : j'en désirerais surtout beaucoup de celles où je pus vous montrer mon estime et mon sincère attachement.

---

le Bulletin; je puis t'assurer que ce ne sont pas des compliments : au reste je crois que ce sera la première et la dernière de cette campagne pour nous, puisqu'elle a fait faire des réflexions aux libéraux de Cadix qui depuis lors traitent et sont empressés d'en finir à ce qu'il parait : on ne sait rien de ce qui se traite mais il parait que nous ne tarderons pas à reconduire S.M. le Roi d'Espagne dans sa Capitale. Sera-ce pour nous l'annonce d'un retour prochain en Piémont? Voilà ce que je ne sais pas et ce que nous verrons en temps et lieux ». Per maggiori particolari sulla parte presa dalla « petite Brigade Piémontaise » alla campagna di Spagna, il lettore potrà ricorrere alla descrizione che ne fa il Marchese Costa in base alle lettere famigliari e note del Cav. Silvano del quale però egli ha avuto ben cura di rettificare le imperfezioni di stile e correggere gli errori madornali d'ortografia che infiorano le sue lettere, correzioni che io stesso ho fatto contro il mio costume, per rendere la sua prosa intelligibile. Ma la grammatica e l'ortografia stannó più a cuore al Marchese Costa che la verità storica. Tanto da spingerlo ad accusare di lesa maestà il Perrero, per aver egli pubblicato una lettera del Re Vittorio Emanuele il cui stile non era dei più perfetti. Sentitelo gridare allo scandalo : *Huit cent ans de fidélité* (esclama) *ne pourraient résister longtemps... à un pareil français!..* Savoiardo burlone! Abbiate almeno il coraggio di far pompa della prosa del degnissimo vostro signor zio nel suo testo genuino e lasciate che siamo noi soli italiani giudici del miglior modo di rispettare la memoria dei nostri principi !..

L'armée française est vraiment superbe; je ne connais rien qui puisse lui être comparé; la Garde est, je trouve, encore plus belle que l'ancienne et les Régiments de chasseurs avec le nouvelle uniforme sont charmants. Je cercherai à Paris quelque gravure qui puisse vous les bien représenter. Je vais, comme vous saurez, dans la grande ville, ce qui me fait beaucoup de plaisir quoique je ne compte point y faire long feu, mais je désire fort y présenter mes hommages à la famille royale, qui est si parfaite pour moi et y examiner aussi divers établissements justement célèbres, dont j'ai entendu parler.

J'espère que vous serez bientôt père d'un gros garçon que je vous désire infiniment. Malgré l'éloignement je compte toujours être le parrain, je ne voudrais pas que vous vinssiez à l'oublier.

Adieu, mon très cher La Marmora, bien des compliments je vous prie à toute votre famille. Veuillez-moi toujours un peu de bien et croyez-moi pour la vie votre très affectionné ami

ALBERT DE SAVOIE.

— 17 —

Sulla via di Parigi Carlo Alberto felicita La Marmora per la nascita di una sua bambina di cui sarà padrino. — Carlo Alberto si compiace degli onori tributatigli dai francesi e specialmente delle spalline di granatiere.

Bordeaux, ce 28 Novembre 1823.

Je viens vous féliciter de grand coeur, mon très cher La Marmora, sur la naissance de la *muy hermosa señorita* à la quelle votre femme à donné le jour.

Vous savez comme je vous affectionne; ainsi vous ne douterez point, j'espère, de la part bien vive que je prends à votre bonheur. Je me fais une fête lors de mon retour d'être le parrain de cette grande dame (1). Je vous prie de faire toutes

(1) Nello stesso senso scriveva qualche tempo dopo la Principessa di Carignano alla Marchesa della Marmora:

mes félicitations à la Marquise de La Marmora sur sa bonne
oeuvre et sur le bon état de sa santé.

, Je pars demain pour Paris où j'espère trouver de nou‑
veaux ordres du Roi, pour savoir où il désire que je porte
mes os, ce que j'ignore maintenant absolument. Je suis en‑
chanté de Bordeaux que j'ai examiné bien en détail : c'est
vraiment inouï tous les établissements de charité qu'il y a dans
cètte belle ville. Je les examine tous avec le plus grand soin
désirant fort faire avec le temps quelque chose de bon à Rac‑
conis. On me fait partout les plus belles réceptions possibles ;
on me comble vraiment d'attentions et de prévenances de
toutes espèces, et on fait ressortir surtout la qualité de pre‑
mier granadier ; et je voudrais bien que vous fussiez avec moi.

Ma chère Marquise,

Je m'empresse de répondre à Votre aimable lettre du 2 de ce mois
pour Vous assurer que j'ai appris avec une bien vive satisfation Votre
heureuse délivrance et le rétablissement de Votre santé. Croyez, ma
chère Marquise, que c'est un bien sincère plaisir que je partage le
désir de mon mari de tenir Votre enfant aux fonds baptismaux et que
je forme des voeux pour que notre prompt retour à Turin me procure
bientôt l'occasion de faire la connaissance de cette chère petite, ainsi
que le plaisir de revoir sa mère. Connaissant toute l'amitié de mon mari
pour Monsieur Votre époux et la bien vive reconnaissance qu'il lui porte
de toutes les preuves d'attachement qu'il a reçues de lui, je me figure
aisément avec quel plaisir il aura appris vos heureuses couches, prenant
ainsi que moi la plus vive part à tout ce qui Vous concerne. Je ne Veux
pas terminer ma lettre, ma chère Marquise, sans Vous prier de faire
mes compliments à Monsieur le Marquis et Vous assurer que je suis
pour la vie avec la plus sincère amitié, Votre affectionnée

MARIE THÉRÈSE
P.sse de Savoie‑Carignan

Pise, 17 Décembre 1823.

Il marchese Della Marmora aveva scritto il 9 Novembre al Prin‑
cipe partecipandogli che il giorno prima la *muy hermosa señorita* aveva
visto la luce nella *città fedelissima* (come chiamava ironicamente No‑
vara) dove si trovava allora sua moglie presso la di lui sorella Contessa
Barbavara di Gravellona. Fu battezzata in Torino il 16 Dicembre suc‑
cessivo ed essendo padrini le LL. AA. il Principe e la Principessa di
Carignano le furono imposti i nomi di Maria Teresa Albertina. Sposò
nel 1843 il Conte Giuseppe d'Harcourt. Fu madre di tre maschi ed una
femmina : Erasmo e Edoardo ora defunti, e dei viventi Conte Giulio
d'Harcourt, già Ufficiale d'Artiglieria nel R. Esercito e Maria Luisa.
Quest'ultima sposò nel 1871 il proprio zio Marchese Tommaso Della
Marmora, ultimo discendente maschio della famiglia Della Marmora,
dal quale ebbe una figlia, Enrichetta, moglie allo scrivente, ai cui figli,
Guglielmo e Giulio, è stato trasmesso per RR. Patenti 29 Marzo 1900
il nome e titolo di Marchese della Marmora.

Je suis vraiment peiné d'apprendre le déplorable état de santé dans lequel se trouve le pauvre Tournefort (1) ; je vous prie de le lui bien faire savoir et de lui faire tous mes compliments.

Je ramène d'Espagne un bien beau cheval andalous : c'est le plus beau de tous ceux que j'ai vu, car les races sont maintenant perdues : je renvois aussi en Piémont trois ou quatre autres chevaux qui ne sont pas mal.

Adieu, mon très cher La Marmora, je vous embrasse vous priant de me vouloir un peu de bien et de me croire votre très affectionné ami

ALBERT DE SAVOIE.

— 18 —

Ritorno di Carlo Alberto a Firenze dopo aver visitato a Torino il Re Carlo Felice dal quale ha ottenuto di tornare in Piemonte. — Suoi progetti di prossimo soggiorno a Racconigi. — Ultime caccie a Pisa. — Notizie della vita mondana di Firenze. — Morte della Contessa d'Albany. — Il busto di Vittorio Alfieri condotto per le vie di Firenze sopra un carretto tirato da un asino provoca l'indignazione dei fiorentini. — Progressi dei principini.

Mon très cher La Marmora, c'est avec le plus grand plaisir que je réponds à vos deux lettres vous portant comme vous le savez la plus vive et vraie amitié. Le Roi lors de mon passage pour Turin (2) me dit qu'il désirait former lui-

---

(1) BRUNO DI TOURNAFORT Conte CARLO, ufficiale in Piemonte Reale Cavalleria e già Aiutante di Campo del Principe. Era fratello di Ferdinando Vescovo di Fossano.

(2) « Il Principe di Carignano aveva accompagnato le truppe vittoriose del Duca d'Angoulême fino a Parigi dove fu accolto festosamente dalla famiglia Reale e specialmente dal Re Luigi XVIII che interpose i suoi buoni uffici presso il cognato Carlo Felice perchè rendesse la grazia al Principe. Ma Carlo Felice, non so se più per mal animo che per mala fede, certo per meschina cocciutaggine, si mostrava indispettito che l'attenzione pubblica si fosse portata sul Principe, fingendo di non ricordarsi che egli stesso Carlo Felice nell'autorizzare Carlo Alberto a recarsi in Spagna aveva solennemente annunciato di volergli procurare un'occasione di riconquistare la pubblica opinione e di spianarsi colla gloria il cammino a quel trono a cui era chiamato » (PERRERO, op. cit. pag. 374). Dopo molta attesa e varie tergiversazioni giunse finalmente il consenso del Re a che il Principe di Carignano potesse andare a raggiungere la propria famiglia a Firenze passando per Torino (COSTA op. cit., pag. 328). Però pare che prima che Carlo Alberto lasciasse Parigi fosse stato chiamato dal Marchese Alfieri, ambasciatore di Sarde

même ma cour de sorte que je ne sais absolument rien de ce qu'il en sera; mais aussitôt que vous m'avez fait connaître le désir de votre frère, j'ai prié le comte de la Tour de présenter son nom à S.M. trop heureux si je puis trouver quelqu'occasion de faire une chose qui vous soit agréable et qui peut vous faire preuve de mon affection.

Je suis bien content que les pistolets vous aient plu; on y travaillait depuis bien longtemps, car dans ce pays on n'est pas immensément guerrier; j'espère qu'ils pourront au moins vous servir pour tirer à la cible lorsque du fond de votre campagne vous penserez encore à nos jeunes ans et à notre chère Espagne.

Je suis enchanté d'apprendre les bonnes nouvelles que vous me donnez de notre future filleule: j'espère que nous pourrons bientôt la tenir sur les fonts, puisque le Roi m'a promis de me faire revenir aussitôt que la saison serait meilleure; je vous assure que ça ne laissera point que de me faire plaisir, lorsque je me reverrai définitivement établi à Racconis, (1) qu'il y a plus de trois ans que je n'ai plus vu. On m'a

---

gna presso Luigi XVIII, il quale lo invitasse a sottoscrivere una dichiarazione « con cui egli si obbligava ad istituire appena salito al trono un Consiglio di Stato di cui farebbero parte taluni vescovi ed arcivescovi e tutto l'ordine dell'Annunziata affine di tutelare e mantenere le forme organiche della monarchia, quali le avrebbe trovate alla morte del suo predecessore. » Carlo Alberto avrebbe consentito e firmato di proprio pugno la dichiarazione propostagli. Ho detto *pare*, perchè, nessuno scrittore, e neppure Domenico Berti che pel primo (*Cesare Alfieri*, pag. 77), ne ha fatto cenno, nessuno ha riprodotto il testo integrale vitale dichiarazione.

Sull'accoglienza che il Principe ricevette da Carlo Felice a Torino si contraddicono la versione di Silvano Costa che afferma che il primo colloquio fu dei più burrascosi, e quella dello stesso Principe, che in una lettera al Conte di Blacas scrive, che il Re « lo ricevè benissimo····· lo abbracciò e lo tenne per mano più d'un quarto d'ora... » Quello che è certo si è che per evitare qualunque dimostrazione cittadina il Re fece trovare a Susa un ordine suo che prescriveva al Principe di entrare in Torino a notte inoltrata: così scrive Silvano Costa. E così Carlo Alberto fece il suo ritorno in patria più come un delinquente che come un guerriero vittorioso ed ancora meno come il Principe ereditario di un trono che era prossimo ad ascendere.

(1) Dopo brevissima dimora a Torino Carlo Alberto si recò in Toscana ove lo aspettavano la Principessa ed i suoi figliuoletti. Trattenutosi qualche tempo in Firenze, ripartì insieme alla famiglia per il Piemonte ed andò ad abitare il magnifico Castello di Racconigi. Si recò quindi a Genova colla principessa per presentare i suoi omaggi a Carlo elice che trovavasi appunto in quella città. (CAPPELLETTI, op. citata pag. 123).

τ .

assuré que toutes les plantations ont fort bien réussi et que le parc est devenu très joli. Nous y ferons des jolies chasses ensemble de cette année même j'espère ; je compte y faire bien des choses et devenir absolument campagnard, ce que vous comprendrez facilement. On me fait venir des chevaux d'Hannover : il me tarde fort de les avoir, mais je finirai aussi par m'en faire envoyer quelques uns d'Angleterre, car je les trouve toujours les meilleurs pour la selle. J'ai été dernièrement à Pise où j'ai fait quatre très belles chasses ; nous avons tué cinq sangliers dans une seule chasse : après un de ces vilains animaux il y eut quatre chutes et un cheval resta mort sur place. Il n'y avait rien de plus curieux d'entendre qui me criaient : *prendiamo più alla sinistra, lo potremo combattere più al largo ;* ils se figuraient assister à une grande bataille.

Ce sont les Russes qui cette année ont fait les honneurs de la paisible Florence ; ils recevaient chez eux et avaient de charmantes réunions. Il y a ici une ancienne dame de l'Impératrice Catherine dont le nom est très célèbre dans les fastes du scandale laquelle est absolument aveugle et qui malgré ça s'obstine à aller à tous les bals, au grand désespoir de tous ceux que sont obligés de la connaître.

La comtesse d'Albani est morte, comme vous saurez. On assure que ses derniers moments se sont fort ressentis de la philosophie moderne : elle a laissé le peintre français Favre son légataire, ce qui n'a pas laissé que de faire parler les langues charitables. Ce dernier fut presque la cause d'un soulèvement parmi ce peuple apathique ; car en faisant transporter chez lui le buste d'Alfieri, il eut la maladresse de le faire trainer par un âne aux longues oreilles, ce qui excita terriblement la bile de tous ces prétendus poètes et des amateurs des beaux-arts qui se promenaient fort louablement dans ce moment au soleil. On eut beaucoup à craindre de cette inconcevable imprudence.

J'ai trouvé ici ma femme et mes enfants parfaitement bien portants. Ferdinand marche déjà tout seul et Victor commence à lire ; je suis fort heureux dans mon intérieur de famille. La princesse vous fait tous ses compliments ainsi qu'à Madame de La Marmora, et j'y réunis les miens. Je ne veux pas finir ma lettre sans vous dire que je suis venu de Turin à Florence en moins de quarante huit heures.

Adieu, mon très cher La Marmora, je vous embrasse, vous priant de me croire pour toujours votre très affectionné ami

Albert de Savoie.

Florence, ce 16 Mars 1824.

INDICE DELLE MATERIE

SOMMARIO DELLE LETTERE :

Lightning Source UK Ltd.
Milton Keynes UK
UKHW011545020119
334817UK00008B/265/P